20世纪中国图书馆学文库·75

报刊管理与利用

张厚生 吉士云 主编

國 國家圖書館出版社

本书据东南大学出版社 1992 年 8 月第 1 版排印

前　言

　　报纸和期刊,总称报刊,是连续出版物的主要组成部分,传播情报信息的重要媒体。据测算,约 60% ~ 80% 的情报来源于报刊。当前,报刊已成为社会政治、经济、科学、文化和人们日常生活中不可缺少的信息工具。国外有人就 300 多年来科技期刊出版量增长状况的研究结果称:全世界期刊种数每 15 年就翻一番,而且数百年来这个增长比率是相对稳定的,这个增长率意味着期刊种数平均每年增长 5%。按照 1988 年《中国出版年鉴》统计,我国出版报刊 7298 种,发行期刊 25.89 亿册,报纸 264.5 亿份。报刊出版量多,流通量大,利用率高,已成为科学文化、信息、文献、情报机构十分重视收藏和使用的一种文献类型。

　　个人订阅报刊;城市、乡村、机关、学校、工厂、商店,各行各业、各地各单位、各个团体几乎都订阅报刊;图书馆、科技情报所、档案馆、资料室等专业机构,无论它们各自的规模大小,都在收集、保管和利用报刊。与图书及其它文献类型相比较,报刊具有出版周期短、传播信息快、情报容量大、学科交叉、内容新颖、时效性强等特点。因而,在科学技术飞速发展、经济建设日新月异、政治风云变化万端的当今世界,它所发挥的效益越来越大,作用越来越被社会所重视。由于报刊本身的性质和特点决定了与图书及其它文献类型的区别,因此,在管理和使用上也就与图书及其它文献类型有所不同。为使广大读者增强利用报刊情报资源的意识,掌握管理和检索利用报刊文献的技能与方法，我们根据近十余年来国内外报刊的出版、发行、管理、使用的实际状况，结合教学和业务工作实践，编写了《报刊管理与利用》一书。本书历经 10 个寒暑，多次修订其稿。编写时试图结合理论研究和业务实践，力求联系实际，努力总结我国近百年来的报刊工作经验，吸取同行专家们的成果。此书稿曾作为东南大学科技情报专业的教材，也曾被选用作全国高等学校期刊工作研修班专题讨论讲稿，对信息、文献、情报机构的工作人员以及有关报刊工作的业务人员和三百六十行的读者大众，本书也许有点参考价值和批评价值。因此，不揣谫陋和冒昧，交出版社正式出版。

本书主要内容包括：报刊管理和利用的一般理论与方法，报刊工作，关于核心报刊，报刊的收集，报刊的验收与登记，报刊的分类与编目，报刊的组织管理，报刊文献情报的检索，报刊利用，报刊工作统计，报刊工作现代化。全书由张厚生、吉士云主编并拟定大纲和章节内容。参加著作者有张厚生、吉士云、刘学群。周正宇、施岩在编印中给予了诸多帮助。

在编写本书的过程中，得到出版部门、科技情报系统、图书馆界的许多专家的支持，参考使用了同行学者的论著成果，在此谨致谢意。限于水准，书中缺点和失当之处一定不少，挂漏误谬更所难免，尚祈专家学人和读者先进不吝指正。

张厚生

吉士云

1992 年 2 月 4 日于南京

目　次

1 概论

1.1 报纸和期刊

报纸和期刊,是连续出版物的重要组成部分。报刊,是报纸和期刊的总称。但是,早期的报纸和期刊的界限并没有划分得如此清楚。最初,期刊和报纸的形式差不多,很容易混淆。有些属于期刊性质的出版物,当时也往往称为报纸,或者统称报刊。后来,报纸逐渐趋向于刊载有时间性的新闻报道,期刊则专门刊载小说、游记和各种娱乐性的文章,在内容上的区别越来越明显。在形式上,报纸的版面越来越大,而期刊则要经装订、加封面,趋向于图书的形式。从此以后,在人们的观念中,具体地逐步将报纸和期刊区分为两个不同的概念。这里所说的"报纸和期刊",就是今天人们对其性质、特征认识后的通常的称谓。

1.1.1 报刊的概念

1.1.1.1 期刊的概念

期刊,也称杂志。主要是从英文"magazine"、"periodical"、"journal"三个词翻译过来的。"periodicl"的含义通常包括报纸(newspaper)与杂志。也有些人将"serials"译为"期刊"或"杂志",

现在一般都译为"连续出版物";在国外,它既表示期刊,又表示连续出版物,有代替"periodical"的趋势。"magazine"一词来自阿拉伯文"makhazin",原义为"仓库"。它第一次被用来称为刊,是1731年在伦敦出版的《绅士杂志》。英国最早的杂志的内容,包括小品、诗、论文和其它各式各样体裁的文章,真可以说是包罗万象,与"magazine"的本意完全名实相符。

"杂志"一词原为日文中的当用汉字,是日语的译名,在我国比"期刊"一词出现得要早些。1951年10月出版的《辞源》对"杂志"解释为:"杂志(magazine)定期出版物,如报、星期报等。按magazine 本仓库之义。杂志无所不载,故名。"由此可见,当时"杂志"一词是一个比较新的外来词。1936年出版的《辞海》对"杂志"一词解释为:"杂志(magazine)发表众多作者之著述之刊也。英文 magazine 原义为仓库,借用以名刊物,在示其内容之广博。唯今之杂志,大都分门别类,各具体系,有专论述政治及社会问题者,有专讨论科学者,有专发表文学者,名称亦各不相同。就出版时期言,有定期不定期两种:前者有周刊、半月刊、月刊、二月刊、季刊等;后者则以材料之有无为断,出版无一定时期。编辑体裁大抵分为若干栏,将各家著述,按栏分置。"可见,当时"杂志"一词已经相当通俗流行了。但是,"期刊"一词,当时的《辞源》和《辞海》均未收入,也未作参见词条。可以推知,"期刊"一词在那时还不是一个常用的词汇,后来才逐步通行起来,并慢慢地代替了"杂志"一词。目前,一般使用"期刊工作"、"期刊目录"、"期刊室"等,而很少使用"杂志工作"、"杂志目录"、"杂志室"等名称。

国际标准化组织公布的 ISO4—1972(E)《文献工作—期刊刊名缩写的国际规则》中对"期刊"的定义是:"定期地或以宣布的期限出版或准备无限期地出版下去的一种连续出版物,通常比年度出版物频繁。每期通常刊登单独的论文、记事或其它著作。报导一般新闻的报纸、会议录、论文或者主要与会议有关的团体的其他出版物都不属期刊范围。"1967 年出版的《英美编目规则》对于期刊的定义与此也基本相同。《韦氏大词典》解释说，期刊是"在规定日期或经一定间隔后出版的杂志或其它出版物"，且补充说，"不用于分部出版的图书，很少用以指报纸"。这一解释不很严密，但它说明，期刊与报纸是有区别的。但是，国外一些文献或标准中，对期刊的定义和其范围界义不完全一致，有从宽或以"连续出版物"代替期刊的趋势。这也是值得注意的倾向。

1980 年出版的《辞海》（修订本）将期刊定义为："期刊，又名'杂志'。定期或不定期的连续出版物。每期版式基本相同，有固定名称，用卷、期或年、月顺序编号出版。"我国的国家标准《GB3792.3—85 连续出版物著规则》内，对连续出版物解释为："印刷或非印刷形式的出版物，具有统一的题名，定期或不定期以连续分册形式出版，有卷期或年月标识，并且计划无限期地连续出版。连续出版物包括期刊、报纸、年度出版物（年鉴、指南等）以及成系列的报告、学会会刊、会议录和专著丛书。"对期刊未作解释。

近些年来，关于期刊的概念问题，国内也讨论得很热烈。归纳起来主要有以下几种观点：

（1）把"期刊"与"连续出版物"等同起来。如："期刊过去是指杂志、报纸，现在也泛指连续出版物，是新兴的文献类型。""所谓期刊是指在统一而固定的刊名之下，每期具有一定的序号，以发表多个作者的新作品为主旨，意图无限期地定期或不定期地连续出版下去的出版物。它包括报纸、杂志和连续出版物。"

（2）把"报刊"和"期刊"等同起来。如："报刊亦称期刊。"

（3）从期刊的形式特征下定义。如："期刊是按年与期（或卷与期）的顺序编号出版的连续出版物。"《辞海》（修订本）的期刊定义也基本上属于这一类型。

（4）从期刊的内容和形式等特征下定义，基本上能较全面地反映期刊的本质属性。

这些观点,又可以分为两种倾向,一是倾向宽,以连续出版物代替期刊,或者期刊包括大部分连续出版物;二是倾向狭,期刊即杂志。

目前,我国图书馆和情报部门对其所管理的文献对象的划分,一般只分书与报刊。其中的"刊"只是狭义的"期刊"。因此,综合上述情况,可将期刊的概念表述为:

期刊,也称杂志,是指有固定名称,每期版式基本相同,定期或不定期的连续出版物;它的内容一般是围绕某一学科和某些学科或某一研究对象,由多篇文献资料编辑而成,用卷、期或年、月顺序编号出版。

这一概念包括下列含义:

(1)有一个相对固定的刊名。期刊的题名,一般是比较固定的,特别是一个学科或专业的核心期刊。也有少部分期刊,由于政治、经济、科学技术的发展而引起其内容的增减、读者对象和编辑宗旨的变化等原因,有变动刊名的现象。

(2)长期或准备长期连续出版,并有表示各期连续关系的以卷、期或年、月为顺序的编号。

(3)每期都刊载由若干作者新创作或加工的若干文献资料。

(4)有一个比较稳定的编辑部门,并在一定的时期内,其内容有一个相对固定的学科范围。

(5)都要标明出版周期(定期或不定期),并按公布的周期出版发行。

(6)在一定的时期内,其装帧、开本基本统一。

(7)一般原编辑单位都不修订再版。

1.1.1.2 报纸的概念

目前,报纸的概念,国内外都有不同的解释。归纳起来,大致有以下几种观点:

(1)把报纸与期刊等同起来。如"报纸,也是一种期刊。"

（2）单纯从作用上下定义。如："报纸为舆论之制造者与新闻之记录者。""报纸是人民的论证；报纸是第四阶级；报纸是公民的守护神。"

（3）主要从形式上下定义。如联合国教科文组织通过的《国际图书、期刊统计标准化》的建议，对报纸下了这样的定义："日报（daily）每周至少出四次；非日报性报纸（non‑daily）每周出版三次以下。"

（4）从报纸的内容、形式、作用三方面下定义。这样的定义方法是正确的，但也还有些不尽人意的地方。如："报纸为不定期或定期（普通每日）而印刷之纸片，报告新闻，暗示观念。"我国报学家戈公振先生从报纸的"公告性"、"定期性"、"时宜性"、"一般性"四大特点，给报纸下定义说："报纸者，报告新闻，揭载评论，定期为公众而刊行者也。"1980 年出版的《辞海》（修订本）对报纸的解释是："报纸是以刊载新闻和评论为主的定期出版物。一般是每天出版。"我国还有的学者给报纸定义为："以刊载新闻和时事评论为主，定期和不定期的连续出版物。它是人民的教科书。"这些定义，反映了不同历史阶段人们对报纸的各自不同的认识，从不同角度揭示了现代报纸的基本属性。

我们认为：

报纸，是一种传递知识信息迅速，以刊载新闻和时事评论为主，有固定名称，定期或不定期的连续出版物。

与期刊相比较，这一概念主要强调了以下点：

（1）传递知识信息迅速的连续出版物。这是区别于期刊的最重要的一点。报纸的出版周期最短，有日二报（如《罗马观察报》）、日报、周六报、周五报、周四报、周报、旬报、月二报等。现在，有最多每小时出版一次的报纸，如美国合众国际社在华盛顿到纽约区间的飞机上发行，向为生计奔波的旅客提供最新重大新闻、商业动态和气象预报信息等，每月发行量可达 7 万份。在一天内出版五次的报纸,如出英国罗伯特·马克斯韦尔创刊于 1987 年 2 月的《伦敦每日新闻》,时间为 6 时、11 时、13 时 30 分、16 时 30 分、19 时。报纸大多为日报,其次为周六报。它传递知识信息迅速,时滞较短。

(2)以刊登新闻和时事评论为主要内容。现代报纸,内容非常复杂,有新闻消息、时事评论,也有科学论文、文艺作品;有一次文献,也有二、三次文献;有综合性的,也有专业性的,等等。报纸上刊登广告的也不少,例如 1965 年 10 月 17 日的《纽约时报》,共有 964 页,总重量为 3.4 公斤,当天这份报纸上刊登和广告有 130 万条。但就报纸总体来说,一般是以新闻和时事评论为主。

(3)定期或不定期的连续出版物。一般是以年、月、日为编号,有的也有总期号。出版周期短,大多为日报。我国目前出版周期最长的是月报。

(4)活页的,也有个别装订成册的连续出版物。这是区别于期刊的重要形式特征。绝大多数是散页分版印刷,一般为对开、四开、八开等。但也有极少数是装订成册的。

报纸与期刊的区别通常是比较明显的,但有时报与刊的界限却又很难划分。《大众日报》、《科技日报》、《市场信息报》、《中国石化报》、《新民晚报》等,不用说,它们是报纸,不是期刊。但是,它们的缩印本,又具备了期刊的条件和特征。这要结合报刊工作的实际情况,认真地进行比较分析,才能较好地加以区分。

1.1.2　报刊与图书的划分

报刊是连续出版物。连续出版物包括报纸、期刊、年报(报告、年鉴、名录等)、会议录、丛刊、政府公报和报告等。连续出版物是报刊的上位类,报刊是其主要部分。

书刊的划分,是与报刊的概念紧密相关的问题。一般来说,报纸与图书的界限比较清楚,也较易于区别。报刊与图书的划分问题,主要是书刊的划分问题。其主要原因,一是文献类型日益多样化,出现了像 Mook 这样似书非书、似刊非刊,处于书刊之间的中间文献类型;二是图书馆和情报机构文献收藏迅速增加,管理日益科学化,用户对报刊文献日趋重视,要求将报刊文献进行单独管理;三是目前图书馆和情报部门对其管理的文献划分较粗,一般只分为书与刊,后者又只限于报纸和期刊。这样,除报刊以外的连续出版物的归属便成了一个难题。

图书,一般是以单行本出版,以册为单元,每种书大都有独立书名,或叫题名,在我国主要是通过新华书店发行,一般是一个人或少数人的作品,有作者或编者,内容系统、全面、比较成熟,但其"新度"往往落后于期刊。从期刊定义中可以看出,期刊具有连续性,定期或不定期的、意欲无限期地连续出版,有固定名称和以卷、期或年、月为序号,在我国主要通过邮局发行,每期发表多人作品,内容没有图书那样系统、全面、成熟。这就是书与刊的主要区别。书刊划分的实质,是从管理和用户的检索利用习惯出发,按照一定的标准,人为地把一些文献归聚在一起。因此,有时也难免不违背书与刊的属性而确定其归属。下面主要介绍期刊与多卷书、丛书、丛刊和年度出版物的区分问题。

1.1.2.1 期刊与多卷图书的区分

多卷图书是指同一著作分若干卷(册)出版的图书。多卷书有统一的总书名,也可能分若干年出版几卷(册)甚至上百卷(册)。但是任何一种多卷书都是事先规划好学科范围、出版卷(册)数、多长时间完成,如百科全书等。它实际上是单卷书的扩大与用多卷(册)的分装。这些都是与期刊不同的特征,区分起来也不是非常困难。

1.1.2.2 期刊与丛书的区分

丛书,是指在一个总书名下,汇集多种单本图书成为一套,并以编号或不编号的方式出版的图书。丛书与期刊的主要区别有两个方面:一是多种单本书汇集成一套书,每种书都有相对独立的子目;二是计划在一定时间内出完。

1.1.2.3 期刊与丛刊的区分

丛刊,是指一组相互有关的出版物,即每种出版物有其自身的正题名,也有一个在整体上适用于该组出版物的总题名,有编号或无编号出版。丛刊的特点更接近于刊,它与期刊的区分难度较大。丛刊大多有正题名和总题名,多数标明"××丛刊"。但是,有的虽标明"××丛刊",而实际上是期刊,如《青春丛刊》,是季刊,在区分时应予以注意。在管理上,丛刊的归属很不统一,一般归入期刊较为有利。

1.1.2.4 期刊与年度出版物的区分

年度出版物,是指汇集一年的重要文献、学科进展情况材料、各项统计资料等,以供人们查阅的工具书,如年鉴、指南等。它与期刊的显著区别,一是以年为限,二是以记事为主。在管理上大致分两种情况,一种是分藏"报刊"和"图书"两个部门,二是归属"图书"范畴。

1.2 报刊的基本特点和类型

1.2.1 报刊的基本特点

报刊是连续性出版物的主要成分,从它诞生以来,一直保持着自己的基本属性,表现出以下基本特点:

1.2.1.1 连续性

连续性是连续出版物的共性。但是,报刊表现得更为突出。报刊从它创刊的时候起,就准备无限期地出版发行。有的报刊已创刊300多年,现在仍在出版发行。不少报刊都有自己的悠久历史,能够历史地、系统地反映某一学科或某一研究对象的发展过程。

1.2.1.2　及时性

报刊能够以最快的速度将新的知识信息传递给用户。它出版周期短,报道速度快,能及时反映科学研究和生产活动的新成果、新动向。这也是其它连续出版物所望尘莫及的。

1.2.1.3　新颖性

报刊含有大量的最新情报信息,是科学和生产的主要情报源。据有关统计,各类报刊的情报含量占总情报量的65%以上。

1.2.1.4　广泛性

主要是指报刊内容广泛、作者范围广泛和传递情报信息范围广泛。

1.2.1.5　容纳性

报刊的容纳性主要表现在三个方面,其一是可以从不同角度报道某一研究课题;其二是有关信息可以连续不断地报道;其三是每期报刊容量是有限的,但是它连续无限期地出版,其容量就可能是"无限"了。

1.2.1.6　现实性

现实性是指报刊的内容都是当时社会政治、经济、文化和科学技术等方面的及时反映和真实记录。

1.2.2　报刊的类型

按照不同的标准,可以将报刊区分成各种类型,便于从各种角度来认识和研究报刊,有利于对报刊的选择、搜集、整理、组织、评价、保存和利用。

1.2.2.1　按其内容性质划分

可以分为学术性、技术性、普及性、新闻报道性和情报性等报刊。

1)学术性报刊　是指主要刊登学术论文和文学艺术作品的报刊。它应包括哲学社会科学和自然科学两个方面,如:《哲学研究》、《中国社会科学》、《经济研究》、《教育研究》、《文学报》、《情报学报》、《文学评论》、《历史研究》、《中国科学》、《中华医学杂志》、《生物工程学报》、《民国档案》、《数学学报》、《物理学报》、《化学学报》和高等学校学报等。过去划分报刊类型,一般不把政治理论和文学艺术报刊等归入学术报刊,以至于使管理人员不知将其归入哪一类为妥,甚至造成漏分的现象。按照科学分类的理论,它们也是科学研究和科学创造的结晶,将其归入学术性报刊并无不可。

2)技术性报刊　是指主要报道技术科学成果和介绍推广新技术的报刊。如《计量技术》、《机械科技》、《电工技术》、《光学技术》、《景德镇陶瓷》、《中国船舶报》、《农业科技通讯》、《纺织科技报》、《中国计算机报》、《上海机械报》和《中国电子报》等。

3)普及性报刊　是指用通俗易懂、生动有趣的形式,将科学知识传递给读者的报刊。如《生活周刊》、《卫生科普报》、《生活报》、《现代家庭报》、《半月谈》、《环球》、《科学大观园》、《奉化科技报》、《交通安全报》、《航空知识》、《金陵百花》、《科学普及》、《科学种田》、《无线电》等。

4)新闻报道性报刊　是指以报道新闻和发表时事评论为主的报刊。如:《新华日报》、《光明日报》、《中国商报》、《武汉周报》、《中国日报》、《大公报》等。

5)情报性报刊　是指情报报道的报刊,主要指报道二、三次文献的报刊。按照 1965 年中国国外科技文献编委会的规定,情报性报刊可以分为三类,即检索类、报道类、研究类。检索类报刊可以分为题录(如《全国新书目》等)、文摘(如《文摘报》、《新华文摘》等)、索引(如《全国报刊索引》、《国外社会科学论文索引》等)。报道类报刊可以分为消息(如《科技消息》、《国际贸易消

10

息》、《中国投资与建设》等)、快报(如《上海译报》、《信息快报》等)。研究类报刊可以分为动态性(如《理论信息报》、《国外科技动态》等)和述评性两种,或者动态性和述评性相结合的报刊。

1.2.2.2　按照内容包括的范围划分

可以分为综合性和专门性报刊。从报刊工作出发,通常是以图书分类的方法来确定,以便于组织管理和利用报刊。

1)综合性报刊　是指其内容跨学科基本大类的报刊。如:《人民日报》、《中国日报》、《世界之最》、《百科知识》、《东西南北》、《世界博览》、《知识就是力量》、《大江南北》、《华东信息报》以及高等学校学报的综合版等。

2)专门性报刊　又称专业性或专科性报刊,是指内容专门化的报刊。其内容可以包括一个基本学科,也可以只包括一个具体专业、产品、研究对象、事物等。这类报刊数量最大,品种最多。如:《大众医学》、《书讯报》、《中国有色金属报》、《经济教育》、《法学杂志》、《科技情报工作》、《书目季刊》、《人民教育》、《人民文学》、《图书馆学研究》、《中国科学》、《水利学报》、《建筑学报》等。

1.2.2.3　按照载体形态划分

可以分为印刷型报刊和非印刷型报刊两类。非印刷型报刊又分为缩微型、机读型、声像型和电子报刊等。

1.2.2.4　按照出版刊期划分

可以分为定期报刊和不定期报刊两类。定期报刊又可以分为日刊、周六刊、周五刊、周刊、旬刊、半月刊、月刊、双月刊、季刊、半年刊和年刊等。

1.2.2.5　按照出版单位划分

可以分为政府机关、群众团体、企业部门、出版机构等编辑出版的报刊。学术团体应包括学会、协会、科研机构、大专院校等。企业部门应包括工矿业、商业等部门。

1.2.2.6　按照文献级别划分

可以分为一次文献报刊、二次文献报刊和三次文献报刊。

1.2.2.7　按照语言文字划分

可以分为中文报刊和外文报刊。中文报刊应包括汉语言文字和中国少数民族语言文字报刊。据不完全统计,世界上用于出版报刊的文字不下六七十种。但比较通用的文字是英文、中文、日文、法文、俄文、西班牙文等。

1.2.2.8　按照国家划分

可以分为国内报刊和国外报刊。国外报刊又可分为原版报刊、复印报刊和翻译报刊等。

1.2.2.9　按照编辑出版单位别划分

可以分为中央级(或国家级)报刊、省(市)级报刊、地市级报刊和县级报刊等。

划分报刊类型的标准和按照各种标准划分出的各类报刊,是比较而言的,相对的。按照同一个标准划分出来的各类报刊之间,有时也难划一条明确的界限。划分报刊类型,目的是为了从不同的角度,在宏观上认识报刊,为做好报刊工作创造良好条件。

1.3　报刊的组成要素

报刊的组成要素,是指除版式结构以外的各个主要组成部分。这些要素,再加上版式结构,就构成了一种完整的报刊。认识报刊的组成要素,是识别报刊、了解报刊的重要一环,也是做好报刊工作的起码要求。

1.3.1　题名

题名,又称刊名,是人们对每种报刊的命名,也是识别报刊的主要标识。报刊题名,包括报刊的正题名、并列题名、共同题名、副题名等。

1.3.2　责任者

责任者,是指团体和个人对报刊负有责任者,就是我们通常所说的主办者、编辑者、出版者、发行者等。

1.3.3　版本

报刊版本,这里是特指说明报刊版本类型的文字,包括地区(如"北京版"、"农村版"等)、特殊内容版(如"哲社版"、"社会科学版"、"自然科学版"等)、特殊版式或外形的版本(如"缩微版"、"扩大版"等)、文种版(如"盲文版"、"英文版"、"日文版"等)和时间版(如"上午版"、"星期版"、"周末版"等)等。

1.3.4　刊期

刊期,又称"期率"、"出版频率"等,是指报刊出版周期或间隔时间的长短,可以分为日刊、周刊、旬刊、月刊、双月刊、季刊、半年刊和年刊等。表示方法有以下几种:

第一种:在报刊的适当位置用文字标明,如《情报资料工作(双月刊)》、《南京师大学报(季刊)》等。

第二种:刊期含在刊名中,如《南方日报》、《扬子晚报》、《北京周报》、《周末》、《新华月报》、《文汇读书周报》等。

第三种:用出版时间序列表示,如月刊用"某年某月号"表示;季刊用"春、夏、秋、冬"表示。

第四种:刊期含在出版日期中,如"每周逢二、五出版"是"周二刊";"每月 5 日、15 日、25 日出版"是"旬刊";"逢双月 10 日出版"是"双月刊"等。

英文中,weekly(周刊)、decimally(询刊)、monthly(月刊)、

quarterly(季刊)、annuals(年刊等)。除 quarterly 外,其余各词可相应地加 semi—、bi—等前缀词,如 semi—monthly(半月刊)、bi—monthly(双月刊)等(刊期主要文字表示法请见表1.1)。

表1.1 报刊的主要刊期六种文字对照表

中 文	英 文	法 文	德 文	俄 文	日 文
日 刊	daily(d)	quotidien	Tegeszeitung	ежедныгым журнал	日 刊
周 刊	weekly(w)	hdbolomadaue	wachenxeltschrift	ежанедельник	周 刊
旬 刊	decimally	decadaine	alie Zehn Tage erscheinende pahlidation	десятидюнная печать	旬 刊
半月刊	semi—monthly	publication bimensuelle	Halbmohatsscbrift	полумесячник	月2回刊
月 刊	monthly(m)	nensuel	monatsschrift	ежемесячник ежемесячии журнал	月 刊
双月刊	bi—monthly (bm,b—m)	bi—meouel	Zweimontatsschrift	двуЧмосячник двуЧмосячни журнал	隔月刊
季 刊	quarterly(q)	tuneotuel	Vierterjahresschrift	ежекпартальни журнал	季 刊
半年刊	Semi—annual (sa,s—a)	Semevhuel	halbjahbzeitsclift	дологоличи журнал	年2回刊
年 刊	annual(a)	annuel	Jahrbuch Jahr—bsbilonz	ежегодник	年 刊
不定期刊	irregular(irr)	ineguliez	ujleegelha DiteZeitschlift	нерегурярныи журнал	不定刊

14

1.3.5 出版序列

报刊的出版序列,包括数序和时序。它有三种情况:一是既有数序,也有时序,如"1991年第五期"、"1991年5卷3期"等;二是只有数序,无时序,如"五卷6期"、"五辑"、"总第128期"等;三是只有时序,无数序,如"1989年5月号"、"1992年,春"等。

1.3.5.1 数序

数序,是指报刊出版连续时所给的数字顺序。报刊的数序单位有卷与期、辑等。卷与期是经常连续的。外文中卷为:volume(英)、tome(法)、band(德)、том(俄),期为:number(英)、heft(德)、выпуск(俄)。

1.3.5.2 时序

时序,是指报刊连续出版时给的时间顺序。时序的单位名称主要有年、月、日。英文的时序单位名称:年为year、月为month、日为day。它们常以数字代替,如in June nineteen eighty—two写成1982No6。

1.3.6 刊号

刊号,是指报刊的代号。报刊的刊号主要包括以下几种:

1.3.6.1 国际标准刊号

国际标准刊号,简称ISSN,于1975年作为国际标准IS3297正式公布。它是国际标准连续出版物编号(Internetional Standard Serial Number)的简称。在此之前,美国全国标准协会(ANSI)的Z39委员会编订了"标准连续出版物编号"(SSN)。国际标准化组织第46技术委员会1971年5月在里斯本全体会议上,批准了以SSN为基础的ISSN,并分了一组给美国鲍克公司在编《乌里希国际期刊指南》和《乌里希国际不定期连续出版物及年鉴指南》中试用,于1975年正式公布实行。由国际连续出版物数据系统(International Serials Data Systems，即 ISDS）对每一种经过申请的报刊所分配的一个固定不变的标准号码，它只代表一种报刊，只能用一次，具有特殊作用。国际标准刊号是以 ISSN 为前缀的由八位数字组成的报刊代号，开始时按当时所掌握的期刊和其他连续出版物的字顺编号，10 多年以后，变成没有统一的字顺次序，而仅是个流水登记号，也不能反映国别和类别。为了补救其不足，一些国家在实际应用时，在 ISSN 前加上了国家代号，如美国 US，英国 UK，法国 FR。我国是将其与中国统一刊号配合使用。国际标准刊号的组成，在形式上是 2 段，实际上是 3 段，最后一位数字是供电子计算机校对差错的校验号。如：

ISSN　1234—5679

其中，"1234"是 4 位，为第一段；第二段是"567"，由 3 位数字组成，是第一段号码相同期刊的流水号，"9"是校验号如：

AAACE Newsletter 0001—0014

African Historical Sudies 0001—9992

前者是"0001"号的第一种期刊，后者是"0001"号的最后一种期刊。"4"和"2"分别为这两种期刊的校验号。具体的校验方法是：将前七位数字分别按顺序乘以 8、7、6、5、4、3、2（称为加权因数），其积之和除以 11（称为模数），如果余数与校验号之和是 11（或者 11 减余数之差等于校验号），或者其积与校验号的数值之和能被 11 整除，证明该国际标准刊号是正确的，否则就是错误的。如果其积之和能被 11 整除，其校验号为"0"；如果校验号是 10，则以"x"代替，ISSN 仍然 8 位数字。例如：

ISSN 0512—9729

$0 \times 8 + 5 \times 7 + 1 \times 6 + 2 \times 5 + 9 \times 4 + 7 \times 3 + 2 \times 2 = 112$

$112 \div 11 = 10 \cdots\cdots$

$2 + 9 = 11$

根据以上验算，可以证明该国际标准刊号是正确的。为了便

16

于阅读和书写,前四位和后四位数字之间用连接号"—"连接。书写时,以"ISSN"起头,并与后面的数字空一格。

凡是公开发行,并在政府有关出版部门注册登记,有期刊登记证号的报刊,均可向 ISDS 中国国家中心(设在北京图书馆内,1986年6月开始办理 ISSN 的分配工作)申请取得该号。ISSN 应印在报刊明显位置。当报刊改名时,应重新申请 ISSN。ISSN 一经取消,便永远不能再用。

ISSN 的作用是多方面的,主要有识别题名,进行检索等作用。

1.3.6.2　中国标准刊号

中国标准刊号,由国家技术监督局批准,自1989年7月1日起在全国实施。它是由国际标准刊号 ISSN 和国内统一刊号 CN 两部分组成,其格式为:

ISSN ××××—××××　　CN ××—××××/yy

其中,国内统一刊号,"CN"为中国国别代码,号码由报刊登记号和分类号两部分组成。报刊登记号是国内统一刊号的主体,它以定长的6位数字,即由地区代号(2位数字)和序号(四位数字)组成。分类号是补充成分,中间用斜线"/"隔开,用以说明报刊的专业学科范畴。地区代号是依据国家标准我国行政区划编码表(GB2260—82),取其代码(参见表1.2)。序号定长4位,各地区编号一律是0001—9999,共计1万个;报纸编号一律从0001—0999,共计1千个;期刊编号一律从1000—9999个,共计9千个。为了方便国家新闻出版署管理,期刊编号目前仅限使用1000—0999,共计1千个;期刊编号一律从1000—4999,5000—9999暂不使用。分类号是依据《中图法》的大类表。其中,由于G、O、T 三类类目设置较细,期刊较多,可用到二级类目(参见表1.3)。因报纸分类较困难,目前还没有适合报纸分类的分类表,所以规定报纸不加类号。中国标准刊号结构更加科学,更加严密,既面向国际,又面向国内,具有中国特色,符合中国国情,为统一排架、报刊登记排序创造了有利条件。因其具有唯一性,为计算机的应用提供了迅速、准确的检索手段。

表1.2 国内统一刊号地区代号表

地区		代号	地区		代号
华北	北京	11	中南	河南	41
	天津	12		湖北	42
	河北	13		湖南	43
	山西	14		广西	44
	内蒙古	15		广东	45
东北	辽宁	21		海南	46
	吉林	22	西南	四川	51
	黑龙江	23		贵州	52
华东	上海	31		云南	53
	江苏	32		西藏	54
	浙江	33	西北	陕西	61
	安徽	34		甘肃	62
	福建	35		青海	63
	江西	36		宁夏	64
	山东	37		新疆	65

(台湾地区代号暂缺)

18

表1.3 国内统一刊号分类号分类表

A	马克思主义、列宁主义、毛泽东思想	Q	生物科学
		R	医药、卫生
B	哲学	S	农业科学
C	社会科学总论	T	工业技术
D	政治、法律	TB	一般工业技术
E	军事	TD	矿业工程
F	经济	TE	石油、天然气工业
G	文化、科学、教育、体育	TF	冶金工业
	G_0 文化工作理论	TG	金属学、金属工艺学
	G_1 世界各国语言化事业	TH	机械、仪表工艺
	G_2 各项文化事业	TJ	武器工业
	G_3 科学、科学研究工作	TK	动力工程
	G_4 教育	TL	原子能技术
	G_8 体育	TM	电工技术
H	语言、文字	TN	电子技术、电讯技术
I	文学	TP	自动化技术、计算机技术
J	艺术	TQ	化学工业
K	历史、地理	TS	轻工业、手工业
N	自然科学总论	TU	建筑工程
O	数理科学与化学	TV	水利工程
	O_1 数学	U	交通运输
	O_3 力学	V	航空、航天
	O_4 物理学	X	环境科学
	O_6 化学	Z	综合性图书
P	天文学、地球科学		

（此表为国家技术监督局所颁布）

1.3.6.3　邮发刊号

我国多数的报刊交给邮局发行,由邮局给予报刊编制代号,这种代号称邮发代号,简称 POSN(Post Office Serials Number 的缩写)。它是由地区号、种次号两部分组成,中间用短横线"—"隔开。一个地区有相连的两个代号,后来个别地区因刊号太长,使用不方便,又增加 1 个地区号。单号为报纸,双号为期刊(参见表1.4)

表1.4　我国邮发刊号地区代号表

省、市、自治区	代号		省、市、自治区	代号		省、市、自治区	代号	
	报	刊		报	刊		报	刊
北京	1;81	2;82	江苏	27	28	青海	55	56
上海	3	4	浙江	31	32	新疆	57	58
天津	5	6	福建	33	34	四川	61	62
辽宁	7	8	河南	35	36	云南	63	64
吉林	11	12	湖北	37	38	贵州	65	66
黑龙江	13	14	湖南	41	42	西藏	67	68
内蒙古	15	16	江西	43	44	宁夏	73	74
河北	17	18	广东	45	46	重庆	77	78
山西	21	22	广西	47	48	海南	83	84
山东	23	24	陕西	51	52	台湾		
安徽	25	26	甘肃	53	54			

1.3.6.4　中国报刊的国外发行代号

这是中国国际图书贸易总公司(原中国国际书店)将我国报刊向国外发行时,为了使内部管理规范化,方便国外读者订阅,所编制的序列报刊代号。

20

国外中国报刊代号构成分为两部分：一是刊期标识，用英文字母表示，如：W（weekly）为周刊；SM（semi—monthly）为半月刊；M（montblg）为月刊；BM（bi—monthy）为双月刊；Q（quarterly）为季刊；SA（semi—annual）为半年刊；D 表示报纸。二是序号，按该公司接到向国外发行的报刊先后顺序排列。它的作用，主要是方便国外读者订阅中国报刊，对我国国内报刊工作没有实际意义。如《图书馆》的国外代号：Q184，其中"Q"是刊期标识，表示是季刊；"184"是序号，表示该公司向国外发行的第 184 种期刊。

另外，各国报刊有各国的刊号；报刊进出口业务部门也会编制自己的一套刊号，如我国中图公司和教图公司就是如此。这两个公司编的刊号将在有关章节中加以说明。

报刊的结构，是指报刊编排的版式结构。它是报刊的载体形态结构，是构成报刊的形体部分，也是熟悉、管理和研究报刊的重要依据。期刊结构与报纸结构是有区别的。期刊结构包括封面、封二、题名页、目次页、正文、封三、封底、版权页、刊脊等。

期刊的封面（包括封二）标示的内容应包括刊名（包括副刊名）、卷次、期次、年份，必要时还可以标示编辑者。还应加上"ISSN"。刊名应在封面的显要位置。当期刊刊脊厚度超过 6mm 时，上述项目应在刊脊上标示。

期刊的目次页，一般在题名页之后，没有题名页的则在封二之后第一页，或者与题名页合在一起放在封二之后第一页。有的期刊，特别是向国外发行的期刊，在正文之前或在正文之后附上一种用国际通用文字翻译的目次（多数为英文）。

期刊的封底（或称封四）在固定位置刊登刊名、刊期、卷次（或年份）、期次、编辑者及其地址、出版者及其地址、印刷者、发行者、刊号（或期刊登记号）、定价、出版时间等。

根据国家标准 GB 3468－83《检索期刊编辑总则》规定，检索期刊的刊名应带有"目录"、"文摘"、或"文献通报"等。在封面还应增加本期文献条目的起止号。

报纸的结构则包括报头、报眼和栏(过去也称"批"或"皮")等。

报刊结构,是报刊的形态特点,对认识报刊、区别报刊的意义不大。

1.4　报刊的形成和发展

1.4.1　我国报刊的形成和发展

大哲学家、思想家伏尔泰曾说过:报纸诞生于中国,产生于上古不可记忆之时代。这是中国人民对世界文化的重大贡献。

中国报刊起源于"邸报"。战国时,诸侯国的客馆叫"邸"。汉代诸郡王侯为朝见皇帝,在京城设邸。唐代地方长官在京师也设邸。邸中传抄诏令奏章等,以报于诸藩,故称为"邸报"。以后,历代封建王朝传抄或出版的邸报,又称为"邸钞"、"杂报"、"除目"、"报状"、"条报"、"判报"、"官报"、"京报"、"朝报"、和"阁钞"等等。

"邸报"最早出现于公元 8 世纪初叶唐玄宗开元(713—741)年间。唐末孙可之在《经纬集》中所写的《读开元杂报》,是有关邸报最早的记载。其形式,可见孙毓修《雕版源流考》记载:"近有江陵杨氏,藏开元杂报七叶,云是唐人写本款式,作蝴蝶装,墨影浸漶,不甚可辩。"30 年代,向达在英国不列颠博物院所藏的敦煌卷子中发现的《进奏院状》,是现存的最早的邸报。仅存 60 行,约 2000 多字,时间为唐僖宗光启三年(公元 887 年)。记载唐沙州归义军节度使张淮深使臣前往朝廷请赐旌节的经过。"进奏院"就是"邸",指归义军节度使派驻朝廷的进奏院。这份"状"是进奏官

（邸吏）张夷刚发往沙州的手抄邸报。

宋代除出版官报（如"边报"、"朝报"等）以外，北宋末年还出现了一种"小报"。小报的内容不少是官方未公布的消息和资料。稿件大多来自都下的民间知识分子或低级官吏之手，多有论及时弊，一开始就遭到官方的查禁。两宋三百年间，从邸报到小报，无论内容和形式都有显著的改进。小报的出现，说明了报纸从官方垄断过渡到民办报纸，从仅仅辑录官方成文过渡到刊载民间消息了。

元代是否有邸报，目前尚未见到记载。到了明代，邸报又有了进一步的发展。崇祯十一年（公元 1638 年），已开始采用活字排版印刷《邸报》了。自宋进状院改由中央统辖和清代的章奏案牍由内阁总揽以后，邸抄性质与唐代不同，已从地方上探听中央消息读物，改为中央统一管理的官方公报了。清代官报，有邸钞、邸报、宫门钞、京报（亦称"塘报"、"驿报"）、内阁公报等，还有谕、汇存、邸钞汇编、宫门钞吏治等。不仅有关于邸钞、官报的详尽文字记载，也有许多实物留传下来。北京图书馆现藏有清代各种版本的邸钞和京报。清代京报在编排上，首先刊载宫门钞，次上谕，又奏。在内容上，包括大臣的请假，收到的奏案，发出的上谕，皇室的动态，每日的大事记，甚至生活方面的报道。其版本有抄本、木刻本，后来又有石膏泥版（又称豆腐干儿版）。出版者由官方改为民间印刷。京报改用铅印以后，由北洋京华书局出版发售，到 1890 年，已发行万份以上。清初，已有民间小报。到了晚清，民办报纸就更多了。但由于长期封建思想的禁锢，经济和科学技术发展落后，使我国报刊事业发展缓慢。

中国近代报刊，最早是由外国人主办的，其中大部分由基督教各教派的布道会主持。第一份中文期刊是由英国传教士米怜（Minlne）和马礼逊（Robert Marrison）于 1815 年 8 月 5 日在马六甲创办的《察世俗每月统纪传》。这是一份月刊，木版雕印，每期 5

页,2000多字,免费送给南洋一带的华侨和我国内地的知识分子阅读。到1821年停刊为止,一共出版80多期。1823年,传教士麦都士(Mdjhurst)在进达维亚(雅加达)创办《特选撮要》,月刊,继承《察世俗每月统计传》,到1826年停刊。1828年传教士麦都士(据范约翰记载是"基德[samuel kidd]")又在马六甲创办《天下新闻》,是第一种用铅活字印刷的中文期刊。1833年,德国传教士郭实腊(Cutzlaff,亦署名爱汉者)在广州创办《东西洋考每月统记传》,后迁新加坡,到1837年共出版四卷,所载内容包括宗教、政治、科学、商业等消息。这是在我国境内出版最早的近代化报纸。1854年5月由伍廷芳提议在香港出版的《中外新报》和陈霭亭与王韬1872年8月创办的《华字日报》,是最早的中文日报。以后又相继出版了《遐迩贯珠》、《六合丛谈》、《上海新报》、《万国公报》、《字林沪报》、《闽报》等。早期的《申报》也是由英国人美查于1872年4月创办,是我国境内创办最早的日报,后由史量才等接办。该报还有《民报》、《瀛寰画报》两个副刊,为我国增刊之始。1873年艾小梅在武汉创办的《昭文新报》,1874年1月5日王韬在香港创办的《循环日报》和同年容闳与朱莲生在上海创办的《汇报》,是中国人最早自办的近代化报纸。19世纪后期和20世纪初,中国人相继创办一批报刊。如康有为、梁启超等主编的《强学报》(1895)、《中外纪闻》(1895)、《时务报》(1896)、《清议报》(1897)等,以宣传变法维新为主旨;《无锡白话报》(1898),是我国最早的白话文报纸,被认为是我国白话文运动的先声;满人英华创办的《大公报》(1902),揭露满清政治上的黑暗,主张改良;胡璋等人主办的《苏报》(1897)、同盟会的《民报》(1905)、孙中山领导创办的革命派第一个机关报《中国日报》(1900.1)以及《醒狮》、《复报》、《浙江潮》、《河南》、《四川》、《江苏》、《民呼日报》(1909)等等,都以宣传民族革命或民族民主革命为宗旨。从1833年到辛亥革命,在80年间,我国出版报刊200余种。与此同时,各种专业报

24

刊也相继出现,如《格致新闻》、《农学报》、《国粹学报》、《中国女报》、《小说月报》、《新小说》、《绣像小说》、《瀛寰画报》、《点石斋画报》等。《东方杂志》(1904—1949)是当时影响较大、刊行最久的一种综合性期刊。这时的报刊有了很大发展和变化。内容上既有访稿,又有评论,这是区别于古代报刊最重要之点;栏目上包括政治论说、宗教教义、世界知识、文苑、小说、杂俎、物价和广告等;读者对象面向公众;印刷上采用石印或铅印;版面上注意图文并茂,印数大为增加。

辛亥革命推翻了数千年封建王朝的统治,东西方文化和其他思潮在中国得到传播,我国报刊的发展有了量与质的飞跃。民国初年,北京就有上百家报纸。五四运动前夕,1915 年创刊的《新青年》和 1918 年创刊的《每周评论》等,勇敢地举起了反帝反封建的旗帜。五四运动以后,全国各地涌现了大批进步报刊,如《少年》、《劳动者周刊》、《劳动声》、《五七日刊》、《少年中国》、《北京大学学生周刊》、《全国学生联合日报》、《天津学生联合会报》、《觉悟》、《学生周刊》、《星期日》、《浙江新潮》、《新生活》、《民国日报》等。还有,伟大的革命先行者孙中山亲自写发刊词的《国民》,梁启超主办的《大中华》,进步民主人士主办的《新生周刊》、《光明日报》等相继出现。这个时期当局官方也创办了大批报刊,如《中央日报》、《扫荡报》、《时事周报》等有千种以上。当时的学术报刊有《科学》(1915)、《清华学报》(1915)、《北京大学月刊》(1919)、《史地学报》(1921)、《自然界》(1926)等。1936 年,即抗日战争前夕,我国报刊出版事业达到了一个高峰。根据《全国报馆社调查表》统计,1936 年我国出版报纸 633 种,总发行量达 130459 万份;期刊 1271 种,总发行量达 3584 万册。据《(1833—1949)全国中文期刊联合目录》(增订本)统计,全国出版中文期刊近 2 万种。

1949 年以后,我国报刊事业进入了新的历史时期。40 多年来,我国报刊事业大致可以分为四个阶段(参见图 1.1)。第一阶

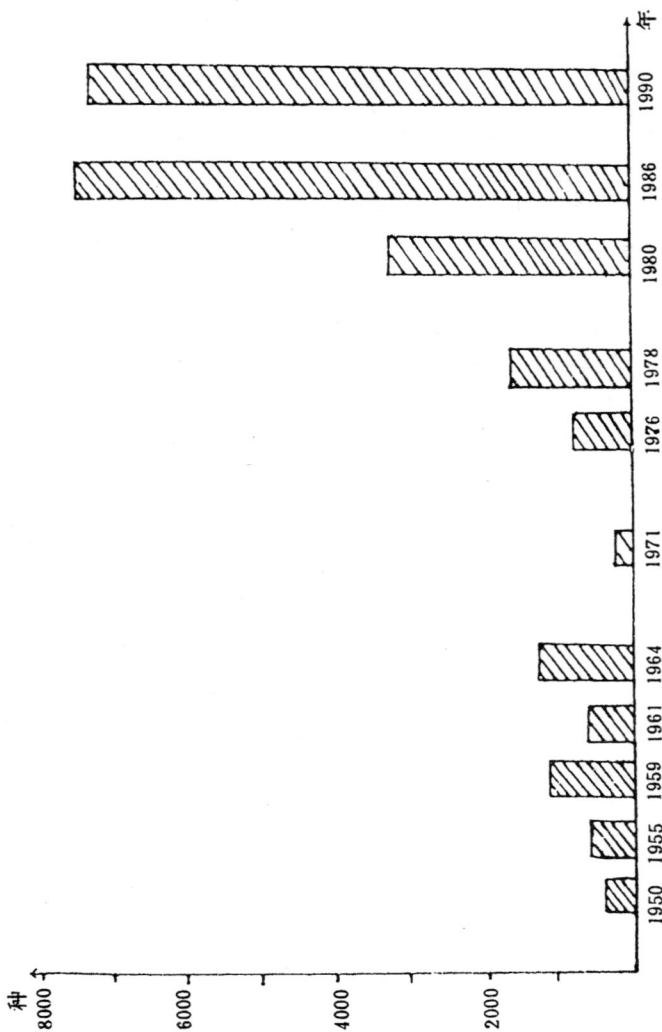

图 1.1 我国 1950—1990 年报刊发展情况统计图

段,1949 年—1956 年,是我国报刊事业恢复发展阶段。1950 年,全国出版报纸 8 亿份,期刊 0.4 亿册,到 1956 年分别增加到 26.1 亿份和 3.5 亿册。各类报刊发展较快,特别是专业报刊得到了应有的重视,并于 1956 年 5 月建立了国家科技情报系统,开始翻译出版苏联部分情报刊物。第二阶段,1957 年—1966 年,我国报刊事业受到"左"的干扰,但经过整顿,逐步走上健康发展道路。1957 年,部分报刊受到了不公正的对待,遭到批判,有的被迫停刊或改组。1958 年,报刊事业发展太快,"拔苗助长",超越了我国经济和文化科学发展的实际。经过 60 年代初的几年调整,我国报刊事业又走上了健康发展的道路。1966 年,出版报纸 36.7 亿份,比 1956 年增加 10.6 亿份;出版期刊近 800 种,2.3 亿册,接近 1956 年的水平。1965 年是我国科技情报期刊发展最快的一年,出版情报期刊 320 种,初步形成了一个完善的报刊体系。第三阶段,是在十年动乱中,我国报刊事业遭到空前破坏。1976 年,全国出版报刊不足 300 种,还低于 1950 年的水准。第四阶段,是粉碎"四人帮"以后,特别是近十年来,我国报刊事业空前繁荣。据不完全统计,到 1987 年底,国内公开出版的省级以上的报纸 550 余种,期刊 4200 余种,居世界第 17 位。根据《当代中国报纸大全》统计,1987 年 1 月底以前创刊的定期出版的并公开或内部发行的铅印(或胶印)报纸共 2578 家。据《光明日报》1990 年 8 月 7 日报道,1978 年,我国仅有报纸 186 家;到 1989 年初,全国各类报纸猛增到 1628 家;到 1990 年 8 月,经过整顿,全国重新登记注册,申请"国内统一刊号"的正式报纸有 1459 家。据中国版本图书馆统计,该馆 1990 年收入现刊 6893 种,省级以上报纸 700 余种。据国家新闻出版署统计,1990 年出版报纸 1442 种,期刊 5751 种。至 1991 年底,公开出版发行期刊 6500 种,年发行量约 20 亿册。到 1988 年底,江苏省就出版报刊 1100 余种。目前,如果把内部报刊计算在内,全国出版报刊已愈万种。

中国人自己创办的科学期刊是《格致新闻》(1898)和《亚泉杂志》(1900)。中国在 1896 年出现科技期刊以后,由于经济和科学技术落后,科技期刊发展非常缓慢,50 余年中,只有 1920 年(108 种)、1936 年(102 种)、1947 年(147 种)等少数几年超过百种,到 1949 年只有 40 种。1949 年以后,随着国民经济和科学技术发展,科技期刊逐年增加,1957 年公开发行的科技期刊 328 种,1990 年公开发行的科技期刊已达 3055 种(参见图 1.2)。

近 40 余年来,台湾地区报刊事业发展也比较迅速,并于 1982 年 9 月 16 日,将计算机用于报纸排版,由《联合报》正式开始使用。据台湾有关资料统计,台湾报刊出版发行情况如下表:

表 1.5　台湾报刊发行数量

品种	1950 年	1956 年	1959 年	1966 年	1976 年	1979 年	1983 年	1985 年
期刊(种)	144	505		953	1459	1772	2543	2889
报纸(万份)			65	87	180	280	350	

台湾期刊,近两年已突破 3000 种大关。据估计,这种势头不会加快,在 3500 种上下要徘徊好几年。其内容越来越专题化,综合性报刊现已不再畅销了。由于科技的进步和竞争等原因,期刊的外观质量大为提高。台湾期刊的经营呈现出多元化的趋势,电视业、报业、社团、商界等都参与期刊竞争,使之管理日益企业化、电脑化,改变了文人办刊的现象。

日本占领时期,台湾有中文报纸 6 家。1944 年 3 月后,报纸趋向于宣传民族主义思想,日本殖民主义者下令将 5 家报纸合并到最大一家《台湾日日新闻》,改名为《台湾新报》。1945 年,日本战败投降后,至 1946 年底,台湾有 18 家报纸,其中公营 3 家,私营

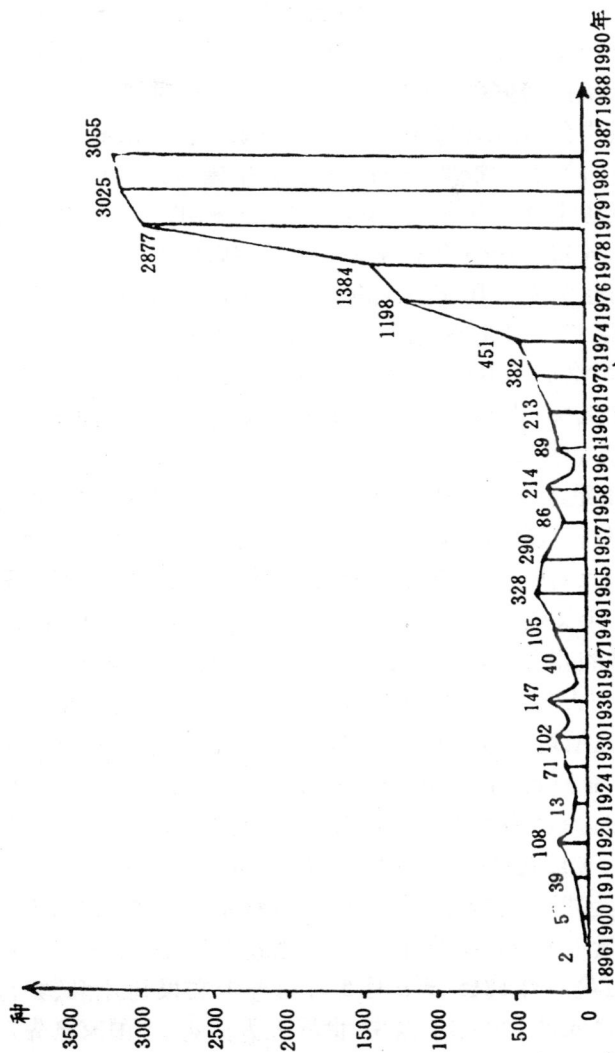

图 1.2　中国科技期刊公开发行状况统计图（1896—1990 年）

15家。1951年,台湾当局颁布第1道报纸禁令,实行报纸登记,限制创办新报。接着又下禁令,停止报纸登记,限制篇幅及张数。台湾当局对报纸控制较严,出版比较稳定,在较长时间里,一直保持在31种,其中公营报纸13种(国民党报纸5种,属政府报纸2种,军队报纸6种),民营报纸18种(其中,《中国时报》、《联合报》分别由国民党中常委余纪忠、王惕吾主持,人称半官方报纸),但其发行量增长较快。1983年报纸发行量是1959年的5倍多;1986年总期发行量为400万份,平均每5人有1份,每百户有报纸66.3份,成人每天有53.1%的人读报。《联合报》、《中国时报》两家私营报纸,发行量都在100—120万份,占总发行量的三分之二。期刊发展比报纸快,从1950年的144种,1985年已增加到2869种,36年时间增加了20多倍。

1988年元旦,台湾当局解除报禁,至当年1月底,报纸就迅速增加到52种。报禁解除以后,新报纷纷创刊,老报竞相扩版。登记的多,发行的少。已登记的275家报纸中,1990年发行的只有97家,1991年又减少到50多家,大多数新创刊的报纸旋生旋灭。各报展开激烈竞争,竞相扩大版面,增加专栏,扩大题材。《自立晚报》抢先到大陆采访,《联合时报》开辟大陆版。为了取得竞争优势,许多报纸请老报人或名人作发行人;各报争相聘请知名作家、画家等,在副刊、小说、漫画上下功夫。《联合报》办起了《联合晚报》和《联合报》南方版;《中国时报》办起了《中时晚报》;《自立晚报》办起了《自立早报》。这样就更增加了竞争气氛。

香港地区报刊总数在300种以上。海外中文报刊也有近百年的历史,数量也不少。据统计,中文日报就有73家,总发行量约为130—150万份。自1815年8月5日海外中文报刊开祖《察世俗每月统计传》问世170多年以来,世界五大洲42个国家已先后出版中文报刊1397种,现在还有28个国家390种中文报刊仍在继续出版发行。

1.4.2　国外报刊发展简况

国外的报刊起源于《罗马公报》(Acta Diurna)和"新闻信"。公元前 60 年恺撒就任执政官后,于公元前 59 年,下令逐日手抄布告《罗马公报》颁布于众,内容包括法令、命令、国家大事、战争等。这种《罗马公报》被人们认为是西方最早的具有报刊性质的文献。"新闻信"是手写的或印的一种书信。据不列颠博物馆收藏的三张受英国伊丽莎白女王之命刊载战争胜利消息的报纸,证明最迟于 15 世纪已有报纸出现。1549 年,英国出版了一种名叫《特蔺议会》(Conncil of Trht)的新闻小册子,已有期刊的雏形。1609 年,德国出版的《报道与新闻》(又名《通告报》)(Aviso - Reletion oder Zeitung)为最早连续出版的报纸。1622 年(一说是 1621 年)5 月23 日创刊的《每周新闻》(Newes)(全名为《来自意大利、德意志、匈牙利、波希米亚、莱茵河西岸地区、法兰西与荷兰的每周新闻》)被认为是英国定期刊物的鼻祖。1644 年,瑞典皇家文学院出版的《邮报》,也是较早的报纸之一。1661 年德国出版的《莱比锡新闻》(Leipziger Zeitung)、1702 年 3 月 2 日英国出版的《每日报》(Daily Courant)、1777 年法国出版的《巴黎日报》(Journal de Paris)为最早的几种日报。1641 年 11 月英国出版的《议会逐日纪事周刊》(Diurnal I Occurrences in Parliament)、1665 年 1 月 5 日巴黎出版的《学者汇刊》(Journal des scavans)、同年在伦敦出版的《皇家学会哲学汇刊》(Philosophical Transactions of the Royal Society)为早期的具有期刊特征的期刊。1821 年瑞典出版的《物理科学进展年报》、1830 年德国出版的文摘期刊《药学总览》(《化学展览》前身)是世界上最早出版的科技情报期刊。美国最早发行的期刊是佛兰克林的《美洲杂志》和《将军杂志》,它们都是模仿英国杂志的月刊出版发行的。

报刊的发展不仅受政治气候的影响,也受到经济和科学技术发展的影响。报刊诞生以来，发展相当迅速。早期的报刊是以人文科学为主，科技报刊很少。随着经济和科学技术的不断发展，科技报刊激增。有人对欧洲科技期刊作统计证明，其创刊在初期每50年增加10倍。

1750 年	1800 年	1850 年	1900 年
10 种	100 种	1000 种	10000 种

日本第一种期刊是《西洋杂志》，创刊于1876年，比西欧晚300年。明治维新以后，每年以平均创刊30—40种的速度增加。第二次世界大战时，因战争的破坏，1930年—1940年，科技期刊仅增加278种。1945年以后，科技期刊增加很快，1945年—1954年，平均每年增加180多种。据1972年出版的《日本杂志总览》统计，期刊总数已达12969种，仅次于美国和前西德，居世界第三位。

据英国《世界科学期刊目录》(World List of Scientific Periodicals)统计，1921年科技期刊已达29028种。第二次世界大战以后，科学技术迅速发展，在短短的几十年中所取得的成果，超过了人类有史以来直到第二次世界大战的全部成就的总和。特别是近20多年中，科学技术的迅猛发展，也大大地促进了报刊事业的发展。据《乌利希国际期刊指南》(Ulirich's International Periodicals Directory)等有关资料统计，全世界期刊总数为：

1960 年	1970 年	1976 年	1980 年
20000 种	50000 种	60000 种	62000 种

但是，它们所收入的期刊远远少于目前正在出版的期刊总数。据联合国教科文组织1980年估计，全世界期刊总数约120000种。有人估计，现在世界期刊总数不少于400000种。据国外报道，目前全世界每年创刊的期刊约为五六千种。据联合国教科文组织1968年统计，全世界日报总数，1952年为7000多种，1967年为7980种。据有关统计，本世纪60年代前期，全世界出版情报检索

期刊有 1885 种,1980 年已不下 4000 种。据《农民日报》1989 年报道,全世界共出版报纸 53614 种。其中日报(周 4 刊以上)8220 种,非日报(周 3 刊以下)45294 种;期发数共约 8.32 亿份。欧洲占 47.4%,亚洲占 30%,美洲占 19%,非洲和大洋洲不足 4%。全世界每千人拥有报纸 180 份,发达国家每千人拥有报纸 511 份,发展中国家只有 66 份。世界上出版报纸种类较多的国家是:印度 19937 种,美国 9181 种,前苏联 8285 种。发行量最高的是:前西德 27693 万份,前苏联 17600 万份,中国 17251 万份。日报种类较多的是:美国 1710 种,印度 1334 种,前苏联 722 种。日报发行量较多的国家是:前苏联 10930 万份,日本 6841 万份,美国 6241 万份。这些统计数据很不完全。不过,我们可以通过这些数据看出报刊发展的一斑。

1.4.3 报刊的发展趋势

1)印刷型和非印刷型同时并存 多少年来,报刊一直是以印刷型占统治地位。随着科学技术的发展,现代技术被应用于报刊事业,打破了印刷型报刊一统天下的局面,出现了缩微型、机读型和音像型报刊。最近几年,还出现了一种电子报刊。1989 年 4 月起,美国发行传真报纸。目前,《纽约时报》、《洛杉矶时报》、《商业日报》、《芝加哥论坛报》等都发行传真版,有的还发向别的国家。传真报纸篇幅不多,它用最快速度,以新闻摘要形式,向装有传真机的订户提供新消息,从而填补了日报和晚报之间的空隙。有些报刊在出版印刷型的同时,还出版了内容完全相同的缩微型两种版本,如英国与德国合编的《化学研究杂志》、荷兰的《水力学研究杂志》等等。印刷型报刊印刷质量不断提高,文字清楚,图片清晰,日本等国已向彩印方向发展。报刊上刊登广告逐年增加,副刊、增刊日渐增多,专栏、专版日趋复杂,著录日趋标准化。

2)出版周期向多样化方向发展 一般认为报纸的出版刊期

最短为日报,最长为周报;期刊的最短出版刊期为周刊,最长为半年刊。现在报刊的刊期向多样化方向发展,每小时出版一次(如美国《最新新闻》)、日五刊(如英国的《伦敦每日新闻》)、日二刊(如《罗马观察报》)、旬报(如《北京音乐报》)、半月报(如《国际电子报》)、月报(如《物资商情》)等;期刊有日刊〔日本的《Daily "The Kaiji", Shipping & Shipbuilding News》(海事通讯)、《海事》(海事报)〕、三日刊、旬刊(如《中学生文摘》、《海外星云》)、双周刊、四月刊、年刊(如《鲁迅研究年刊》)等。还有的期刊一年出五期、八期、十期的等等。

3)情报检索类报刊趋于多样化,体系日益完善 为了适应现代社会的需要,检索类报刊发展快,数量大,品种多,体系日益完善。我国检索类报刊在 1965 年发展较快,达到 139 种。十年动乱中遭到破坏,全部停刊。到 1980 年已基本上恢复到"文革"前的水准,达到 137 种。1983 年,上升到 159 种,年报道量达到 95 万条。1989 年,已达到 213 种,年报道量增加到 142 万余条。检索报刊,不仅有文摘、索引,最近还出现了提要期刊。每种报刊的检索途径多样化,如美国的《化学文摘》(CA),根据化学工作者的特殊需要,除编制作者、篇名、主题索引以外,还编制了关键词索引、分子式索引、环系索引、专利号索引等。美国的《生物学文摘》(BA),根据生物学的特点,另编有上下文关键词索引、组配索引、生物分类索引等。也有许多报刊刊登专题索引、文摘、题录和随刊索引等。

4)报刊内容日趋完整,但严重重复 期刊内容遍及各门学科和专业,而且日渐专门化、专业化,学科越分越细。报纸历来以时间性强,报道新闻为主要特征,但近年来,内容也越分越细,逐步趋向专门化和专业化,经济、政治、文化、教育、体育、文学、艺术、科学、技术、生活等专业或专门报纸先后出现,使报纸的内容体系日趋完整、系统。报刊的内容严重重复主要表现在以下几个方面:一是互相转载同一内容的文章,同一内容的文章许多报刊同时发表。二是各国竞相翻译出版。据不完全统计,近年来约有200多种俄文期刊被美、英等国全译为英文版,而俄罗斯翻译外国报刊比美国多3倍。三是报刊采用双版制或用多种文字出版。四是出版了不少一次文献的选刊、集萃、精选本等。

5)编辑出版工作走向标准化,编辑排版采用新技术　国际标准化组织第46技术委员会(ISO—TC46)已制定了一些标准,如《ISO—8文献工作—期刊的编排格式》、《ISO—18期刊的目次表》、《ISO—R215期刊论文编撰格式》等。我国也先后制定了《GB3179—82科技学术期刊编排规则》、《GB3259—82中文书刊名称汉语拼音写法》、《GB3468—83检索期刊编辑总则》等。编辑、排版积极采用新技术,如使用电子计算机排印和编辑情报类报刊;有的报刊由排字印刷改用打字影印;有的报刊按原稿复印出版等。从1989年6月24日起,《新华日报》全部采用国产Ⅳ型计算机——激光照排胶版印刷,它消除了铅污染,大大减轻了劳动强度,提高了工作效率和印刷质量。现在采用这种新技术的报纸较多,如《工人日报》、《中国青年报》、《中国文化报》、《金融时报》、《羊城晚报》、《新闻出版报》、《文汇报》、《市场报》、《人民日报》、《中国教育报》等多种。

6)出现了报刊融合的现象　现代报刊的发展,报中有刊,刊中有报,出现融合现象。报纸副刊、专刊逐渐强化,发展为报中之刊,内容期刊化日渐明显。有些报纸的副刊、专刊已经脱离了报纸,发展成为独立的期刊。报社出版期刊逐年增多,这些期刊大多是由报纸的副刊、专刊发展来的。报纸期刊化,当然不是把报纸办成期刊,而是用办期刊的精神,办好报纸。也就是使报纸从内容到版面安排,突出深度报道,以深度报道为主线条,努力做到不仅要告诉读者发生了什么,而且要告诉读者为什么发生,使读者对报道的事物有较深层的了解。这是适应现在传播手段现代化,报纸之间竞争激烈,读者文化科学水准不断提高,对报纸要求也不断提高的形势。如1990年9月1日,《光明日报》在第三版刊出《思想政治工作园地》创刊号,这是比较典型的报中之刊。有些期刊日趋报纸化,刊期缩短,新闻内容增多,动态报道加强,已逐渐失去原有概念中期刊的许多特色。近年来,还出现了"刊中之报"。如辽宁省出版的期刊《党建文汇》,从1988年第一期起,创编了刊中之报——《三联导报》,融"读书、生活、新知"为一体,它吸收了报刊之精粹,熔百家之长于一炉。再有,上海《文汇报》社出版《文汇月刊》杂志。报刊的这种发展现象,是同现代科学技术迅速发展,人们生活节奏加快,信息传递迅速相联系的。

7)电子报刊和电视报刊的出现 在保持有许多基本特征的基础上,报刊与电视结合,产生新的传播媒介,如家庭信息检索,又称电视文字机,将报刊直接传递给用户,现代先进的科学技术被运用到报刊上来,在一些发达国家出现了电子报刊和电视报刊、传真报刊,前几年,西方发达国家将电子技术应用于报刊,出现了电子报刊。1990年初,《南京日报》在南京市鼓楼广场建立了大屏幕《南京日报电脑新闻》,每次可显示100余字,每隔2分钟换一次内容。天津市、大连市也已建立这类电子报纸。图文电视广播,即被人们称为《电视杂志》或《电视报刊》,1976年在英国正式播出,迅速得到推广,目前世界上约有40个国家和地区数以千万计用户在使用图文电视。美国普林斯顿大学心理系出版一种电子杂志,将杂志内容通过计算机网络传递给拥有计算机终端的读者阅读。1987年,广播电视电影部广播科研所与国外有关公司合作,制订出中国图文电视国家标准。1990年6月又完成第一代中文图文电视广播系统,并在9月北京亚运会期间开始播放。1988年12月,台湾第一份不用纸张印刷报道大陆最新讯息的《电脑日报》创刊。这份《电脑日报》由台湾"中国大陆问题研究中心"主办,它利用电脑和彩色图片处理机相结合,把有关大陆的新闻和图片运用电传连线系统传到各地,在 78 英寸大荧幕放映机上显示,观众可以在 20 分钟的时间内,从大银幕上阅读到大约 2500 字的最新大陆新闻。这份日报在海外聘有特派员,每日凌晨搜集当地以及大陆报纸上的有关新闻,用无线电传真方式递送台北。日本曾决定用电视传递系统,将报刊内容直接在电视屏幕上显示,用户可以在家中不出门,通过电视机接收报刊信息。这种电视报刊内容,包括文字和图像。另外,西方还出了"桌布报纸"、"手帕报纸"、"蛋糕纸"等。法国巴黎出版一种名叫《食盐与胡椒》的周报,它专供喜欢一边用饭一看报的人阅读。报纸采用防水纸印刷,不怕油盐、菜汤。美国田纳西州《查塔努加时报》有各种香味广告,饼干广告有饼干香,美容广告有化妆品香;日本《读卖新闻》曾用一种香味油墨刊登了一则冰箱广告,冰箱果蔬格里塞满了橙子,读者只要摩擦这些"橙子",马上即可闻到扑鼻的橙香;等等。真是五花八门,各种各样报刊层出不穷,应有尽有。

1.5 报刊的主要作用

1.5.1 报刊是传递知识信息的工具

报刊是科学知识信息载体之一,是传递信息的媒介。据有关研究和统计,报刊所含情报量占整个科学文献所含情报总量的 65% 以上。这些情报信息就是凭借报刊传递给用户,以促进科学技术和生产的发展。

1.5.2 报刊是民族文化的宝库

报刊的内容都是当时社会的政治、经济、文化、科学技术、生产实践的真实记录,具有很高的史料价值。我国创办于 1872 年 4 月的《申报》,历时 78 年,有中法战争、中日甲午战争和发生在中国领土与领海上的日俄战争,以及戊戌变法、义和团运动、八国联军入侵北京等重大事件的报道和重大案件的新闻。后来,《申报》的内容不断扩大,包括政治、法律、经济、军事、外交、文化、教育、文学、艺术、交通、新闻出版、科技和工人运动等,资料十分丰富。

1.5.3 报刊是一定社会历史产物,为一定的政治、经济服务

中世纪中国的邸报,它的内容完全迎合封建统治阶级的利益和需要,为巩固封建统治服务。宋代小报在民族危机十分严重,民族矛盾日益尖锐的情况下,刊登过当时主战派官员反对投降妥协和呼吁抵御外侮的奏章,透露过北方人民英勇抗敌和前线爱国将士枕戈待旦,迫切求战的情况,对当时的抗金运动起过有利的影响。民主革命时期,孙中山先生在许多报刊上发表过大量文章,宣传革命主张。报刊是新理论的宣传者,新技术的传播者,革命运动的组织者,它能积极推动和促进社会不断向前发展。

1.5.4 报刊宣传是实现多种教育的手段

特别是革命的、进步的、健康的报刊,能够起到启迪人们积极向上、提高人们思想素质和科学文化素质的作用。我国现时的报刊,往往起到对人们直接的或者潜移默化的教育作用。报刊不但能陶冶人们情操和提高思想政治觉悟,也能使人们获得多方面的知识。特别是一些教育类报刊和为自学服务的报刊,其教育作用就更加突出。

1.6 报刊文献的一般规律简介

1.6.1 报刊文献规律的回归

报刊文献在文献系统中是主要文献类型之一。在文献流中，它表现出一定的运动规律。这些规律，通过对报刊文献的利用和报刊工作的实践，对报刊文献本身所进行的分析研究，不断地被认识、被揭示。这里所说的报刊文献规律，主要是指科学文献的集中与分散规律、增长与老化规律、相互引用规律等等。它们一直被认为是文献情报流在情报交流中所表现出来的规律。通过研究这些规律，来确定科学文献收藏配套的完整性，探索出版物使用率的量的参数，寻求科学文献增长与老化的特点等等。

但是，这些规律首先是通过对报刊文献（主要是科学期刊文献）本身的基本特征（如：作者、主题、术语、期刊名称、引文、出版时间）进行排序和统计分析，从而加以揭示，然后逐步推广，才成为整个文献情报流的规律。换句话说，这些规律，本来就是报刊文献在文献交流中所表现出来的客观运动规律。我们主张这些规律回归到报刊工作研究中来，为进一步研究报刊工作发挥更大的作用。因此，这里将有关报刊文献的主要规律加以介绍，以便作为报刊工作实践的参考。

本书著者参与研究和介绍报刊文献规律，目的在于说明报刊工作是有规律可循，并已存在被人们认识了的客观规律，以期人们重视对报刊工作规律的探索，促进其理论研究，使报刊工作有较大的发展。

1.6.2 报刊文献的分散与集中规律(布拉德福定律)

报刊文献的分散集中规律是由英国文献学家布拉德福(S. C. Bradford)在1934年首先提出来的,所以又称为布拉德福定律或布氏定律。

布拉德福经过长期的研究,对多种学科的期刊文献进行大量的调查统计,得出这样的结论:"如果将科学期刊按其刊载某个学科领域的论文数量,以递减顺序排列起来,就可以在所有这些期刊中区分出载文量最高的核心区和包含着同等数量论文的随后几个区,这时核心区和后继各区中所含的期刊数成$1: a: a^2 \cdots\cdots$的关系"〔a为第二区含期刊数与核心区所含期刊数的比值(a > 1)〕。布德福当时的统计数据$a \approx 5$。这就是著名的布拉德福定律,或称之为布拉德福定律的文字描述。

布拉德福定律还可以用图形表示。如果取递减排列期刊的顺序号(级数)的对数(Inn)为横坐标,以相应的论文累积数 R(n)为纵坐标,绘制成一个坐标图,就可以得到一条曲线(如图 1.3),称为布拉德福分散曲线。

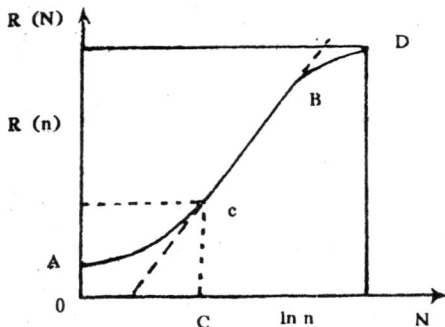

图 1.3 布拉德福分散曲线

从图中可以看出,布拉德福分散曲线开始是一段上升的曲线

AC,对应于核心区的期刊分布;然后是上升直线 CB 和下垂曲线 BD,对应于相继各区期刊分布。布氏分散曲线在进入直线部分后,不可能无限延伸,总要弯曲下垂。

布拉德福定律在 1934 年提出以后,并没有引起学术界的重视,直到 1948 年在他的《文献工作》(Documentation)一书中对定律作了进一步论述和发展后,才引起有关专家的关注和研究。其中的代表是英国情报学家 B. C. 维克利(B. C. Vickery)和 B. C. 布鲁克斯(B. C. Brookes)。他们补充修改和完善了布氏定律。

维克利指出,布氏定律由文字描述和图像描述构成;对期刊的分区不只限于 3 个,而可以划分为多个区;其图形是一条曲线,不是一条直线。具体地说,如果将刊载有某一学科领域论文的相关期刊划分为 m 个区,使每一区论文数量相等,则各区中期刊的数量 n_1、n_2、n_3、$\cdots\cdots n_m$ 满足下式:

$$n_1 : (n_1 + n_2) : (n_1 + n_2 + n_3) : \cdots : (n_1 + n_2 + \cdots + n)$$
$$= 1 : b : b^2 : \cdots : b^{m-1} \tag{1.1}$$

式中 b 为维克利分布系数。

维克利的修正与补充,解决了布氏定律文字描述与图像描述的矛盾,在结构上得到了统一,丰富了布氏定律的内容,使之在形式上趋于完整,后来布氏定律得到世界图书馆学和情报学界的广泛承认和接受,与维克利的贡献有密切关系。

布鲁克斯则以数学表达式较为严密地描述了布氏定律,完善了图像分析,为其实际应用开拓了新路。其数学表达式为:

$$R(n) = om^{\beta} \qquad (1 \leqslant n \leqslant c) \tag{1.2}$$
$$R(n) = Kln(n/S) \qquad (C \leqslant n \leqslant N) \tag{1.3}$$

式中:$R(n)$——对应于 n 的论文累积数;

n——递减排列的期刊序号(级数);

α——载文量最高的一级期刊中的论文数量,即 $R(1)$;

c——核心区的期刊数;

N——等级排列的期刊总数；

K——参数，等于分散曲线中直线部分的斜率，可以用实验的方法求得，当 N 足够大时，$K \approx N$；

S——参数；

β——参数，与核心区期刊数量有关，等于分散曲线的曲线部分的曲率。

公式(1.2)表示布拉德福分散曲线的起始部分，即图中的 AC 段；公式(1.3)表示上升直线部分，即图中的 CB 段。两个公式中的参数并不是不变的，一般情况下，它们将随着统计时间的长短，学科领域的不同而不同。弯曲下垂部分布氏定律 BD 称为格鲁斯下降。这说明布氏曲线在进入直线部分后，并非无休止地延伸下去，总要下垂。关于下垂的原因，目前已经从数学上得到解释。

布氏定律在报刊工作中的应用主要要有以下几个方面：

(1)选择和确定核心报刊。这是布氏定律最基本的一项应用。利用布氏定律确定核心报刊，可直接仿照布拉德福的方法进行。

(2)报刊文献检索和收集的完整性测定。

(3)指导读者利用报刊文献。

(4)进行报刊文献动态馆藏的维护。

(5)确定报刊核心编辑出版者。

布氏定律在这五个方面的具体应用，可以参阅有关文献。但是，布氏定律是一个经验定律，必须受到一定条件的限制。其适用条件是：

(1)论文的学科领域应当明确划定；

(2)期刊和论文的统计必须充分；

(3)期刊统计的时间必须明确限定，以便相关论文都被统计进来。

1.6.3 报刊文献的增长与老化规律(指数增长规律与逐渐过时规律)

1.6.3.1 指数增长规律

1)普赖斯曲线

考察期刊的增长,1750 年为 10 种(约数,下同),1800 年为 100 种,1850 年为 1000 种,1900 年为 10000 种,目前已达 10 万余种。如果以科学文献累积量为纵轴,以历史年代为横轴,把不同年代的期刊文献量在坐标图上逐点描绘出来,然后以一条光滑曲线连结各点,就可以近似地说明期刊文献随时间增长的规律。这就是有名的普赖斯曲线(如图1.4)。

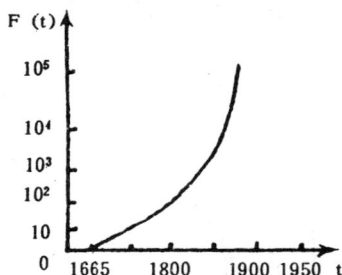

图1.4 普赖斯曲线

布氏定律指数增长定律可用下列公式表示:

$$F(t) = ae^t \tag{1.4}$$

式中:a—统计初始时刻(t = 0)的期刊量;

e = 2.718;

b—持续增长率

期刊文献增长一倍所需时间 t′:

$$t' = \ln 2/b(b—持续增长率) \tag{1.5}$$

但是,指数增长定律只是一个理想的模式,它忽略了影响期刊文献增长的各种复杂因素,如政治、经济、智力等,不可能总是按指数模式增长。事实上,其曲线的陡度已呈平缓的趋势。这一定律,一方面正确反映过去一段历史中期刊文献的增长情况;另一方面又暴露出不能简单用其预测未来期刊文献增长趋势的局限性。

2)逻辑曲线

考虑到上述种种原因,有的学者提出期刊文献按逻辑曲线增长的理论,作为对指数增长的一种补充和修正。其曲线见图1.5,其方程式如下:

$$F(t) = \frac{K}{1 + ae^{-kbt}}$$ ……………………………… (1.6)

它表明,在期刊文献增长的初始阶段是符合指数增长规律的,当期刊文献增至最大值1/2时,其增长率开始变小,最后缓慢增长,并以K为其极限。

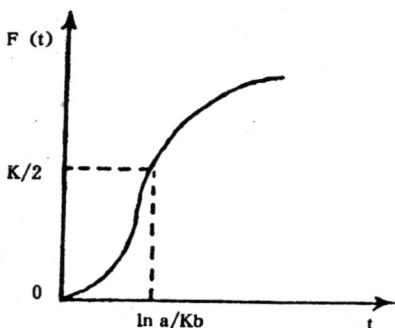

图1.5 期刊文献增长的逻辑曲线

在一般情况下,不同学科,逻辑曲线中各个常数(a、b、k)是不相同的。通过对各门具体学科文献的统计和分析,以及绘制出相应的逻辑曲线,对于评价该门学科所处的阶段,预测其未来的发展,估计该学科不同时期的文献使用寿命,指导报刊文献的收集与提供具有重要意义。其局限性,t→∞ 时,F(t)→K,表明到一定阶段其增长率为零,科学文献总量达到了不可逾越的最大值。这显然是不符合实际的。

利用指数曲线和逻辑曲线来研究科学文献的增长,预测未来科学文献总量,必然会有局限性。因为:(1)指数增长定律的产生是普赖斯分析研究物理学文献数量增长时提出的,然后把这一结果扩大到全部科学期刊上,根据是不充分的;(2)上述二曲线的依据是预测学中的趋势外推法,科学期刊文献是一个复杂的文献子系统,其增长规律受到多种因素的影响和制约,只有利用系统论的观点作系统分析,才能得到比较切合实际的结果。

1.6.3.2 报刊文献的老化——逐渐过时规律

文献情报被利用的数量逐年减少的现象叫做老化(obsolescence),或者叫逐渐过时。当文献利用率为零时,文献寿命也就结束了。科学技术的不断发展,随着历史的推移,不成熟的观点被比较成熟的观点代替,不完善的方法为比较完善的方法所补充;被代替的文献,即老文献、旧文献,它们逐渐失效,若干年前很有价值的文献逐渐陈旧过时。从报刊文献管理的实际情况考虑,讨论报刊文献的全寿命是不恰当的。其老化时间实际上是难以测量的,也没有必要。这里所说老化,只不过是不被利用,或很少被利用,并不是不能利用。

为了衡量科学文献的老化速度,可以引用放射性物质研究中"半衰期"(half life)的概念,但"老化"与"衰变"并不是完全等同的概念。所谓半衰期,是指某学科领域现时尚在利用的全部文献中的 50% 是在多长时间内发表的。一般来说,普赖斯指数越大,半衰期就越小,文献老化的速度就较快。

对文献按年代被引证的次数进行分析,可以得到某一门类或某一学科领域的文献老化速度最可靠的指标。如果用纵坐标表示现在正在被利用(引证)的文献的被引量,横坐标表示时间,就可以绘出文献老化曲线(图1.6)。

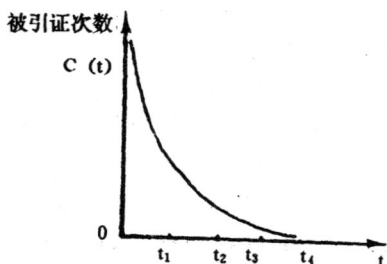

图1.6 文献老化曲线

其相应的方程为:$C(t) = Ke^{-ad}$ (A)

式中:$C(t)$ $-t$ 年的文献被引次数;

      K—常数,随学科不同而不同;

      a—老化率。

已发表文献的老化速度,不仅取决于这些文献所属的学科领域,而且还取决于其它一些因素,特别是文献的种类和性质。世界上约93—98%的科学期刊引用寿命为20年左右。但是,不同学科,以及每个学科的不同发展阶段,读者需求状况等等,其半衰期也随之不同。

研究报刊文献老化规律,可以更好地指导报刊资源建设、排架和利用等工作,以便更好地为读者服务。

1.6.4 报刊文献的引用规律

科学文献在发表时,一般都采用尾注或脚注等形式,与正文对应地列出"参考文献"或"引用书目",表明所引有关内容的来源或出处,形成了文献之间的引用与被引用的关系。这种关系,说明在文献体系中,每篇文献之间是相互联系的,科学发展具有继承性。

由于《科学引文索引》(SCI)、《期刊引用报告》(JCR)等大型

46

工具期刊的创刊,以及电子计算机在图书馆和情报工作中的广泛应用,使文献引用数据处理和获取较为方便,为进一步揭示文献相互引用的各种规律,进行引用分析创造了极为有利条件。

按照不同的要素和特征,可以将引用文献分为各种分布类型。主要有:按出版时间分布、按学科或主题分布、按文献类型分布、按语种分布、按作者分布、按国家分布、按期刊分布等。

文献的引用规律在报刊工作中应用很广,如研究引文按年代分布规律,可以大致确定报刊文献投入使用的周期,探索报刊文献的老化规律,从而为报刊阅览、报刊组织和剔除年限、报刊工作管理的科学化提供依据;研究引用按报刊分布规律,可以科学地选择和评价报刊,确定核心报刊等。

文献引用分析具有许多重要的作用和意义,但它还不完善。文献引用是一个非常复杂的思维过程,引用文献仅仅是宏观的、表面的联系和测度,引用规律的研究还有待深化。

主要参考文献

1. 戈公振. 中国报学史. 上海:三联书店,1986

2. 方汉奇. 报刊史话. 北京:中华书局,1979

3. 严怡民等. 情报学基础. 武昌:武汉大学出版社,1987

4. 江乃武. 期刊定义的再讨论. 图书情报工作,1985(4);书刊划界问题讨论评述. 图书馆学通讯,1982(1)

5. 魏国峰. 什么叫期刊. 图书馆研究与工作,1981(1)

6. 于鸣镝. 期刊本质特征浅说. 图书情报工作,1982(4);从出版物家族看期刊的个性. 贵图学刊,1985(1);期刊定义的再表述. 图书情报工作,1984(4)

7. 毕可军. 期刊的几个特点. 吉林省图书馆学会会刊,1980(2)

8. 戈公振. 外贸经营的中文报刊. 中国书史参考资料,1980

9. 知非."五四"前后的革命报刊. 新闻战线,1959(9)

10. 金若豪. 科学期刊的当前动向与未来发展. 情报学刊,1980(创刊号)

11. 钟玲.外国报刊的几种类型.世界图书 A,1981(10)

12. 蒙境.盒式磁带式的杂志.世界图书,1980(10)

13. 迪尔德丽·卡莫迪.试行中的电子报纸.对外报道参考,1981(11)

14. 曾少潜.论科技期刊的作用.企业情报实践,1987(2)

15. 徐铸成.报海旧闻.上海:上海人民出版社,1982

16. 无奇不有的世界报刊.扬子晚报,1992.2.11

17. (美)范约翰.中文报刊目录:1890 年 5 月.见载《复旦学报(社会科学版)》,1992(1)

18. 蔡铭泽."报禁"解除后,台湾报业的新格局.新闻出版报,1992.2.19

19. 沈宝环.1950 年代科学性期刊学报总调查.见:图书·图书馆·图书馆学.台北:台湾学生书局,1985

20. 毕吕贵.200 年来美国的期刊及报业.世界图书,1992(4)

21. 李华.我国社会科学期刊 10 年累计增长的数学模型研究.情报业务研究,1992(2)

2 报刊工作

2.1 报刊工作

2.1.1 报刊工作的产生与发展

报刊工作,在本书内是指图书馆和情报机构所从事的搜集、整理、组织、管理和利用报刊文献的过程。

报刊的产生,为图书馆报刊工作提供了对象和条件。与图书相比,报刊产生的时间要晚得多。古代报刊的品种和数量有限,传播范围狭窄。当时的图书馆不很重视报刊的收藏和利用,更谈不上什么系统的报刊工作。到了近代,即19世纪中期以后,随着科学、经济的发展,近代报刊大量出现,报刊产生了巨大作用,受到了人们的重视,图书馆也开始重视报刊的收集、整理、典藏和利用,逐步形成了报刊工作系统。对图书馆来说,报刊工作的产生,也只有一二百年的历史。

据1935年出版的武昌《文华图书馆专科学校季刊》(7卷3—4合刊)世界各国国立图书馆概况专号报道,西班牙国立图书馆在组织机构上无独立的报刊部或期刊部,但专设了杂志阅览室;比利时国立图书馆组织机构上设有总务、印本、编目、出版、书库、阅览、抄本、铜版、古钱等九部,在阅览室下单设公共杂志阅览室;美国、英国、德国、苏联的国立图书馆也无独立的报刊部门,但多数在某部下设期刊组或报刊阅览室;阿根廷国立图书馆设有独立的二级管理机构期刊组。由此可见,国外图书馆报刊工作,在许多国家图书馆中那时尚无独立的组织机构,开始时也是将报刊作为图书,与图书工作混在一起。据 П. И. 叶戈龙罗夫说,苏联曾在本世纪 30 年代提出过在图书馆里设立独立的报刊部门的问题。法国国家图书馆于 1945 年成立了独立的期刊部。在此之后不久,华沙大学图书馆和华沙公共图书馆也建立了类似的机构。伦敦大学图书馆于 1948 年按同样方式组织了自己的期刊工作。50 年代以来,国外图书馆报刊工作发展很快,大多数建立了独立的报刊工作部门,健全了报刊工作体系,完善了报刊工作规范,实现了报刊工作标准化和一国或多国范围内报刊工作协作体系,在一些发达国家实现了报刊工作现代化。一些国家还建立了报刊中心或报刊图书馆,如美国在 1972 年至 1973 年成立了全美期刊中心和外借期刊图书馆,制订了全美期刊设计程序;日本由"杂志屋"出版社主办在东京新宿区成立世界期刊图书馆,它每月从 56 个国家购入 1300 多种期刊,每天免费接待读者 350 人左右,还提供查询、翻译等免费服务。1969 年,波兰在卡托维兹省举办"报刊节"。目前,世界各国对报刊工作标准化和网络化非常重视,报刊工作在图书馆中已占有极为重要地位。

我国图书馆报刊工作比西方发达国家开始得略晚一些。本世纪 20 年代以后,才开始逐步形成报刊工作系统。我国图书馆报刊工作大致可以分为以下几个阶段:

2.1.1.1　19 世纪末到民国初年为萌芽阶段

这一时期,报刊工作受到重视,还没有形成独立的报刊工作系统。但是,某些报刊工作环节,如报刊阅览,尤其是报纸阅览,已开始独立。约翰大学图书馆建于 1888 年,1900 年冬美国人韦棣华女士(M. E. Wood,1862—1932)因事留沪,"遂秉其热忱,为约校藏书室整理书籍,编目之制由是始","装订杂志之目录片上无分类

50

号数,缘此种书籍,仅依其名之第一字母之先后而藏列也"。"未经装订之报章杂志及校章等书、按期之出版物,一经间断残缺,配置殊觉不易,故出借以七日为限,然期满仍可续借,惟必须经续借手续"。"参考书及装订成册之报章杂志与善本书籍,图书馆中极为重视此类书籍,例不能借出馆外,然馆长有特许权,如得其许可者,亦可破例借出,其借出之时期,则由馆长临时酌定"。1903年,韦棣华女士在武昌创办的文华公书林,就比较重视报刊文献的收集、整理和利用,将文华学校的中西文报刊公开陈列,供读者阅览。1907年,贵州学务公所附设图书纵览室,在其一章程中规定:"收集古今中外图书、报刊、标本、模型、藏储室内,分别部居,供众阅览。"可见该所当时已设报纸阅览室。1909年,云南图书馆颁布的章程第一章第十二条规定:"图书、报纸分为两室,一室阅图书,一室阅报纸"。第二章又规定:"本馆设司事二人,一管图书,一管报纸。"京师通俗图书馆在1913年设立新闻阅览处。他们在1916年工作概况中说,该馆"将大阅览室书目用地支改编为十二部:子,经、史、子、集、国文教科;丑,哲学……戌,杂志;亥,杂类"。1918年北京中央公园通俗图书馆设立男女阅报处,"凡入览者,皆可随便取阅",提供阅览的中外报纸达60余种。据《教育公报》统计,至1916年,全国设立阅报所1811个。1911年,浙江公立图书馆图书分为两类,"……二、通常类,以通行之图书杂志属之",下设六室,其中第五室为阅报室。由于报刊装帧和开本特殊,有的图书馆将它作为特藏,单独设库。这样,在图书馆中,报刊的收集、典藏和利用,从图书工作中逐步被分离了出来,为形成独立的报刊工作系统创造了条件。

2.1.1.2 民国初年到1937年为形成和发展时期

辛亥革命以后,民国初建,内战不断,政局不稳,经济和文化事业破坏严重,这是报刊工作发展的不利因素。但是,由于先进的西方资产阶级思想和科学技术,特别是"五四"运动的影响和新文化运动的蓬勃兴起,直接促进了我国报刊工作的发展。

第一次世界大战以后,先进的资产阶级思想冲破了闭关锁国的重重障碍,被中国先进的知识分子所接受,形成了一次又一次的新思想的革命浪潮。俄国十月革命浪潮的冲击,马克思主义在全中国范围内的传播,欧美科学文化对东方文化的撞击,中国革命运动发生了新的变化。工业城市的发展和科学文化的进步,促进了思想文化事业的发展,大量报刊和各类现代图书馆出现,报刊工作受到了各图书馆的重视,完整的系统的报刊工作逐步形成,特别是1928年至1937年,报刊工作有了较大的发展。主要表现在:一是报刊文献大量出现,使图书馆大量收集报刊成为可能,为形成报刊工作系统创造了条件。以科技期刊为例,1896年到1916年,20年累计创刊69种,平均每年创刊3.45种;1917年到1927年,10年累计创刊155种,平均每年创刊15.5种;1928年到1937年,10年累计创刊779种,平均每年创刊78种。二是全国各地先后建立了各种类型的图书馆,各图书馆报刊馆藏量有了较大增加。据当时北平、江苏、浙江、安徽、江西、湖南、辽宁、吉林等14个图书馆统计,在1935年报刊藏书量已达15万余册。因此,健全和完善报刊工作体系已是各馆实际工作的需要。三是许多图书馆已建立了独立的报刊工作机构。国立北平图书馆于1928年设立期刊部,分设中文期刊和西文期刊两个组。其"职掌如下:1.关于期刊之采购事项;2.关于期刊之整理编目事项;3.关于期刊阅览及保管事项;4.关于期刊之装订修补事项"。这是报刊工作组织最完善的记载之一。40年代后期,又改为九组两室,成立期刊组。期刊组下设中文期刊股、西文期刊股。1929年,河北省与天津图书馆设有阅报室,室内陈列报纸和杂志,《阅报简章》第7条规定"本馆所有报刊按日保存,俟一月后装订成册以备查考";1930年9月,在阅览部下设新闻阅览室;在书库布局上,"第二书库占房三间,专藏报纸杂志"。燕京大学图书馆于1932年设立杂志部。绝大多数图书馆设立了报刊阅览室（或期刊阅览室）和报纸阅览室等。四是报刊工作理论和实践研究不断深入。在这一时期的后10年，已经形成了研究高峰。自1930年起，上海鸿英图书馆编制报刊论文索引，按期刊登在《人文月刊》上，积累索引卡片20万张。此外还编制了《东方杂志》、《银行周报》、《银行月报》等七种期刊的索引卡数万张。国立中央图书馆于1935年制定了《国立中央图书馆编目规则》。该规则为：甲．拓片编目规则；乙．期刊编目规则；丙．图书编目规则。并于1946年9月编订，由商务印书馆出版。江苏省立图书馆于1933年出版了书本式目录《杂志目录之部》。根据李钟履编的《图书馆学论文索引》统计，1929年以前，有关报刊工作研究论文仅有22篇；1930年到1937年的8年间有90余篇，有关著作2种，是1949年以前我国图书馆报刊工作研究成果最大、论文最多的黄金时期。五是报刊工作高等教育体系开始形成。1920年，韦棣华女士会同沈祖荣先生在武昌创办文华图书馆学专科学校时，报刊工作是教学内容之一。1930年，刘国钧先生等在金陵大学文学院专门设立了《期刊报纸政府档案之整理》课程。

2.1.1.3 1938年到1949年为萧条时期

抗日战争爆发后，战争连年不断，我国文化事业遭到严重破坏。大批报刊因纸张缺乏，印刷困难，发行渠道受阻，难以正常编辑发行，被迫停刊或迁徙。虽有一批新报刊出现，局部地区（如敌后地区和边远地区）或某一个时期，报刊也有所发展，但从整体来看，其品种和发行量都大幅度下降。在战火中，图书馆事业也遭到空前的破坏，书刊资料损失难以统计，报刊工作几乎处于停滞状态。抗战胜利后的一两年，图书馆报刊工作得到了某些恢复和发展，但不久就因国内战争而陷于停顿。图书馆学期刊大都停刊，报刊工作研究几乎停止，10余年时间仅发表5篇论文，有关著作5种（其中有2种是油印本）。

2.1.1.4 1949 年到现在为曲折的繁荣发展时期

我国自 1949 年以来,全国报刊事业有了较大的发展,报刊质量有了一定的提高,品种和数量逐年增加,到 1988 年,中国大陆各种报刊有万余种。报刊工作受到图书馆界重视,全国大中型图书馆普遍设立了独立的报刊部门或特藏部门,建立了完整的、系统的报刊收集、整理、组织、典藏和利用的工作体系,报刊入藏量迅速增长。报刊工作研究达到了新的水准,出版了一些具有较高水准的报刊业务专著。报刊工作教育有了长足进步,普遍被有关高校、中等专业学校列为必修课程,全国各地多次开办短训班、研讨班,培养了大批报刊工作专门人才。但是,图书馆的报刊工作也受到了"左"的干扰,特别是 10 年动乱的破坏,也走过了一些曲折道路,损失较大,后果难以估量。我国这一时期的报刊工作,大致可以分为四个时期:

1)1949 年到 1959 年为报刊工作的恢复发展时期 1949 年以后,许多图书馆在短短的时间内,克服重重困难,恢复了报刊工作。1952 年,全国高等院校进行了院系调整,高校图书馆报刊资料也作了相应地调配。这时,全国图书馆报刊工作基本恢复了正常。1955 年,建立了上海报刊图书馆(前身为鸿英图书馆和新闻图书馆,1959 年并入上海图书馆)。在这一时期,各图书馆报刊收藏量有了进一步增加,许多图书馆建立了独立的报刊工作部门,进一步完善了报刊工作体系。1956 年,中国科学院建立了科学情报研究所;1958 年,经批准改称中国科学技术情报研究所。这时期该所以中外报刊作为主要收藏对象,报刊工作独树一帜。1956 年 12月 5 日,我国颁布的《高等学校图书馆试行条例(草案)》第五条就明确规定,高校图书馆可成立"期刊部(组)","主要职责为:办理期刊的选订与补缺;进行期刊的登录、陈列和推荐;搜集期刊索引;进行期刊的整理和装订准备工作;编制期刊目录;进行期刊的阅览和典藏。"在 1957 年《高等学校图书馆书刊补充的几项规定(草案)》中指出："馆藏期刊较多的校（院），应有计划重点进行期刊的补缺工作。"1955 年 8 月，颁布了《工会图书馆订阅报纸杂志参考标准》。这些文件颁布与实施，使得报刊工作逐步完善，报刊工作研究也有一定的进展。1949—1957 年近 9 年时间，全国发表了 30 余篇研究论文，有关著作 2 种。1951 年 4 月，山东省图书馆主编的《全国主要期刊重要资料索引》季刊创刊（于 1955 年 6 月停刊）。1955 年 1 月，上海市报刊图书馆编辑的《全国主要期刊资料索引》双月刊出版，成为报刊工作的一件大事，它收录了全国出版的主要期刊 200 多种。1956 年 1 月以后，更名为《全国主要报刊资料索引》，改为月刊，增加了报纸资料，并向全国 200 多个公共图书馆和高校图书馆供应主要报刊资料索引卡片。1957 年 7 月，南京图书馆主编的南京地区 26 个图书馆《外文科技期刊联合目录》出版。这些都标志着图书馆报刊工作发展的新面貌。

2）1958 年到 1960 年，报刊工作受到"左"的干扰，经过调整后走上正确发展轨道的时期　1958 年到 1959 年，报刊工作受到"左"的严重干扰，在一些图书馆打乱了已经建立起来的正常的报刊工作程序和体系，如报刊整序工作被不适当的简化，有些报刊部门被撤并等。但是，图书馆仍旧顽强地作出了可贵的贡献。1958 年上海报刊图书馆馆藏 1861—1958 年《中文报纸目录》出版。此外，《全国中文期刊联合目录》、《全国西文期刊联合目录》、《全国日文期刊联合目录》和《全国俄文期刊联合目录》的编制，也产生了较大的影响。1960 年到 1962 年，是我国经济困难时期，报刊经费严重不足，一些图书馆外国报刊几乎全部停订，国内报刊收集也有所减少，但报刊工作系统又进一步完善。全国图书联合目录编辑组编的《全国中文期刊联合目录（1833—1949）》在 1969 年正式出版。上海图书馆也编印了《辛亥革命时期期刊总目》。1963 年 5 月，四川省中心图书馆委员会编印了《图书馆的外文期刊工作》，以期提高工作人员外文期刊的工作水准。1963 年到 1965 年，报刊工作有了较快发展。1965年12月,上海图书馆编辑的《中国近代期刊篇目汇录》第一卷出版。该书着重选编1857—1918年中国近代期刊,汇录了哲学、社会科学方面主要刊物的全部篇目。

3)1966年下半年到1976年,为报刊工作遭到严重破坏的时期 在10年动乱中,国内公开发行的报刊总数也只有100种左右,国外原版报刊几乎停止进口。原有馆藏报刊或被封存,或被技术处理,或被当成废品化作纸浆,报刊工作停顿,造成了难以弥补的损失。1973年,报刊工作略有好转,但很快又失去了这好转的势头。这10年,是报刊工作的低谷时期。

4)1977年以后,为报刊工作新的发展阶段 这一阶段,各图书馆比较普遍地重视和加强报刊工作,报刊工作基本上形成系统,报刊工作人员占整个图书情报工作人员20%—30%,有了一支较强的专业队伍。报刊经费增长较快,一般要占图书馆总经费的40%—50%,有的科学图书馆高达80%。报刊馆藏量增长较快,到1985年,全国报刊馆藏量已近亿册。报刊利用率大幅度提高,在大多数图书馆,特别是高校和科学图书馆,读者阅读的文献类型重点已从图书向报刊转移。报刊工作研究日益繁荣,十余年间发表的报刊工作研究论著是前80年总数的2倍,研究的内容向深度和宽度发展,并有部分人士提出了建立"期刊学"或"报刊学"的建议。这类新的提法也引起了学术界不同的反响。报刊工作进一步向情报化发展,教育体系进一步完善。在这十余年中,报刊工作取得了可喜的成就,达到了一个不大不小的高峰。

报刊工作系统的完善,更加有利于报刊管理工作。它避免了与图书工作的交叉,便于研究报刊工作规律,缩短了报刊文献的运行周期,提高了报刊文献的情报价值,为报刊工作网络化、标准化奠定基础,创造了有利条件。我国先后制定了《文献代码》、《科技学术期刊编排规则》、《GB 3793—83 检索期刊条目著录规则》和《GB 3792.3—85 连续出版物著录规则》等国家标准,出版了《中国图书馆图书分类法·期刊分类表》和期刊统编卡等。这些文献和标准的制定、出版,在我国报刊工作史上将具有深远影响。目前,有的图书情报部门的报刊工作已实现计算机管理,建立了报刊文献数据库。尽管我国报刊工作还比较落后,但是随着科学技术的发展,报刊工作的标准化、网络化和现代化的实施,我国报刊工作一定能够赶上并超过世界先进水准。

2.1.2　报刊工作的任务和内容

2.1.2.1　报刊工作的任务

图书馆和情报部门报刊工作的任务,是由图书馆和情报单位的性质、任务决定的。因此,报刊工作的任务,就根据图书馆和情报单位的性质、任务,科学地、系统地收集、整理、典藏和利用报刊文献,采用各种有效的方法和手段,不断提高报刊文献的利用率。报刊的收集和整理是报刊利用的基础,报刊的利用是报刊收集、整理和典藏的目的,也是整个报刊工作的归宿。"方法和手段",是完成任务的途径。"利用率",是对报刊工作的质量要求。

2.1.2.2　报刊工作的内容

图书馆和情报部门报刊工作的主要内容,可以分为管理工作(或称管理系统)、读者工作(或称读者工作系统)和研究工作(或称研究系统)等三部分。

1)报刊的管理工作　主要包括报刊的收集、整理、典藏等。

报刊的收集　又称报刊的采访、采购、订购、采选、补充等等,主要是指报刊馆藏的采集和更新。它包括两层意思:一是报刊的选择,二是报刊的采集。报刊的收集工作,主要包括选择、采集、交换、验收、登记等。

报刊的整理　指对报刊进行整序加工的过程,主要包括报刊的分类、编目、目录组织、装订加工等。

报刊的典藏　指将报刊文献按一定的原则和要求,进行合理的布局、排列、保护和清点的过程,主要包括馆藏报刊文献资源的合理布局,馆藏报刊的排列组织、保护、清点、剔除和注销等。

2)报刊的读者工作　主要包括报刊的借阅、宣传辅导、情报服务等。

报刊的借阅　指为满足读者需要,让读者将报刊借出馆外,进行自由阅览,和利用一定的空间设施,让读者在室内进行阅读的过程,主要包括报刊的外借、阅览和借阅登记等工作。

报刊的宣传辅导　指采取有效的方式方法和手段,揭示报刊文献内容,指导读者利用报刊文献的过程、主要包括报刊的宣传推荐、阅读指导和读者教育等工作。

报刊文献的情报服务　指根据读者需求,将报刊文献的情报知识信息及时地传递给读者的过程,主要包括报刊文献的复制、参考咨询、情报编译和报道等工作。

3)报刊的研究工作　图书馆、情报部门报刊的研究工作,主要包括以下几个方面:

(1)报刊工作历史的研究;

(2)报刊工作基础理论的研究;

(3)报刊文献资源建设的研究;

(4)核心报刊的研究;

(5)报刊工作情报化的研究;

(6)报刊工作组织管理的研究;

(7)报刊工作标准化、现代化的研究;

(8)报刊的读者服务工作的研究;

(9)报刊文献馆藏效益的研究;

(10)报刊文献保护技术的研究,等等。

2.1.3　报刊工作的特征与作用

2.1.3.1　报刊工作的特征

报刊工作是随着现代科学的迅速发展,报刊文献大量出现,图书馆和情报部门报刊的收藏量不断增长,读者对报刊文献大量需求,以及报刊本身的特点而逐步发展起来的,具有自己的特征和独立的工作系统。报刊工作的主要特征有及时性、连续性、系统性和单向性等。

1)及时性　这是由报刊的自身特点所决定的。报刊出版周期短,能够迅速及时地反映新技术、新理论和新成果,时间性很强。这就要求报刊工作适应这一特点,将其尽快地提供给读者使用。报刊工作部门必须投入一定的人力、物力,采取有效措施,保证报纸在收到的当天,期刊在收到新刊的2—3天以内与读者见面,提供给读者使用。否则,报刊文献就会因报刊部门工作的延误,失去它本身应有的时效和特色,有些情报信息将失去它的作用。

2)连续性　报刊是连续出版物家族中的主要成员,它是连续出版并准备无限期出版发行的文献类型。每种报刊一般都有自己一定的学科或专业范围,比较真实地记录该学科或专业领域发展的各个阶段,甚至是全过程,整体的报刊文献才能发挥更大的效益。报刊工作部门对报刊,特别是对核心报刊,收集、整理和利用必须连续、完整,才能保证最大限度地满足读者的需求,发挥报刊文献的有效功能。

3)系统性　报刊文献的内容,相对于图书来说,"杂"是其一大特点。一个学科或专业的文献极其分散,给读者利用报刊文献造成很大的困难。报刊工作部门为了有利于读者利用报刊文献,对其进行整序,进行深度加工,使之成为一个系统,形成文献数据库,从而提高了报刊文献的利用率。

4)情报性　报刊文献是最大的情报源,含信息量高、情报量大。据统计,报刊文献含情报量占总情报量60%以上。报刊能以最快的速度报道最新的原始文献,科研人员都愿意从各自的专业报刊中来了解、掌握本学科领域发展的新水准、新动向和总趋势,报刊文献已成为他们进行科学研究的"参谋"和"耳目"。特别是情报类报刊,这种作用就更加明显。报刊工作部门就要采取一切有效手段,发挥报刊的作用。实际上,情报部门的工作对象中相当一部分就是报刊文献。现在,报刊工作情报化的趋势愈来愈明显,情报性也愈来愈强,有些图书馆将报刊工作和情报工作合在一起,成立报刊情报部或者情报期刊部。

5)单向性 报刊出版发行以后,除了个别特殊情况外,一般不会再版重印,更不会修订再版。我国从50年代中期开始,为了保存一些珍贵稀见的报刊史料,提供学术界利用,有关单位陆续影印了一些旧时发行的报刊,到现在为止,影印报刊200余种。这些影印报刊,为研究我国近现代政治、历史、经济、科学文化等,提供了重要的资料。1833年以来,我国境内创办报刊二三万种,影印报刊只占百分之一左右。图书就大不相同了,重版率在60%以上。因此,报刊文献的收集、整理、典藏等工作,大都一次性完成,呈现出明显的单向性特征。

2.1.3.2 报刊工作的作用

1)控制报刊文献的流向 据联合国教科文组织统计,1967年全世界日报数为7980种。有人估计,现在全世界报刊总数,报纸不少于10000种,期刊不少于400000种。现在,全世界究竟有多少报刊,说法很多,数字也相差很大。同时,报刊文献的类型复杂多样,内容时效性很强,知识信息的传播速度加快,使用的语种不断扩大,使报刊文献的无序状态加重,流向更加分散。因此,报刊文献必须经过收集和整序,才能实现其定向流动,提供给需要的读者使用,充分发挥报刊文献的作用。

报刊文献的收集、整理,是利用报刊文献的基础。原始报刊文献是零星的,分散的,发挥的作用是有限的。一种报刊,或是一篇论文,它只有在一个文献集合体里的时候,才能充分发挥其潜在的功能。无序状态的报刊文献,只能使人茫然不知所措。而经过整序的报刊文献,形成一个集体,就会使读者获得一种支配、驾驭它的力量。报刊部门有目的、有计划地搜集报刊文献,使有关的报刊文献由零星的、分散的状态聚集到一起,形成一个报刊文献整体,经过整理加工以后,使之成为一个有序状态的报刊文献系统,成为按一定规律运动的报刊文献流、知识信息流。这样,报刊文献就成为一个可以充分利用的文献资源。原始的报刊文献没有报刊部门的收集、整理,就谈不上充分利用。收集、整理是充分利用报刊文献的前提和条件,目的是控制其流向。

2)保存报刊文献 报刊文献是人类社会政治、经济、文化和科学技术发展的历史记录,是民族文化的结晶。保存报刊文献,是图书馆报刊工作的基本职能。可以说,没有保存,就没有报刊文献的收集、整理和传递,保存的目的在于利用。当然,情报部门的报刊工作,保存报刊文献的作用与图书馆报刊工作有所不同。但是,情报工作,特别是社会科学情报工作,没有一定时期的报刊文献积累,报刊文献情报信息的传递和挖掘也是有困难的。图书馆报刊工作部门必须采取一切手段方法,收集各种类型报刊文献,包括印刷型和非印刷型的报刊文献,以便提供给用户使用。

3)传递报刊文献信息 报刊是情报知识的主要载体之一。报刊情报传递不是孤立进行的,是在传递报刊文献的基础上实现的。离开了报刊文献信息的传递,也就谈不上报刊情报信息的传递。但是,报刊工作传递报刊情报信息与情报部门的情报传递是不同的。报刊工作主要是以传递报刊文献信息为主,报刊文献本身当然也包含情报信息。情报部门传递情报信息,可包括采取各种形式和手段的情报传递。报刊工作传递报刊文献信息,主要通过以下几个方面表现出来:

第一，传递馆藏报刊文献信息。这种传递的目的在于回答情报所和图书馆收藏哪些报刊，以满足用户需要某种或某些报刊的要求。报刊目录是传递报刊文献信息的主要工具。报刊目录的本质，就是报刊文献的集合体。用户对馆藏报刊的利用，一般是在查阅报刊目录，获得报刊文献信息以后，通过借阅报刊文献而实现的。报刊文献信息传递，是报刊内容信息和情报信息传递的第一步，是基础。

第二，传递馆藏报刊文献内容信息。报刊是情报的载体，人类知识的宝库，它存在的价值就是能够传播知识信息。在报刊工作中，通过报刊借阅，用户利用报刊，获取知识，达到了传播报刊文献内容信息的目的，这也是报刊工作的根本目的。在这些内容信息中，满足了用户的要求，构成了情报知识。所以，情报传递和报刊文献内容的传递，有时是紧密相联，同步进行。

第三，报刊文献信息传递形式也可以分为主动传递和被动传递。报刊文献信息的主动传递，是指在报刊工作中，根据用户的需要，主动地进行传递报刊文献服务，为其提供未知的文献信息，也就是我们平时常说的"为刊找人"。这就要求报刊工作者熟悉报刊内容，能够及时地、准确地传递报刊文献。报刊文献的被动传递，是指在报刊工作中，提供用户已知的报刊文献服务，而这部分报刊文献内容，报刊工作者不一定了解，或者不必了解。目前，报刊文献信息的主要的传递形式是被动传递。但是，随着科学技术的不断发展，图书情报一体化的出现，报刊工作将进一步情报化，主动传递形式将有较快的发展。这样，对报刊工作的要求也越来越高。

4）开发报刊文献资源，进行社会教育，为科研生产服务 报刊文献是民族文化的结晶，人类智力活动的物化形式。丰富的报刊文献是资源，是进行社会教育和为科研生产服务的物质基础。社会科学技术的发展，是建立在吸取前人经验的基础上。馆藏报刊文献,不可能在同一时间里全部被读者利用。主要原因有四个方面,一是科学技术迅速发展,报刊文献大量涌现;二是馆藏报刊文献迅速增加,丰富的报刊文献与利用率之间形成了很大的剪刀差,造成大量的报刊文献压架;三是报刊文献流整序不当,使部分报刊文献不能被利用;四是语言障碍,等等。因此,开发报刊文献资源,提高其利用率,是报刊工作的重要内容,也是报刊工作的基本目的。开发报刊文献资源的主要方法,是采取各种手段,深入揭示文献内容,提供用户使用。

以报刊工作进行社会教育,是图书馆教育职能的一部分。报刊工作的教育作用,其本身不是主体,主体是读者自己。通过报刊工作,创造各种有利条件,为读者提供报刊文献和利用报刊文献,接受新的情报信息,吸收新的知识信息,完成知识积累或者更新原有的知识体系,改善知识结构,而达到教育的作用。当然,这种教育作用,与报刊的经费、馆藏和工作人员的学术素养等有密切关系。但是,由于报刊工作的连续性,报刊文献积累的稳定性,无限发展性,读者可长期地、自由地利用报刊文献吸收知识信息,达到积累和更新知识的目的,所以,它的教育作用是其他教育机构所难以代替的。

报刊工作本身虽然不直接创造财富,但它收集、整理、保存和传递知识财富。通过传播、利用知识财富,使知识增殖并发挥更大的效益,促进社会进步、科学技术和生产发展,在某种意义上,甚至具有更为重要的作用。应该说,某些报刊工作本身还是有创造的。科学研究是认识世界,对客观事物发展规律的探索。技术发展是改造世界,为发展生产提供更为有效的方法和手段。在发展科学技术的过程中,人们需要继承前人的成果,借鉴他人的经验,在已有的基础上前进。报刊工作的主要内容就是传递报刊文献,即已有的知识信息,为科研生产服务,减少重复劳动,节省人力、物力、财力,加快经济发展的速度。因此,报刊工作对发展科学技术和社会生产力,具有重大的意义和作用。

2.1.4　报刊工作的组织与管理

报刊工作的组织与管理,就是遵循报刊工作规律,应用科学的理论和方法,合理地组织人力、物力和财力,最大限度发挥馆藏报刊文献资源效益的过程。报刊工作组织,是根据科学管理的要求,对人力、物力的调度和组合。它是为科学管理服务,在合理组织的基础上实现科学管理。

报刊工作的组织与管理,是随着报刊事业的不断发展和图书馆报刊的馆藏量不断增加而逐步完善的。在报刊事业发展的早期,馆藏报刊很少,尚未出现独立的报刊工作部门,也就谈不上报刊工作组织与管理。后来,报刊事业有了进一步的发展,馆藏量逐渐增加,一些大型图书馆开始设立独立报刊工作部门,报刊工作体系才开始形成。近半个多世纪以来,报刊的出版量和馆藏量迅速增加,报刊工作与图书工作也逐步分开,成为图书馆中互相平行的两部分工作,绝大多数图书馆和情报部门也建立了独立的报刊工作部门,甚至出现了报刊专业图书馆,如上海报刊图书馆、日本全球期刊图书馆等,逐步完善了报刊工作的组织和管理系统。情报部门收藏的文献,大多数是报刊,报刊工作的组织与管理,与图书工作相比,并不显得逊色。

2.1.4.1　报刊工作的流程

报刊工作的流程,是指报刊工作的一般程序。它是报刊工作组织与管理的依据,与报刊工作部门规模关系不大,报刊工作部门的规模,只能决定报刊工作的深度和分工粗细,而不影响报刊工作的基本流程。

报刊工作的流程如图2.1。

报刊工作的流程,是报刊部门的基本工作程序。各个报刊部门可以根据不同的规模的要求,确定分工的粗细;根据报刊的馆藏

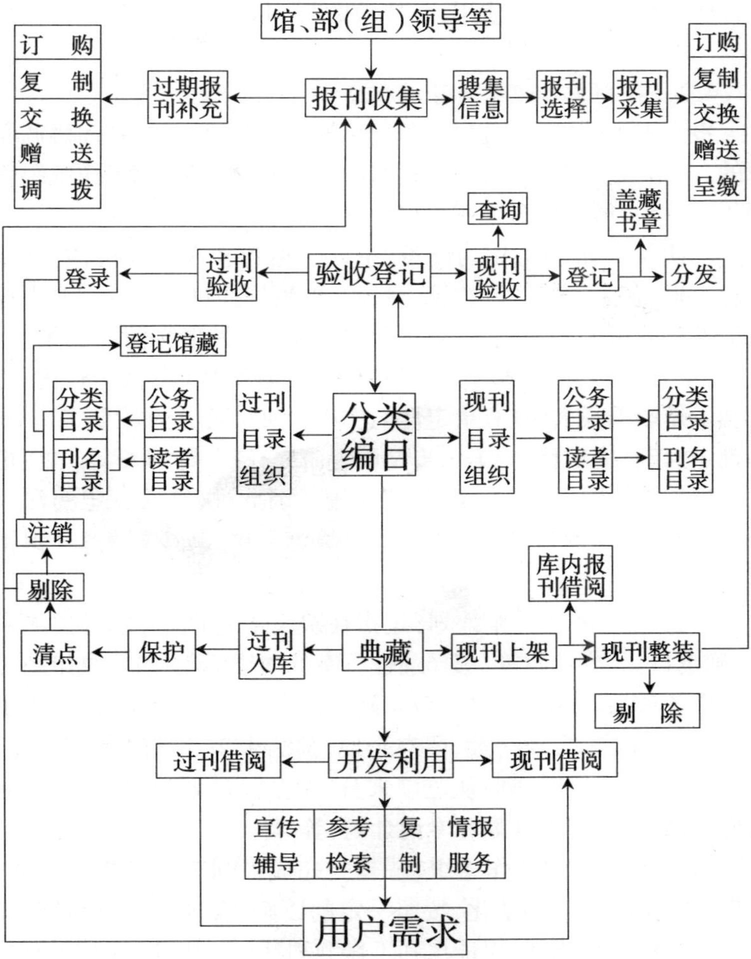
馆、部（组）领导等
订 购
复 制
交 换
赠 送
调 拨
过期报刊补充
报刊收集
搜集信息
报刊选择
报刊采集
订购
复制
交换
赠送
呈缴
查询
盖藏书章
登录
过刊验收
验收登记
现刊验收
登记
分发
登记馆藏
分类目录
刊名目录
公务目录
读者目录
过刊目录组织
分类编目
现刊目录组织
公务目录
读者目录
分类目录
刊名目录
注销
剔除
库内报刊借阅
清点
保护
过刊入库
典藏
现刊上架
现刊整装
剔 除
过刊借阅
开发利用
现刊借阅
宣传辅导
参考检索
复制
情报服务
用户需求

图 2.1 报刊工作流程

量、利用情况和服务对象的需求,决定报刊工作的不同深度。这样,既保证有利于用户使用,发挥馆藏报刊效益,也不至于造成浪费。

2.1.4.2 报刊工作组织与管理程序

报刊工作的组织管理,是通过决策、计划、组织、控制和协调实现的。它们之间相互联系,相互制约,共同作用于报刊工作组织管理的全过程,形成报刊工作组织管理系统。

1)决策 报刊工作的决策,主要是指管理人员或机构,选择或决定报刊工作的方针、政策、目标和方法等的过程。其主要内容包括方针政策方面的决策,业务工作的决策,人事方面的决策,财力、设备方面的决策,等等。这种决策,贯穿管理工作的全过程,对报刊工作影响很大,具有决定性的作用。决策可分为三步,第一步是确定问题,提出目标;第二步是调查研究,拟定计划方案;第三步是分析比较,选择最佳方案,付诸实施。因此,决策前一定要深入调查研究,认真倾听各种意见,才能避免失误,减少损失,少犯错误。

2)计划 报刊工作计划,是指在决策的基础上,进行预测未来,确定目标,决定政策,选择最佳方案的连续活动过程,是组织报刊工作各项活动的指南和依据。制定计划,应注意统筹兼顾,综合平衡;突出重点,带动一般;留有余地,预测未来。从时间上来分,有长期计划与短期计划;从范围来分,有全面计划和部分计划;从内容上来分,有整体计划和专门计划,等等。

3)组织 报刊工作组织,就是为完成报刊工作目标和任务,实现报刊工作管理科学化,按照一定的原则,合理地加以编制,确立报刊工作管理体制,保证报刊工作顺利开展。因此,报刊工作的组织,要准确地分析主客观条件,扬长避短,发挥优势,调动一切有利因素,科学地安排各项报刊工作。它主要包括报刊工作部门的机构设置、岗位设置、报刊文献资源布局、人力配备等。

报刊工作部门的机构设置合理,是做好报刊工作的一个必要条件。报刊工作需要设立哪些业务机构,没有统一的标准和规定。合理地设置业务机构,主要是根据其承担任务、报刊馆藏的品种和数量、人员、设备等因素,统筹考虑,自行安排。原则上应有利于管理,各部分之间既有明确分工(明确的工作范围、职责),又有协作,有利于充分调动各种积极因素,发挥整体作用。注意避免机构重叠,减少重复劳动,节省人力、物力,提高工作质量和效率。一般来说,报刊工作的程序是设置报刊工作业务机构的参照依据。按报刊工作程序设置其业务机构,有利于各业务机构之间的联系,也有利于组织各项业务工作。报刊工作与图书工作差别较大,其机构设置也略有不同。大致有两种情况:一是先按工序后按文种,可分为收集(包括交换、验收、登记分发等)、现期报刊整理(包括分类编目、库房管理、库内现刊借阅、整理装订、现刊剔除等)、过期报刊典藏、外借阅览(包括现、过刊)、目录组织、业务研究和辅导、报刊文献情报服务等。二是先按文种分为中、外文报刊两大部分,然后再按工序分设各业务机构。这些业务机构,报刊图书馆可分设部(组),大型图书馆报刊部可以设组,中小型图书馆报刊组(部)可以设岗,并可以根据实际情况进行调整和合并。

　　报刊工作的岗位设置,通常是根据报刊工作的程序、工作量和要求,以人为单位,设立各种不同的工作岗位。其岗位设置,一定要因事设岗,不要因人设岗;要注意科学性、系统性、连续性,有利协调和管理;要注意节约,避免重复劳动,造成浪费;要有较具体的业务要求,制定科学的数量和质量指标;要有利于工作人员的业务学习和研究,不断提高业务水准。

　　报刊文献资源的合理布局,是指报刊文献资源在本馆内的空间分布和配置,即在报刊工作部门范围内的空间微观组合。报刊文献资源布局,要适应本单位或本地区的经济文化发展需要,为科学技术和生产发展服务,便于报刊文献传递,增加其易得性,减少传递障碍。因此,要合理安排报刊文献的基藏库、辅助库,科学地配置阅览室的报刊品种,实现多层次、多级别、多方面的区别服务,迅速地传递报刊文献信息。

人才配备,就是人才组织分配。人才配备包含三层意思:一是根据各机构、岗位工作量,配备一定数量的工作人员;二是根据其质量要求,配备具有符合要求的各种专业知识和技能的人才,各种人才要科学组织,各层次人才要合理配置,形成梯队;三是根据各机构、各岗位之间的关系,注意加强联系,加强协作。人才组织的目的,就是要达到人尽其才,才尽其用,各得其所,团结协作,做好报刊工作。

4)控制 报刊工作控制,是指为了达到预定的目标,有组织地执行计划,及时地、全面地掌握工作进程,发现问题,纠正偏差,始终把报刊工作引入理想状态的过程。它是通过输入、中间转换、输出、反馈等环节实现的。输入,包括物流(如人员、经费、报刊文献、设备等)、信息流(如各种决策、计划、规章制度等);中间转换,包括物流、信息流在报刊工作系统中的实际运行过程;输出,包括品种、数量、效益等;反馈,就是将输出信息回收到输入端,与原给定的物流、信息流进行比较,发现差异,纠正偏差,达到控制的目的。其实质就是应用反馈原理,以达到预定目标,是控制中最重要的一环。反馈的信息有真假之分,必须对反馈的信息进行去伪存真的分析研究,以便对报刊工作实行有效的控制,取得最佳效益。

5)协调 报刊工作是一个完整的系统,各子系统之间是相互联系、相互制约的。从系统论出发,只有每个子系统都发挥最佳效果的时候,报刊工作系统功能大于各子系统功能的总和。也只有在这个时候,报刊工作的科学管理水准才能达到最佳状态,使各项工作趋向和谐,避免矛盾和脱节现象。报刊工作的协调,包括纵向协调和横向协调。纵向协调,是指要保持其各层次子系统的上下平衡;横向协调,是指要保持其各子系统之间的协作,避免各工作环节之间发生脱节和失调现象。

2.1.4.3 报刊工作组织与管理的主要方法

1)行政管理 是指运用报刊工作管理机构和管理者的权力,通过强制性的行政命令,直接对管理对象产生影响的管理方法。它通常采用命令、指示、规定、指令性计划、规章制度等方式,对子系统进行控制。这种管理方法,是一种比较陈旧的、落后的管理方法,与现代科学管理方法大不相同,但它是一种特殊有效的管理方法。其优点是容易集中统一,便于发挥管理职能,具有一定的灵活性;缺点是"人治",不是"法制",过于主观集中,信息传递迟缓甚至失真,影响系统功能的发挥。

2)法规管理 是指根据报刊工作规律,制定和实施各种条例、制度、规范、细则、标准和办法等,对管理对象产生影响的管理方法。其优点是处理共性问题有准则,便于集中统一,权力与义务分明,奖惩有据,具有自我调节功能,便于系统管理,是一种比较科学的管理方法。缺点是缺乏灵活性,对某些领域难以达到。

3)经济管理 是指采用经济手段对管理对象产生影响的管理方法。这里的经济手段,是指那些把劳动集体和个人的物质利益与其工作效益挂钩的方法。这是一种较有效的方法,它是建立在利益原则基础上的,通常效果显著,有利于调动人的积极性、主动性和创造性。但要使用得当,要与其它管理方法相结合,尤其要和思想教育工作相结合。

4)综合管理 是指综合采用行政、法规、经济和宣传教育方法,对管理对象产生影响和作用。这是一种科学的方法,它的优点是扬长避短,科学系统,易于发挥管理系统的整体功能,能够达到最佳的管理水准。报刊工作系统,是个非常复杂的系统工程,对其管理只采用一种方法,那是难以想象的。在实际管理工作中,也是不可能单纯采用一种管理方法,实际上是多种管理方法综合运用。各种管理方法也是相辅相成,相互补充。当前,我国许多图书馆和情报部门在报刊工作中实行岗位责任制,即是综合管理方法之一。

报刊工作岗位责任制,就是把报刊部门的职责范围和全部报刊工作加以剖析分解,按其工作数量和质量指标,具体落实到岗位和人,并附之以相应的考核制度和办法,以保证完成既定的任务和目标。它大致包括:职务条例、岗位责任条例、工作规范、工作量指标和品质要求、考核制度和办法、奖惩条例及其实施细则等。这些内容,实质上就是体现了管理的五大原则之一:权限与责任统一的原则。管理者应将这些问题逐步制度化、法规化、标准化,提高管理水准和效率,使报刊工作系统有条不紊地运行。对于具体工作人员,就是要使每个人都明确什么人干什么事,怎么干,只能这样干而不能那样干,在什么时候什么情况下应该怎么做,以及达到什么指标和要求等等。因此,岗位责任制度是报刊工作达到基本要求的保证,是工作人员的基本工作规范,是使情报所和图书馆报刊工作围绕既定目标运行的一种宏观控制,也是报刊工作实行科学管理的主要手段之一。理想的岗位责任制还应包括调动和激励人们工作积极性和工作热情的要求和措施。在岗位责任制的制定和考核过程中,要贯彻科学性和实事求是的精神,体现提高组织目标的期望程度,特别是与个体目标一致期望的这些原则,以获得最佳管理效益。要达到这些目标,关键在于考核。通过考核,对工作人员的工作做出全面的、科学的、公正的评价,认可其成就,指出其不足,并通过控制工作结果,来达到控制他们的工作行为。这里的"工作结果",即为专业职务聘任,"控制"即考核,把考核的情况列入每个人的业务档案,作为今后开展专业职务聘任及培养使用干部的依据。考核的内容可分为德、勤、能、绩四个方面,并将这四个方面分为若干因素,再按各个构成因素给予记分,按总分的多少评定等级。考核办法要简便易行,要注意科学性、准确性、简捷性、全面性、民主性和比较性,便于每个专业人员确定努力方向,有利于发展报刊事业,不断提高整体报刊工作和个人的业务水准。因此,考核结果必须同奖惩、晋升、提拔、人事调整、专业队伍建设等挂起钩来,才能收到实效。否则,就会影响考核本身的严肃性、权威性和有效性。为了保证考核的可靠性和准确性,必须保证测评人员的一定数量、质量,使之具有一定的代表性,还要和日常考核相结合。这样,才能使岗位责任制落到实处,收到一定的成效,不致流于形式。

2.2 报刊工作与相关学科

2.2.1 报刊工作与图书馆学

图书馆是人类社会政治、经济和科学文化发展的产物,有悠久的历史。它是人类文化知识的宝库,是进行科研和发展社会生产的工具,也是重要的社会文化设施,进行社会教育的重要机构,对推动社会发展、科技进步起着重要的作用。图书馆学就是专门研究图书馆事业建设的原理及其工作规律的科学。它的研究对象主要是图书馆事业及其一切活动。

报刊工作是图书馆工作的主要组成部分,报刊工作部门是图书馆的主要分支机构。它们都是随着科学的发展,先后从科学研究中分化出来,又为科研服务,工作性质、对象、方式方法等都有相同或相似之处。在图书馆里,形成了图书工作和报刊工作等几个部分的平行工作。报刊工作在应用了图书工作和目录学的许多重要理论和方法的同时,又有了新的发展,形成了自己某些特殊工作内容和规律。如在工作对象上,图书工作对象主要以图书文献为主;报刊工作主要以报刊文献为主,加工较深,注意揭示报刊文献的深度的内容。在加工程序上,图书工作从事图书的收集、分类、编目、典藏,直接投入使用;报刊工作是从事报刊的收集、整理,及时提供用户利用,比图书多了一套工作环节。图书可以再版、修订,一次分编多次反复入藏,复本较高,甚至有上百个复本;报刊一般不会再版、修订,收藏是连续、系统、单向的,每种报刊复本很少,一般只入藏1—3套。在情报化程度上,报刊工作是情报工作的不可缺少的组成部分。

2.2.2　报刊工作与情报学

情报学产生于科学情报工作实践,是情报工作经验的高度总结与概括。情报工作,就是运用科学的方法,把国内外有用的新知识和新成果,有计划、有目的、准确及时地提供给用户使用的一项科学技术工作。

报刊的特点是出版周期短,传递新知识和新成果及时、迅速,情报信息含量高,约占总情报量的60%以上。报刊文献是最重要的情报源之一,报刊工作是情报工作的重要组成部分。因此,报刊工作与情报工作关系非常密切。在报刊工作中,也比较多地应用情报学的一些工作方法和理论,如报刊的收集整理,报刊文献的揭示和传递等等。报刊工作有时直接应用情报学原理和情报工作成果,如选择核心报刊,指导读者利用报刊文献,报刊文献动态馆藏的维护,选择核心出版者等,便是直接应用了布拉德福定律和引文定律;报刊文献资源微观布局和中心报刊库的排架等,可以直接应用齐夫定律;报刊文献量的控制,可应用文献逐渐过时规律;报刊文献检索中,时常直接运用部分情报工作的成果——情报报刊工具和部分情报工作手段。当然,报刊工作并不等于情报工作,报刊文献加工没有情报工作深入;报刊工作在重视报刊文献传递的同时,也重视报刊文献的收藏,情报工作重视情报信息的收集、加工、报道、分析研究和提供情报服务;报刊工作传递报刊文献信息主要是一次文献信息,情报工作传递文献信息主要是二、三次文献信息,等等。不可否认,现代报刊工作情报化的趋势越来越显著,报刊工作的情报职能和特点,将会显得更加突出。

2.2.3　报刊工作与信息科学

信息科学是用数学方法研究信息计量、传递、变换和贮存的一门新学科。1948 年,美国数学家 C. E. 申农发表《通讯的数学理论》一文,创立了信息论。1951 年美国无线电工程学会正式承认信息论为新学科,并成立信息论学组。信息论主要是研究不断改进和提高机器的信息处理能力及通讯效率的理论和方法,为社会提供各种理想的信息处理工具和手段,改善社会的通讯。

报刊和报刊工作传递知识信息,其本身就是一种过程。西方报刊就起源于一种写的或印的"新闻信"。我国报刊起源于"邸报",是邸中传抄的诏令奏章等,以报于诸藩。也就是说,报刊是一种信息载体和信息传递工具。现代报刊和报刊工作,更多地采用了电话、电报、电视和各种信息载体等手段,借助于各种信息符号和信息系统的存贮,传递报刊知识信息。近些年来,先后出现了电子、电视报刊,报刊利用计算机排版,等等。尤其是报刊文献检索中,应用计算机及现代通讯技术进行信息处理和传递,使得报刊工作与信息科学建立了更加密切的关系。今后,随着报刊工作情报化趋势的发展,这种关系将会更加紧密。报刊工作要吸收、利用信息科学的研究成果,加快报刊文献信息的传递速度,提高报刊工作效益。

2.2.4　报刊工作与文献学

文献学的研究对象是记录有知识的文献、资料。报刊是记录知识的主要文献类型之一。报刊工作的主要任务,就是进行报刊文献的收集、整理、收藏和利用,有人把报刊工作称为报刊文献工作。报刊工作也是文献工作的一部分,与文献工作具有许多共同之处,由于它们各自的工作程序、手段、方法和内容有着程度上的不同,形成了各自特点。报刊工作的理论基础是关于文献信息的理论。文献信息是文献的内容信息和文献的形式信息的统称,它的交流是人类信息交流的主要形式之一,报刊工作的研究内容当然包括报刊文献工作。那么,报刊工作必须把文献信息作为自己研究的主要内容,也就构成了它们共同的理论基础。不过,现代报刊工作并不局限于文献工作,它们之间还有较大区别,其性质和任务不尽相同。

报刊工作是图书馆学的重要组成部分,与情报学、文献学是一个家族,有很深的血缘关系,与信息科学是应用和被应用的关系。报刊工作和目录学的关系非常密切,目录学的理论、方法,书目、索引编制技术等对搞好报刊工作大有益处。此外,报刊工作与教育学、社会学、经济学、数理科学、生物学、化学等都有不同程度的联系,这是人们在研究报刊工作时不可忽视的现实。我们要充分应用有关学科理论和方法,不断提高报刊工作研究水准,促进报刊工作迅速发展。

2.3 报刊工作的研究状况

本书前面已经讲过,我国报刊源于"邸报"。"邸报"最早出现于公元 8 世纪初叶唐玄宗开元(713—714)年间。1815 年 8 月 5 日,英国人马礼逊等于马六甲创办《察世俗每月统计传》,这是被公认的最早的中文期刊。1833 年,德国人在广州创办的《东西洋考每月统纪传》,是在我国境内出版的最早的中文期刊。又过了近 70 年,于 1901 年,《清议报》第 100 号上刊登了《中国各报存佚表》,是记载我国报刊出版状况的第一篇文献。1917 年,《小说月报》第 8 卷 1 号发表了姚公鹤先生的《上海报纸历史》,这是研究报刊史方面最早的论著。1922 年,《浙江公立图书馆年报》第七期附录中发表了《京师图书馆新闻杂志阅览规则》,这是最早公开发表的关于报刊管理工作的文献之一。这些文献,开创了中国报刊工作研究的先河。

中国报刊工作研究,可以分为两个时期五个阶级,即 1949 年以前的中国报刊工作研究的起步时期的萌芽阶段和遭受战争破坏的萧条阶段;1949 年以后曲折发展、繁荣时期的恢复发展阶段、十年"文革"浩劫阶段和 1978 年后的繁荣阶段。出现三次高峰,即:1930 年—1937 年、1956 年—1966 年、1978 年以后。

2.3.1 1949 年以前,中国报刊工作研究的起步时期

我国图书馆报刊工作研究,开始于 20 世纪初期,到 1949 年已近半个世纪。由于政局动荡和连年战争的影响,实际上只有 19 年里发表过报刊工作方面的论著,12 年里发表过有关报刊工作管理方面的文章。目前,我们能够查到的与报刊工作有关的论著都计算在内,总数也不过在 110 余篇(种)(见表 2.1)。

表 2.1 我国报刊工作研究论著统计表(1949 年以前)

年	论文	著作	其他	小计	年	论文	著作	其他	小计
1901			1	1	1934	3		3	6
1902—1916					1935	4	2	9	15
1917			1	1	1936	6		10	16
1918—1920					1937	5	1	7	13
1921			1	1	1938		1	1	2
1922	1			1	1939—1940				
1923—1924					1941		1	1	2
1925	1		2	3	1942—1943				
1926—1927					1944			1	1

年	论文	著作	其他	小计	年	论文	著作	其他	小计
1928	1		1	2	1945				
1929			2	2	1946	1	1		2
1930	3		6	9	1947			2	2
1931	7		2	9	1948				
1932	4		7	11	1949	1			
1933	4		7	11	合计	41	6	64	111

注：1. "著作"和"其他"，均包括与报刊工作相关的论著，统计很不完全。

2. 资料主要来源：《图书馆学论文索引》（第一辑）（李钟履，北京商务印书馆，1959 年）；《中国古代藏书与近代图书馆史料（春秋至五四前后）》（李希泌，张椒华，北京中华书局，1982 年）。

以 1937 年日本军国主义全面发动侵华战争、中国抗日战争爆发为标志，将这一时期分为萌芽阶段和萧条阶段。

2.3.1.1 报刊工作研究的萌芽阶段

这一阶段，为图书馆报刊工作研究的初期，有关研究论著极少，断断续续，刚刚起步。1930 年到 1937 年的 8 年间，连续发表的研究论著，占 1949 年以前近 50 年报刊工作研究论著总量的 82%以上，占这一阶段研究论著总量的 90%以上，形成了报刊工作研究的第一次高峰。在研究内容上，这一阶段处于初级阶段，注重于实践和报刊文献的使用。较多研究报刊的分类、编目和报刊文献的索引法等。这一阶段中比较重要的研究论著有：沈祖荣的《图书馆用不着杂志么？》（图书馆学季刊，1928 年 9 月 3 卷 3 期）、邢云林的《图书馆管理杂志法》（文华图书科季刊，1930 年第 2 卷 3、4 期合刊）、萨士武的《杂志报纸登记法》（图书馆周刊《福建民国日报副刊》，1931 年 8 月 29 日第 32 期）、中央银行月报的《试编书报材料分类表》（1933 年 5 月第 2 卷 5 期）、曹祖彬的《中文杂志目录编制法》(新教育,第 9 卷 5 期)、《国立中央图书馆暂行期刊编目条例》(学觚,1936 年 5 月第 1 卷 4 期)、郑慧英等的《中国杂志总目提要(1815—1936)》(广州大学图书馆季刊,1937 年 3 月第 2 卷 2、3 期合刊)、何多源的《杂志管理法》(广州大学图书馆季刊,1933 年 6 月 1 卷 1 期)、徐世永的《杂志的管理与装订》(无锡图书馆协会会报,1935 年 1 月第 4 期)、沈开寿的《报纸杂志资料的利用》(读书通讯,1946 年第 111 期)、柳宗浩的《图书、杂志、报纸处理法》(上海长城书局,1935 年)等等。这些论著,为我国图书馆报刊工作的发展,逐渐形成独立的报刊工作体系,以及开发利用报刊文献资源,在实践和理论上奠定了基础。

2.3.1.2　报刊工作研究的萧条阶段

1937 年,日本军国主义全面发动了侵华战争。从此以后,在中华大地上,经历了艰苦卓绝的 8 年抗日战争。在战火中,刚刚发展起来的报刊工作研究遭到了严重破坏。1937—1949 年的十多年里,报刊工作研究几乎成了空白,更谈不上有什么成就与发展了。

2.3.2　1949 年以后的报刊工作研究时期

1949 年至今,已经历了 40 余年,报刊工作研究也曾受到极左思潮影响和严重干扰,走过一些弯路,是一个曲折发展繁荣时期。在这 40 多年中,报刊工作研究取得了丰硕的成果,研究论著近 1700 篇(种),是二十世纪前半叶总量的 40 多倍(参见表 2.2)。

我们把这一时期分为三个阶段,即:1949 年—1966 年为第一阶段,是图书馆报刊工作研究的发展阶段;1966 年—1976 年为第二阶段,是图书馆报刊工作经历"文化大革命"十年浩劫,遭受严重破坏的阶段;1976 年以后为第三阶段,是图书馆报刊工作研究的繁荣阶段,也是历史上最好的阶段。

表 2.2　我国报刊工作研究论著统计表（1949—1988）

年	论文	著作	其他	小计	年	论文	著作	其他	小计
1949	1			1	1967—1972				
1950		2	2	4	1973	10		2	12
1951					1974	5			5
1952	1			1	1975	3			3
1953	4			4	1976	2			2
1954	2	1	2	5	1977	6	1		7
1955	2	3	4	9	1978	8	2	6	16
1956	4	1	7	12	1979	29	2	3	34
1957	5		7	12	1980	89	2	9	100
1958	10	1	3	14	1981	145	1		146
1959	6	5	4	15	1982	153	2		155
1960	6			6	1983	205	2		207
1961	2			2	1984	184	1		185
1962	2			5	1985	174	3		177
1963	2			5	1986	179	3		182
1964	17			18	1987	202	3		205
1965	10			12	1988	198	3		201
1966	3			3	合计	1669	38	58	1765

注:1. "著作"及"其他",均包括与报刊工作相关的论著。1981 年以后,因"其他"栏内论著较多,统计的困难较大,所以未作统计,已统计的资料也很不完全。

2. 资料来源:《图书馆学论文索引(第二辑)》、《全国报刊索引》、《图书馆学、情报学、档案学论著目录》等。

78

2.3.2.1 图书馆报刊工作研究的发展阶段

1949 年 10 月 1 日以后，我国进入经济恢复时期，各项文化事业也同时得到恢复、改造和调整。在 1949 年—1952 年的三年中，图书馆报刊工作研究论著很少见。但这三年中有两项重要事件：一是 1951 年 12 月 21 日政务院通过，1952 年 8 月 16 日公布的《期刊登记暂行办法》；二是《新华月报》于 1949 年 1 期、1950 年 5 期分别发表了《全国报纸杂志初步调查表》和《全国现有杂志调查表》。这是我国图书馆报刊工作的基本建设事项，为报刊工作研究创造了有利条件。

1953 年以后，新的图书馆报刊工作体系开始形成，报刊工作研究有了新的发展，在 1956 年—1966 年的 10 年间又形成了一次报刊工作研究高峰。但在这次高峰中，1960 年—1963 年，我国大陆连续遭受三年自然灾害，国民经济处于困难时期。在这三年中，报刊工作研究受到了较大影响，形成了高峰中的一个深谷。1964 年，三年困难时期刚过，报刊工作研究就得到复苏并迅速上升形成一个高峰。在这 10 年中，发表的报刊工作研究论著超过了前半个世纪全国发表的研究论著的总和，取得了可喜的研究成果。在高潮中虽然有低谷，但不管从其连续性，还是从研究内容、研究方法和取得的成果上看，仍应将其视为一次高潮。西藏高原上也有低谷，但它仍不失为世界屋脊。这与自然界的现象或许是同一个道理。

这一阶段的报刊工作研究的主要内容和特点，一是初步进行了报刊文献和报刊工作特点的研究；二是加强了订阅外国原版报刊工作实践的研究；三是比较深入地研究了书刊划分的问题，为报刊工作形成独立体系作出理论探讨；四是加强了报刊文献的利用和报刊工作如何更好地为科研生产服务的研究，进一步端正了报刊工作方向。但在研究方法和手段上，并无大的突破，仍处于传统的状态。

2.3.2.2　报刊工作经历了"文革"十年浩劫,遭受严重破坏阶段

　　1966 年开始"文革"。不久,国内报刊大部分被迫停刊,国外原版报刊也基本上停止进口。那时,订购国外报刊被批判为"崇洋媚外",图书馆报刊工作几乎停止。中国科技情报研究所从 1969 年至 1973 年入藏的国外科技期刊也只有 9000 余种,社科报刊基本停订。报刊工作研究,1967 年—1972 年是一片空白,1973年略有回升,但是较好的形势又遭到"四人帮"破坏,旋即又落入深谷。1976 年粉碎"四人帮"以后,到 1977 年形势才开始好转。

　　这一阶段,在极左路线影响和"四人帮"破坏的情况下,报刊工作研究难以进行,零星发表的有关研究文献,多是对国外科技报刊及其出版概况的介绍。

2.3.2.3　报刊工作研究得到发展繁荣的阶段

　　1976 年,"四人帮"被粉碎,结束了"文化大革命",图书馆报刊工作研究开始复苏,恢复了生机。1978 年以后,是我国报刊工作研究繁荣起飞的阶段。1979 年,发表的报刊工作研究论文的数量超过了以往任何一年,而且从此以后逐年迅速增加,达到了有史以来的最高峰。这 10 年里,发表的论文数量基本上呈上升趋势,平均每年 150 余篇,是 1979 年以前总数的 7 倍左右。可以说,报刊工作研究进入了一个从来没有过的、具有重大意义的繁荣、发展阶段。

　　这一阶段,报刊工作研究论著不仅数量增加很快,达到有史以来的高峰,而且在研究内容上也比较广泛,几乎涉及到报刊工作的各个方面(参见表 2.3)。

表 2.3 1979—1988 年报刊工作研究文章分类统计表

	1979	1980	1981	1982	1983	1984	1985	1986	1987	1988	小计	备注
管理总论	2	22	12	13	15	20	31	24	31	48	218	包括期刊学
历史						2		1		1	4	只计管理史
研究	2	4										
教学				2			1	2	2	2	9	包括讲座与人员培养
统计						1		1		1	3	
书刊分界	1		9	6	3	5	7	3	3	3	40	
标准化				1	3	2	2	4	1	1	14	
刊号		4	6	5	9	5	4	2		4	39	不包括索刊号
刊名缩写	2	3	2	1			2				10	
现代化	1		1		2	3	2	4	5	7	25	包括数据库
缩微						3		2	3	1	9	
收藏		3		4	1	3	1	2	5	1	20	
收集		3	3	4	6	9	4	15	10	11	65	
评价		1		3	2		1	3	1		20	
选择	2	4	4	8	3	2		8	3	5	41	
核心期刊	4	2	8	11	28	26	12	13	19	12	135	
采购		3	18	10	13	10	6	10	13	9	92	
交换	2	4	4	2	3	4	1	2	4	2	28	
协作	1	1	1	1	1		3		2	3	13	包括期刊中心
整理	3	2	3	2	6	3	3	4	4	5	35	
登记	1	1	2	2	5	4	5	6	7	1	34	
分类		2	4	7	10	6	8	6	11	8	62	
著录	1	5	6	9	15	4	8	5	8	5	66	
编目	2	2	3	2	2	1	5	3	2	6	28	

（续表）

	1979	1980	1981	1982	1983	1984	1985	1986	1987	1988	小计	备注
目录组织		1		5	6	1	2	2	1		18	
典藏	2		3	3	2	2	4	3	6	17	42	包括缩微、贮存、清点
排架	1	3	7	7	13	11	10	9	11	3	75	
装订	1	1	3	7	4	7	3	2	4	1	33	
保存期限		2	1	2	1		1	2	1	1	11	
剔除			2	1	9		4	1			17	
利用		6	11	12	5	21	16	18	20	13	122	
服务工作		3	5	3	2	4	2	6	1	4	30	
提高利用率			1	3	5	5	6	9	8	10	47	
外借		1	11	9	6	8	4	7	3	2	51	包括馆际互借
阅览	1	1	8	5	14	4	9	5	11	8	66	
剪报	1	1	3	4	9	5	4	3			30	
展览	1	2	4	1		3	1				12	
合计	29	83	145	153	206	184	174	189	204	204	1571	

说明：1. 本表根据《全国报刊索引》、《图书馆学文摘》、《期刊工作论著索引》等工具书刊
统计，并参考了《全国连续出版物管理研究路向》（江乃武．大学图书馆学报，
1989〈1〉）。

2. 连载与一稿两登均作一篇计。

从表2.3中可以比较清楚地看出，报刊工作研究的重点是集中在报刊的收集和利用两个方面，与80年代以前的情况相比，注意力已经发生了很大的变化。虽然报刊工作总论方面的论文数量名列前茅，但是这方面的论文，除了少部分论文水准较高以外，不少文章都是泛泛而谈，价值不太大。

这一阶段,特别是近10年来,报刊工作研究的特点是:

第一,面广量大。全国报刊工作研究者近千人,比以往任何历史时期都多,已经形成一支具有一定研究实力的科研队伍。研究内容广泛,重点突出,发表论著数量较多。

第二,建立了学术组织,学术活动活跃。进入80年代以来,报刊工作学术活动非常活跃。吉林等省从1983年以后,相继举办报刊工作学术讨论会。1989年5月,"全国高等学校图书馆期刊工作研究会"成立,同时举行了首届学术讨论会。该研究会从1990年5月起,不定期编译出版《连续出版物管理与研究译丛》。另外,中国科学院自然科学期刊编辑研究会出版定期期刊《中国科技期刊研究》。这些是对报刊工作学术研究具有深远意义的重大事件。

第三,有一批具有一定影响的报刊工作学术专著正式出版。如:《期刊工作浅说》(赵燕群,书目文献出版社,1980年)、《外文期刊工作》(吴龙涛、叶奋生,上海科技文献出版社,1983年)、《外文科技期刊工作浅说》(汤生洪,书目文献出版社,1985年)、《期刊管理》(于鸣镝、朱育培,辽宁人民出版社,1986年)、《期刊管理与利用》(杨秀君、孙继亮,学苑出版社,1989年)、《科技期刊综论》(王崇德、刘春茂,哈尔滨情报科学杂志社,1989年)、《报刊管理》(赵燕群,书目文献出版社,1990年)、《连续出版物工作》(吴龙涛、叶奋生,上海科技文献出版社,1990年)等。

第四,报刊工作的理论研究有所加强。如在报刊工作史、核心报刊、报刊文献规律及利用规律、报刊工作标准化等方面的研究,取得了较大的进展。

第五,现代化、标准化研究取得了长足进步。报刊工作现代化研究已进入了应用阶段,全国已建立了多个报刊文献数据库;许多图书馆都应用计算机进行报刊文献检索和报刊工作管理,复印和缩微等现代技术,已经得到比较广泛的应用。报刊工作标准化研究已取得了可喜成就。国家标准局于1983年发布了《检索期刊条目著录规则》;1985年发布了《连续出版物著录规则》;1986年,上海图书馆开始发行了期刊统编目录卡等。

第六,报刊工作研究的方法和手段有了某些突破。现在,报刊工作研究已开始采用现代化设备,如计算机等,大量采用其它学科的研究成果,运用许多先进的管理方法和理论。这对进一步提高报刊工作研究水准,促进报刊研究工作继续发展,将产生重大影响。

应该说,报刊工作研究已经取得了较大成就,也有力地促进了报刊工作的发展。然而,也不可否认,目前报刊工作研究也还存在一些问题,如报刊工作研究,全国还没有比较像样的规划,缺少统一的组织指导,力量分散,基础理论研究非常薄弱,这将影响报刊工作这门新学科的建立;近10年来,虽然报刊工作研究成果喜人,发表论著比较多,但是,内容严重重复,水准还有待于提高,开拓新领域也不够,等等。这些,尚需要有新的变革和突破,才能使其腾飞。

我国的报刊工作研究具有自己的特色,但从总体上来看,与世界上发达国家和地区相比,还有一定的差距。要缩短这一差距,使报刊工作有较大发展,必须从以下几个方面努力:

(1)加强报刊工作研究的组织领导,加强计划性,集中力量,狠抓薄弱环节,加强重点项目的研究,以取得成绩,指导全国;

(2)加强报刊工作现代化研究,不断提高报刊工作效益;

(3)认真总结经验,加强报刊工作基础理论研究,为指导业务实践开辟蹊径;

(4)加强协作,实现报刊文献资源的合理布局,重视报刊文献的开发和利用,不断提高报刊文献的馆藏效益;

(5)重视报刊工作科研队伍建设,进一步探讨优化报刊工作队伍的途径,这是实现报刊工作现代化的基本点。

主要参考文献

1 李希泌,张椒华.中国古代藏书与近代图书馆史料(春秋到五四前后).北京:中华书局,1982

2 杨宝华,韩德昌.中国省市图书馆概况(一九一九— 一九四九).北京:书目文献出版社,1985

3 江乃武.期刊管理.吉林省高等学校图书馆工作委员会,1983

4 方珍.期刊工作.北京:中国科学院图书馆,1982

5 马先阵,吴观国,张厚生等.期刊管理与研究纲要.南京:全国高等学校图书馆期刊工作研究会,1991

6 戴国瑜.期刊管理及利用.台北:台湾学生书局,1983

7 吉士云.文献资源布局论.大学图书馆通讯,1987(4);中国图书馆报刊工作史述略.图书馆学通讯(中国图书馆学报),1990(1)

8 江乃武.我国连续性出版物管理研究路向.大学图书馆学报,1989(1)

9 曹正文等.旧上海报刊史话.上海:华东师大学出版社,1991

10 彭斐章.书目情报需求与服务研究.武昌:武汉大学出版社,1990

11 严怡民,马费成,马大川.情报学基础.武昌:武汉大学出版社,1987

12 吴慰慈,邵巍.图书馆学概论.北京:书目文献出版社,1985

13 倪波.文献学概论.南京:江苏教育出版社,1990

14 钱亚新,张厚生.三十五年来我国图书馆学研究简史.见:钱亚新.钱亚新集.南京:江苏教育出版社,1991

15 (英)戴维·P·伍德沃斯著;吕佳等译.英国连续出版物集团:一个成功的事例.见:国际图书馆协会联合会第51届到53届大会论文选译.北京:书目文献出版社,1991

16 雷震.开发与利用:期刊工作当务之急——全国高校图书馆期刊工作研究会第三届学术讨论会综述.大学图书馆学报,1991(6)

17 熊第志.JCR:评价多学科期刊和文献研究的重要工具.世界图书,1992(5)

18 王东坤.期刊学三题.图书管理论与实践,1992(2)

3 核心报刊

3.1 测定核心报刊的意义

3.1.1 核心报刊的概念

核心报刊,又叫"重点报刊"、"重要报刊",还有人称为"常用报刊",一般是指在某一学科中那些能反映本学科的学术水准,利用率高,为科学界普遍重视的报刊。核心报刊,肯定是重点报刊、重要报刊和常用报刊。重点报刊或重要报刊,一般也是核心报刊。但常用的报刊,就不一定是核心报刊,如一些消遣性、娱乐性和普及性报刊,可能是常用报刊,却不一定是核心报刊。因此,核心报刊称为重点报刊或重要报刊的含义略有不同,但区别不大,把核心报刊称为重要报刊或重点报刊,一般不会造成混乱。不过"重点"和"重要"两词确定性较差,由于各种理解不同,其范围也不一样,相比之下还是称"核心报刊"比较科学。把核心报刊称为常用报刊,仅仅反映了核心报刊某一方面的特征,就显得不那么恰当了。

核心报刊,源于文献离散定律,即布拉德福定律。这一定律的文字表述为:"如果将科技期刊按其刊载某个学科领域的论文数量,以递减顺序排列起来,就可以在所有这些期刊中区分出载文量最高的'核心区'和包含着与核心区同等数量论文的随后几个区，这时核心区和后继各区中所含的期刊数成 $1:a:a^2:\cdots\cdots(a>1)$ 的关系。"反映出少数报刊提供大量的情报文献的事实。那么，处在核心区的能够提供大量情报文献的少数报刊，称为核心报刊。

报刊文献这种离散现象，是随着科学的发展和进步所表现出的文献流运动的客观规律。当某一新兴学科诞生时，部分学者或研究人员写出一批有关论文，首先寄给最适合的报刊发表。伴随着该学科的成长，载文量越来越多，使某一报刊在本学科领域中逐渐获得某种影响和地位，吸引着更多的学者和研究人员投稿。由于稿件数量逐渐提高，报刊的权威性也日益增强，渐次形成了一些在该学科领域中具有重要地位的有"核心"性质的报刊，有关论文相对集中地刊载在这部分报刊上。同时由于核心部分的报刊容量有限，相关论文也不得不在其他一些报刊上发表，所以造成该学科的有关论文出现了分散的趋势。当然，造成这种现象的原因还有其他的一些因素，如学术联系、社会关系等，但不是主要因素。

核心报刊并不是不变，在社会和科学发展的不同阶段，学科领域不同，新报刊的出现，使核心报刊的品种在不断地发展变化，表现出它自身的运动规律。这里所说的核心报刊的发展变化主要有以下几个方面的含义：

第一，随着科学的发展，核心报刊的品种有所变化。加菲尔德（E. Garfield）1972 年在《科学》（Science）杂志上发表文章，他用《科学引文索引》（Science Citation Index，简称 SCI）1969 年一个季度内各种期刊被引文献的统计，得出核心期刊 152 种。这 152 种核心期刊，包含了当时 SCI 所用的 2000 种期刊总被引数的 50%。1976 年，他又在《自然》（Nature）杂志上发表了 1974 年 SCI 全年被引用期刊文献统计出来的核心期刊 206 种，比 1969 年增加 54 种。

第二，同一学科或专业在不同时期，核心报刊的排列次序有所变化。在加菲尔德上述两次统计中,1969年和1974年所列核心期刊表,前后仅隔五年,期刊表的顺序发生了变化,有几种期刊变化还比较大。原属于1969年列于206位以上的期刊,只有179种仍保持在206位以上,有37种下降到206位以下。1969年为第707位的《欧洲生化学会联合会通讯》(FEBS Lett)1974年上升到第75位。

第三,不同历史时期的核心报刊,尤其是社会科学核心报刊变化较大。报刊文献的生产,不仅受科学发展的影响,而且受社会经济、政治制度制约。以我国为例,1949年以前和以后各学科,特别是社会科学的核心报刊完全是两回事;50年代、50年代末到60年代初和80年代的核心报刊变化也很大。

第四,不同的报刊工作单位,其性质、任务不同,所要求掌握的核心报刊的品种、数量也大有区别。

核心报刊是比较稳定的,但这是相对的,在稳定中有发展,有变化。因此,报刊工作者必须遵循这一规律,不断深入调查研究,根据本单位的实际需要和状况,确定和随时调整核心报刊的品种,为做好报刊工作创造有利条件。

3.1.2 核心报刊的特征

核心报刊的主要特征有:

(1)代表着某一学科或专业领域较高的学术水准,在本领域内影响较大,具有较高的权威性,起着学术带头的作用;

(2)能及时地、迅速地、系统地、较全面地反映本领域新成果、新理论,代表着本学科或本专业的发展趋势;

(3)受用户欢迎,利用率、引文率、二次文献摘储量和摘储率较高;

(4)情报信息含量大,刊载本学科或本专业的有关文献量高;

(5)编辑队伍阵容较强,稿源充足,信息网络比较完善;

（6）出版比较稳定，寿命较长，等等。

3.1.3 测定核心报刊的意义

第二次世界大战以后，科学技术迅速发展，科学文献量激增。近年来，不但印刷报刊文献迅速增加，非印刷型文献，如音像型、缩微型、机读型等，也大量涌现。最近，还出现了电子报刊、电视报刊、广播报刊等等。报刊文献的增加，品种复杂，语种交叉，形成了报刊文献传递的障碍，因而利用起来多有困难。近几年来，报刊价格成倍上涨，报刊经费又不断压缩或相对减少。在这种形势下，如何运用有限的报刊经费，获得更多的情报信息，发挥较大效益的任务就紧迫地摆在报刊工作者的面前。因此，研究和测定核心报刊，不仅具有深远的科学意义，而且具有很大的现实意义。测定核心报刊的主要作用和意义是：

1）可以提高馆藏报刊的质量，改善馆藏报刊文献结构，保证馆藏体系的稳定性、完整性、连续性和系统性　核心报刊代表着本学科或本专业的学术水准和发展趋势，情报信息含量大，刊载本学科或本专业文献量高，受到用户欢迎，其出版也比较稳定，寿命较长。如果形成以核心报刊为主体的报刊馆藏体系，是最理想的报刊馆藏结构模式，具有最佳的结构功能。

2）可以节省大量的人力、物力、财力　根据布拉德福文献离散规律理论，某一学科或专业核心区的报刊数，是第二区的 $\frac{1}{n}$，第三区的 $\frac{1}{n^2}$，其数量很少。例如在某一时间内，310 种报刊中刊载有关某学科文献 750 篇，进入核心区的 250 篇文献包括在 10 种报刊内，是本学科最高效率的报刊；第二区的 250 篇文献包括在 50 种报刊内，是本学科中等效率的报刊；第三区的 250 篇文献包括在 250 种报刊内，是本学科中低效率的报刊。那么，核心区报刊数仅

占本学科有关报刊总数的 1/31。换言之,某学科有关报刊总数的
3% 刊载了这一学科的 33.3% 的文献,有关报刊总数的近 20% 也
刊载了这一学科的 66.7% 的文献。英国不列颠图书馆拥有 10 万
种馆藏期刊,订有 45000 种现刊。根据该馆 1975 年头 3 个月期刊
借阅统计,有 50% 的用户借阅对象集中在 1300 种期刊上。美国
《化学文摘》在 1975 年统计,50% 的文献来自 325 种期刊,75% 文
献来自 1384 种期,90% 的文献来自 3589 种期刊,而该刊全部拟摘
期刊高达 14000 种。这些数据表明,有用的情报资料往往集中在
少数报刊上。现在,全世界报刊价格平均正在以 30%—60% 的速
度递增,有些报刊成倍甚至几倍地涨价。我国报刊,1986—1988
年 3 年中,价格平均每年递增 40% 左右。1989 年,平均上涨 70%
左右,一部分报刊上涨到 200%,甚至 300%。而报刊经费增加很
少,有的甚至还在压缩。每个报刊部门也不可能将有关报刊收集
齐全,实际上也没有这个必要,从经济效益上来看也是不合算的。
从上例中可以看出,在 310 种报刊中,订阅 10 种核心报刊,就可以
向用户提供 33.3% 的论文;如果订阅核心区的第二区的 60 种报
刊,就可以向用户提供 66.7% 的论文。但是,订阅第三区的 250
种报刊,也只能提供 33.3% 的论文。这些报刊不仅要占用很大的
空间、设备,而且需要大量的人力。因此,报刊部门精心选订本单
位或服务范围内所需要的核心报刊,可以节省大量的人力,节约书
库的空间,达到既节约报刊经费,又获得相同的或更大的情报量,
提高报刊入藏效益的目的。

  3)可以节省用户的精力和时间　从上一例中可以看出,310
种报刊刊载某学科或专业的有关论文 750 篇,60 种报刊刊载论文
500 篇,10 种报刊刊载论文 250 篇。也就是说,用户了解某学科或
专业领域发展状况,获得有关情报信息,只要阅览核心区的 10 种
报刊,就可以获得 33.3% 的论文;如果经常阅读核心区和第二区
的 60 种报刊,就可以阅览该学科 66.7% 的论文。用户只需要五

分之一左右的时间和精力,就可以获得三分之二的论文。这样,就大大提高了用户利用报刊的效益。

4) 便于报刊文献资料的合理布局 情报所和图书馆内实现合理的、理想的报刊文献资源布局,目的是为了方便用户,提高用户对报刊文献的易得性。在报刊文献资源布局的实践中,要将核心报刊组织在报刊工作者最容易提取、用户最容易获得的空间位置上,例如将核心报刊布置在辅助报刊库、开架报刊库和开架阅览室内等。这样,既便于报刊工作者对核心报刊文献的熟悉、管理和提取,提高报刊文献的传递速度,节约时间和劳动力,也便于用户对报刊文献的获取和利用。

5) 便于开展对用户利用报刊文献的辅导工作 对用户利用报刊文献的辅导,主要包括两层含义,一是对用户阅读报刊文献内容的辅导,二是对用户利用报刊文献方法的辅导。测定核心报刊,为开展用户利用报刊文献的辅导工作打下了良好基础,创造了有利条件。阅读内容的辅导,主要表现在帮助用户形成阅读范围,选择阅读报刊,以及对阅读内容的正确理解、评价和鉴别等。尽管各种用户自身条件和层次不同,但其阅读需求心理和要求是基本一致的,即要求获得最需要的报刊文献。报刊工作者就可以根据用户的需求状况,向他们推荐和帮助他们选择核心报刊,引导他们正确理解和掌握核心报刊内容,从中吸取有益的情报知识信息。阅读方法的辅导,主要表现在帮助用户有计划、有目的、有重点地阅读报刊文献,核心报刊文献当然是其阅读的首选报刊。这样,可以克服用户选择报刊文献的盲目性,提高报刊文献的利用效益。

近年来,我国对核心报刊的研究和测定工作发展很快,正在不断地深入,并取得了丰硕成果。从 1990 年 11 月起,北京高校图书馆期刊工作委员会和北京大学图书馆,动员北京地区 40 多所高校 200 多名研究人员,利用计量学方法,历时 1 年多,编制完成《中文核心期刊要目总览》,经过筛选,有 2000 余种期刊被列为核心期刊。1992 年,中图公司组织全国 60 多个科技情报部门的 140 多名专家学者对世界各国科技期刊进行筛选研究,编制完成《国外科技核心期刊手册》,有 2700 余种科技期刊被选为核心期刊。这些都表明,我国对核心期刊的研究已达到新的高度。

3.2　测定核心报刊的方法

3.2.1　统计分析法

测定核心报刊的统计分析法,就是将报刊对有关学科或专业刊载的文献,被文摘、被索引和被用户利用等状况,进行详细的统计,使之量化,并进行周密的分析研究,按其结果测定核心报刊的方法。用统计分析的方法测定核心报刊,主要有以下几种:

3.2.1.1　利用布氏定律测定核心报刊

选择和确定核心报刊,是布拉德福定律最基本的应用之一。利用布氏定律测定核心报刊,可以直接依照布氏方法进行。具体做法可以分为三步:首先对所有相关报刊刊载某一学科或专业领域的论文进行全面统计;其次对所有的相关报刊按其刊载某一学科或领域的论文多少作递减等级排列;最后根据具体情况,选择排在最前面的若干种报刊为核心报刊。利用布氏定律测定核心报刊,必须注意两点:一是对相关报刊刊载某一学科或专业领域论文的时间界限必须明确限定;二是为了消除大型报刊对小型报刊、出版频率高的报刊对出版频率低的报刊所占的优势,在排序时,可以用报刊载文量的相对比例进行补偿。例如有三种报刊:甲为半月刊,每期约 60 页,年刊载某学科相关论文 60 篇;乙为月刊,每期 24 页,年刊载某学科相关论文 80 篇;丙为季刊,每期约 150 页,年刊载某学科相关论文 50 篇。这三种报刊刊载某学科相关论文数量的排列等级顺序不应该是乙、甲、丙,而应该是丙、甲、乙。

目前,利用布氏法测定核心报刊,主要采用两种分析方法:一是区域分析方法(Zone analysis);二是图像分析方法(Picture analysis)。

1)区域分析方法　区域分析方法的依据,是布位德福定律把期刊分成三个区域,使每个区域中相关专业或学科的论文数量相同,并且各区期刊数量呈 $1:n:n^2$ 的关系。例如在 320 种报刊中对某学科的有关文献共 762 篇,进入第一区的 254 篇包括在 11 种报刊内,称为核心区;第二区的 254 篇文献包括在 55 种报刊内,是对该学科中等效率的报刊;第三区内的 254 篇文献包括在 254 种报刊内,是对该学科最低效率的报刊。那么,$1:n:n^2 = 11:11 \times 5:11 \times 5^2$。换言之,报刊总数的 3.4% 刊载了某学科 33.3% 的文献;报刊总数的 17.1% 刊载了某学科 33.3% 的文献;报刊总数的 79.5% 也刊载了某学科 33.3% 的文献。

2)图像分析方法　图像分析法是按布拉德福定律制图的分析方法。就是按等级排列的统计数据绘制坐标图,对曲线进行分析。这里需要用两个数据,即 n 与 $R(n)$。用递减排列的期刊顺序号(级数)n 的对数($ln\ n$)作为横坐标,以相应的论文累积数 $R(n)$ 为纵坐标绘制成图,就可以得到一条曲线(见图 3.1)。

由图可知,第一曲线结束的地方,亦即到直线开始点 C 就是核心区域的对应点,相应横坐标上的 C' 值即为核心报刊的种数。

但是,布氏法是一种纯客观的测定核心报刊的方法,忽视了客观世界的变化和主观世界的状况。它至少存在着两个明显缺点:其一,在数量方面,它只是以刊载一定主题的论文的绝对数量来对报刊进行排列的。它对于每期刊载大量论文的大型报刊和出版频率高的报刊是适合的,对于小型报刊和出版频率低的报刊来说,就有可能被排除在核心报刊之外。虽然可以采取一定的方法补救,但毕竟不是一个省事的办法。其二,在质量方面,它完全是以相关

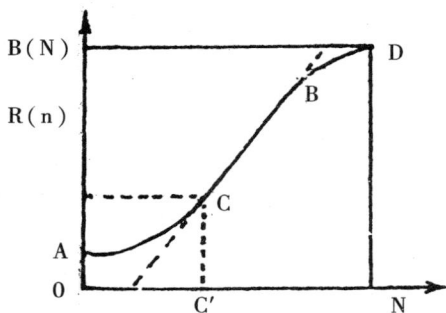

图 3.1　布拉德福曲线

文献数量的多少来衡量某些报刊是否是核心报刊,而不管这些文献的质量如何,即它们产生的效益如何,也可能造成将一些文献质量高而数量少的报刊被排除在核心报刊之外。

3.2.1.2　百分比分布法

百分比分布法,就是以某一种报刊为单位,计算它所刊载的某一学科(专业)或主题的论文占该报刊全部论文的百分比来测定核心报刊的方法。各种报刊都按其百分比的高低次序排列,再按一定的标准确定某学科(专业)或主题的核心报刊。这种方法方便易行,比较简单。

3.2.1.3　根据著名的情报报刊的报道率来确定核心报刊

情报报道按其报道内容和作用的不同,可以分为一次文献报道、二次文献报道和三次文献报道三种。一般来说,报道二、三次文献的报刊,都可以通称为情报出版物。本书第一章曾介绍过,按照1965年中国国外科技文献编委会的规定,情报报刊大体可以分为检索类、报道类和研究类三大类。这些都是情报机关对有关情报文献经过选择、加工整理、分析研究之后,通过情报报刊传递给用户的有效情报信息。因此,核心报刊所含情报量大,被情报报刊报道的可能性大,报道率高;非核心报刊,报道的文献学科交叉、分

94

散,所含情报量小,被报道的可能性就小,被报道率也就低。这里的报道率,主要包括被索引率、文摘率等。美国《化学文摘》(CA)号称采用期刊 15000 余种,但有的期刊一年仅摘录其中一篇文献,甚至几年仅摘录一篇文献的期刊为数不少。据 CA 统计,1970 年,从 2000 种期刊中摘录了 85% 的非专利文献,有 75% 是从 1212 种期刊中摘出的,50% 是从 340 种期刊中摘出的,30% 是从 250 种期刊是摘出的;1975 年,该刊 50% 的文摘来自 325 种期刊,75% 的文摘来自 1384 种期刊,90% 的文摘来自 3589 种期刊。有人通过对英国《分析化学文摘》1977 年第 32 卷 1—6 期有关分析化学文献情报报道调查,这段时间,该刊采用期刊 741 种,有 50% 的文摘来自 22 种期刊,90% 的文摘来自 36% 的期刊中。俄罗斯的《冶金文摘》用的期刊只有 61 种。日本《科技文献速报》在 1980 年以前几年的统计,物理和应用物理的 30%、电气工学和外国化学的 20% 情报报道量分布在 20 种期刊上;物理和应用物理的 80%、电气工学的 60%、外国化学的 50% 情报报道量分布在 150 种期刊中。据 1978 年统计,《科技文献速报·国外化学篇》每年报道 1—10 篇文献的期刊就有 1212 种,几乎占它当年采用期刊总数的 50%,而报道的文献量仅占它总数报道量的 3.5%。有人对我国《全国报刊索引》1979 年化学工业部分的报道情况作了统计,被索引 100 条以上的有 8 种报刊,共报道文献 932 篇;被索引 10—20 条的有 32 种报刊,共报道文献 476 篇;被索引 l—9 条的有 167 种报刊(其中有 77 种报刊,每种只报道 1 条),共报道文献 467 篇。被索引 100 条以上的 8 种报刊如表 3.1 所示。

表 3.1　中国《全国报刊索引》1979 年有关化
工文献被索引 100 条以上的报刊统计

刊名	全年论文量※	全年被索引量	报道率%	按报道率 大小排列
感光材料	107	102	95.3	1
农药工业	143	120	83.9	2
炼焦化学	125	100	80.0	3
医药工业	161	127	78.9	4
化肥工业	151	118	78.1	5
国外化工	311	163	52.4	6
塑料工业	215	102	47.4	7
橡胶工业	212	100	47.2	8

　　※全年论文量主要指理论研究、开发研究、应用研究和重要的综述文章的数量。

　　这就说明,核心报刊被情报报刊的报道率高,非核心报刊被情报报刊的报道率低。著名的情报报刊采用的有关报刊种类较齐全,数量较大。运用著名的情报报刊的报道率来确定核心报刊,也是一种比较科学的方法。这种方法的不足之处,一是出于情报人员的主观判断,排除了报刊的被利用效果等因素;二是对各报刊的各种情况,如报刊的规模、出版频率等,未作区别等,有些小型报刊、出版频率低的报刊,就有可能被排除在核心报刊之外。

3.2.1.4　根据被利用状况来确定核心报刊

　　图书馆和情报单位收藏报刊的目的,是为了提供给用户使用,为科学研究和发展生产服务。报刊的利用状况,直接反映了报刊工作的性质、任务和社会效果,也是检验报刊本身的品质和使用价值的主要方法。衡量一种报刊利用状况的数量指标,通常包括报刊的利用率、流通率、阅读率等。一般来说,核心报刊的利用状况的数量指标都比较高。换句话说,利用状况的数量指标高的报刊,其品质和学术价值也较高。

根据报刊的利用状况来测定核心报刊,是一种较为实际的可靠方法。但是,报刊被利用是受多种因素决定的,如用户对馆藏报刊的了解程度和易得性,以及报刊工作质量等;报刊利用状况的统计有时还不能全面反映被利用状况;而且有些统计比较困难,还不可能完全反映用户实际利用报刊的情况。报刊的利用也是随着时间的推移,在其以后年月才能表现出来,其结果也会造成测定核心报刊不准确和经费的浪费及馆藏的短缺。

3.2.2 引文分析法

引文分析法,就是对有关报刊文献被引用的状况进行统计和分析,来测定报刊品质的方法。实际上也是反映报刊被利用的状况。这种方法比较完善,应用较广,所以把它作为一种独立的测定核心报刊的方法。

用引文分析法来测定核心报刊的方法,又称为加菲尔德(E. Garfield)法。加菲尔德对他创办的《科学引文索引》(Science Citation Index,简称 SCI)数据库统计表明,所有引文量的 75% 来自不到 1000 种期刊;在 1969 年的《科学引文索引》数据中,有 70% 的引文来自 500 种期刊;该年出版的 3850000 条参考引文的 50% 来自 250 种期刊,而另一个 50% 引文却分散在 2000 多种期刊中,70% 来自 500 种期刊。加菲尔德发现,一个学科的非核心期刊在很大程度上是由其他学科的核心期刊构成的。他认为,所有学科期刊引文的分析也得出了同样的集中与分散的结论。他从引文分析中,证实了布拉德福定律。自从 SCI 问世以后,在国际上很受重视,常与《化学文摘》、《生物学文摘》等相提并论。SCI 自 1975 年起,又增加了《期刊引文报告》(Journal Ciatation Reports,简称 JCR),对期刊的引文率作了进一步报道。美国科学情报学会

(ISI)曾对 1969 年最后三个月该学会所获得的引文资料进行分析,发现那些被作为引文资料的原始文献,竟分散在 2500 种期刊内,其中 767 种期刊的载文量占所有引文资料的 75%。

报刊文献被引用多少,是对报刊品质和学术价值的极好测度,可以比较科学地选择和测定核心报刊,它不需要通过其它形式对用户进行调查和要求用户响应。这是研究核心报刊的重要方法,但它亦不很完善。报刊文献的互相引用是一种复杂的思维过程,报刊的可得性,及其出版规模、频率等,对其被引用都有影响。情报报道服务,使报刊文献扩大传播范围,增加了被引用的可能性。据索普(M. E. Sopor)研究表明,著者引用参考文献以方便、占有为准则。报刊文献的被引用,还受报刊管理工作水准和著者语言能力的限制和影响。

3.2.3 调查研究法

调查研究法,就是向用户和专家学者调查了解对报刊的使用情况,征求他们的意见,然后进行综合研究来测定核心报刊的方法。

报刊文献的用户是报刊文献传递系统的终端,报刊工作系统是和特定的用户联系在一起的,报刊工作效果也是主要由用户来评价。测定核心报刊的目的,也是为了提高满足用户需要程度,与用户对报刊文献的需求是分不开的。用户,特别是那些专家学者用户,既是报刊文献的使用者,又是报刊文献的生产者。因此,加强用户调查研究,广泛征求专家学者的意见,一方面可以加强报刊工作与用户的联系,完善信息反馈系统;另一方面可以使测定核心报刊更加符合实际,克服盲目性。常用的调查研究方法有用户调查法、用户推荐法和专家咨询法三种。

3.2.3.1 用户调查法

用户调查法就是向用户发调查表(附有学科或专业报刊目

录),请用户根据平时使用报刊文献的经验,对有关报刊进行评价和选择。然后,报刊工作部门再综合和分析各个用户的意见,列出核心报刊表。这种调查,一般要反复几次,才能提高其准确度。

3.2.3.2 用户推荐法

用户推荐法就是由用户根据自己的需要和经验,主动或被动地向报刊工作部门推荐相关学科或专业的部分报刊。用户主动推荐报刊,一般都是应报刊工作部门要求,经过认真周密的考虑,根据自己的经验,较系统地推荐自己所熟悉的相关专业或学科的报刊。采取用户推荐法测定核心报刊,可以预先编印报刊推荐单(见表3.2)供用户推荐报刊时使用。

表3.2 用户报刊推荐单

代号	报刊名称	文种	编辑出版者	出版地
资料来源		处理意见		
推荐者姓名	专业	职称	工作单位(或联系地址)	
该报刊特色				

3.2.3.3 专家咨询法

专家咨询法就是采用适当的方式,对某学科或专业的报刊,请有关的专家学者进行评价,并经反复征询意见,进行综合分析,排列出相关专业或学科的核心报刊表。具体做法可分为两种:一是给有关专家学者一个学科或专业范围,请他们分别提出重要报刊表,然后进行综合分析,列出核心报刊表;二是预先给有关专家学者列出某学科或专业所有报刊目录,请他们标明该学科或专业的重要报刊,然后进行综合分析,列出核心报刊表。我们认为后一种方法较为适宜,便于专家学者响应和评价。采用专家咨询法测定核心报刊,应注意要有针对性,专业要对口,目的要明确,要求要清楚,手续要简便,便于应答,容易得到响应。采用专家咨询法测定核心报刊的不足之处是要用户和专家学者响应,比较被动;同时,用户和专家学者的意见与其所从事的专业关系很大,受到本人认识和对报刊文献了解的限制,具有很大的主观因素,但它仍是较为实际的测定核心报刊的方法。

3.2.4 其它辅助方法

核心报刊具有多种特点,也就决定了测定核心报刊方法的多样性。除了上述测定核心报刊的几种方法外,还可以采用下列一些辅助的方法。

3.2.4.1 参考报刊的出版历史测定核心报刊

创办较早的报刊,历史较长,又是连续出版下去的,说明它经得起长期的历史考验,出版稳定,生命力较强,其品质也较好。

3.2.4.2 参考报刊出版单位测定核心报刊

出版机构不同,报刊的品质也有差别,不同级别的出版机构,其质量也有高低之分。编辑机构对报刊的内容、性质和品质起着决定作用。权威性的出版机构、学术机构和高等院校等配备的编辑队伍整齐,力量较强,出版的报刊品质也较高。

3.2.4.3　参考报刊评价来测定核心报刊

许多报刊都辟有书刊评介专栏,或经常发表有关评介文章,由一些专家学者对一些报刊进行评价。这也是我们测定核心报刊的重要依据。

3.2.4.4　参考报刊预订目录和馆藏目录来测定核心报刊

从报刊预订目录、馆藏目录中可以发现,某些报刊被性质、任务相同或相近的单位订阅或收藏得较多,说明这些报刊品质较高,适合有关学科或专业需要。

还有些学者提出可以参考报刊的价格、名称来测定核心报刊,这些都是他们在报刊工作实践中获得的宝贵经验,在测定核心报刊时均可参考。

3.2.5　综合分析法

上述测定核心报刊方法,各有其长处,也各有其明显的不足。单用某一种方法来测定核心报刊,难以保证比较恰当地评价每一种报刊质量和学术价值,影响所测定核心报刊的准确性。因此,测定核心报刊必须经过各种考核。在考核过程中,采用多种方法,参考多种指标,进行综合分析,以确定每一种报刊的优劣。这种方法,我们称之为"综合分析法"。

综合分析法,就是采用两种或两种以上的方法,参考多种评价指标,进行综合分析,确定核心报刊表。这种方法可以提高核心报刊表的准确度。测定核心报刊的工作是一件复杂的科学工作,任务非常繁重。在测定核心报刊时,要注意选择恰当的方法,以保证既减轻劳动量,又能够比较准确地测定核心报刊。因此,采用综合分析法测定核心报刊时,必须注意以下几点:

1)正确地选择测定核心报刊的方法　测定核心报刊,是报刊工作研究的重要课题。如果是进行测定核心报刊专题研究,在条件许可的情况下,可以选择多种方法进行实践。在一般的情况下,可以选择两种或三种方法,并注意各种方法之间组配,尽可能地做到从报刊的主客观两个方面去评价报刊的优劣。如选择布氏法测定核心报刊,最好配以利用率或调查分析的方法。

2)可以分学科或专业逐步进行 测定核心报刊,是报刊工作的经常性工作。专业性较强的单位,可以先测定与本单位有关的学科或专业的核心报刊。综合性或多科性的单位,可以分学科、分专业有计划有步骤地进行测定核心报刊的工作。

3)分工协作,联合进行 测定核心报刊,是每个报刊工作部门都必须进行的工作。为了节省人力、物力,避免重复劳动,可以在本单位,由几个有关人员协作,联合进行研究;也可以在性质、任务相同或相近的单位之间,分工协作,联合进行核心报刊的测定工作。

4)注意参考和利用别人的研究成果 80年代以来,国内外有关专家学者对核心报刊的研究做了大量的工作,取得了一系列研究成果,这些成果是他们贡献给人类的财富。例如1989年,中国科技情报研究所开展了《1988年中国科技论文的统计与分析》、《1988年我国主要中文科技期刊论文的统计与分析》、《国外四个检索体系收录我国科技论文的统计分析》、《世界六大检索体系收录我国期刊的情况分析》等研究,这些研究成果,受到科技文化圈、高等学校的普遍关注。我们要注意吸收他们的宝贵经验,利用他们的研究成果,参考有关文献,以提高测定核心报刊的能力。

主要参考文献

1　严怡民等.情报学基础.武昌:武汉大学出版社,1987

2　罗式胜.引证分析的几个计量指标及其应用.情报理论与实践,1992(3)

3　吴尔中.核心期刊的意义及其鉴定法.世界图书(B辑),1981(6)

4　E. Garfield. ①Citation Indexing—It's Theory and Application in Science,

Technology and Humanitics：Chapter 9，New York：N. Y. John wilcy，1979.

②Citation analysis as a tool in journal evaluation . Science，(Washington) 1972,178(3)

5　鄢志梅．以二次文献摘储情况来确定重点科技期刊．科技情报工作,1983(1)

6　沈宝环．西文参考资料．台北:台湾学生书局,1985

7　王姿矾．科技期刊的理论与方法．图书情报工作,1991(6)

8　中国科技情报研究所．中国科技论文的统计与分析(1989 年系统研究报告)．北京:中国科技情报研究所,1990

9　蒋陵．十年来连续出版物管理体制探讨综述．高校图书馆工作,1991(4)

10　我国筛选核心期刊取得成果．新闻出版报,1992. 2. 19. ①

11　韩莉.核心期刊对我国图书情报工作的作用.科技情报工作,1992(4)

12　罗健雄.核心期刊及其确定方法阐要.图书馆论坛,1992 (3)

4　报刊的收集

4.1　报刊收集的原则与要求

4.1.1　报刊收集的意义

　　报刊的收集,在报刊管理的术语中,也被称作报刊的采购、采访、补充等。但是,由于报刊和报刊管理的特点,这些同义词已不能等同地相互概括,或不能确切表述报刊的收集工作。我们认为,还是用"收集"为好。

　　报刊的收集,主要是指图书馆和情报单位为保证所需馆藏报刊的齐全与系统而采用的充实这些报刊的工作手段。它包含两层意思,即选择报刊和采集报刊。选择报刊,就是根据本单位的性质和任务,按照既定的方针、原则,挑选适合本单位用户需要的报刊。采集报刊,就是根据选择报刊的结果,采用一切可以采用的手段,搜集报刊。报刊的选择和采集,是组成报刊收集工作的承前继后的两个方面,既相互联系,又相互区别。

　　报刊的收集,是报刊工作的起点,也是决定报刊馆藏水准的关键环节,为整个报刊工作奠定了物质基础。报刊收集工作搞得如何,直接影响到整个报刊工作的开展。因此,做好报刊收集工作,是做好报刊工作的前提,也是提高报刊文献利用效益的保证。报刊文献的整序过程,是以报刊收集为前提的,是其继续和延伸,为报刊文献储存(典藏)和利用提供了条件和工具,也为报刊文献收集提供了参考工具。报刊的典藏,是报刊收集的积累和储存,为利用提供了物质保证。报刊的利用,是报刊收集的出发点;使用的结果,又是报刊收集的反馈窗口,为进一步做好报刊收集和加强报刊管理决策提供了依据。没有报刊收集,就没有报刊文献的整序、储存和利用,没有报刊文献的整序、储存和利用,也就失去了报刊收集的实际意义。

现在,科学技术迅速发展,新学科不断出现,新项目先后上马,新问题不断提出。随着科学技术的飞速进步,报刊文献大量涌现,品种多、来源广、变化快,出版情况复杂。人民物质文化生活不断改善,对报刊文献的需求也在不断增加。在这种形势之下,如何做好报刊收集工作,以满足用户现实的和潜在的需要,是一项非常复杂的工作。20世纪80年代中后期,国内外报刊价格在上涨,如何能够最大限度地节约经费,又能最大限度地满足用户需要,这是报刊收集过程中的难题,也进一步表明了做好报刊收集工作有一定的难度,有较重要的意义。

4.1.2 报刊收集的原则

报刊收集,是报刊管理的第一步。要做好报刊收集工作,提高馆藏报刊的品质,必须按照一定的原则进行。报刊收集的原则,是报刊收集工作应遵循的总则,应达到的目标。那么,什么是报刊收集工作的原则呢? 1876年,美国图书馆协会(American Library Association)在费城召开成立大会时,杜威(M. Deway)先生为该组织拟订了一条口号:最好读物,最多的读者,最少的开支(The best reading for the largest number at the least cost)。这一口号,清楚地表明读物(图书、报刊等)、读者和经费之间的关系,它不仅是图书馆图书采访工作的重要原则,也是报刊收集工作应遵循的重要原则。具体说来,报刊收集遵循实用性、系统性和经济性三个原则。

4.1.2.1 实用原则

实用性原则,也称为"针对性原则"。就是根据本单位的性质、任务和用户实际需要,有的放矢地收集报刊。报刊工作单位不同,其性质、任务各不相同,服务对象也千差万别。同类型的报刊工作单位,所属各地区各单位的文化和经济生产的发展状况不同,具有各自的特点,对报刊的需求也不相同。同一个系统的各个报刊工作单位,由于其规模大小不一,各自承担的科研、生产任务不同,对报刊的专业范围、品种需求差别也很大。就是同一个报刊用户,由于研究项目和任务的变化,在不同时期对报刊的需求也有差别。因此,报刊的收集,要根据本单位的实际情况,确定品种和数量,提高实用性,避免盲目性,否则,就会造成人力、物力和财力上的浪费,淹没报刊收集的个性,难以形成报刊收藏特点,无法满足用户的需求,影响科研和生产。

4.1.2.2 系统性原则

报刊收集的系统性,就是要保证报刊收藏范围基本稳定,体系完整。报刊与图书不同,它本身具有连续性、及时性、新颖性,一般都不再重版重印。这对报刊收集来说,系统性就更为突出,更为重要。报刊在出版上的连续性,决定了报刊收集和利用的连续性。这就要求报刊收集必须系统完整,除了必要的品种调整以外,一般不宜订订停停。否则,会造成报刊收藏的残缺不全,极难补齐。所以,报刊收集要努力做到不漏订,不缺期,保证其系统完整。

4.1.2.3 经济性原则

经济性原则,也可以称为"效益性原则",还有人把它称为"节约性原则"。我们觉得,"节约"不一定体现"效益","效益"却能反映和体现"节约"。经济性原则,就是指报刊收集以最少的支出(包括财力、物力、人力等),最大限度地满足用户的需求,为科研、生产提供足以反映国内外科学技术水准的、最新的、高品质的报刊文献,促进科学技术的发展,收到较好的经济效益。

4.1.3 报刊收集的要求

报刊收集的三项基本原则,是相互联系、相互补允、不可分割的整体。做好报刊收集,应遵循这三项基本原则,在此前提下,还须按照一定的要求进行。这些要求是贯彻报刊收集原则的保障条件和具体措施。报刊收集的要求,可以分为总体要求和对工作人员的要求。

4.1.3.1 报刊收集的总体要求

1)收集范围 根据本单位或本部门的性质、任务和服务对象,确定报刊收集的范围。报刊工作部门是图书馆和情报单位的重要组成部分。图书馆和情报单位本身不是或不完全是独立的经济实体,是附属于一个具体单位或地区的学术性服务机构。它的性质和任务是与本单位的性质和任务相一致的,都有一个特定的用户群体。不同的报刊部门,其性质、任务和服务对象各不相同,也就决定其报刊的收集范围不同。目前,我国一般将图书馆和情报单位分为公共图书馆、学校图书馆和科学图书馆(或情报单位)。公共图书馆都要为发展全国或本地区科学生产服务,它们的报刊收集的范围是综合性的。但是,由于各地方的科学生产特点和任务各不相同,报刊收集范围也有差别,除要重点收集本地区出版的报刊以外,还要反映本地区的特色,保证本地区重点科研生产项目的需要。学校图书馆的报刊收集,主要为本校教学和科研服务,但各学校的课程和专业设置各有特色,报刊收集的范围区别也很大。这在高校图书馆中更为突出,要特别注意本校重点专业和带头学科所需报刊的收集。科学图书馆专业性较强,报刊收集范围较易确定。确定报刊收集范围,是报刊文献资源建设的重要一环。许多图书馆做了大量的调查研究工作,使报刊文献资源建设逐步走上正轨,收到了较好的效果。

2)掌握需求　报刊工作多是为本单位、本地区的一定的用户群体服务。本单位、本地区所承担的任务决定报刊收集的范围和重点。报刊收集,要了解本单位、本地区的需求状况,要掌握整体需要、重点需要和一般需要的情况。分析研究这些需求状况,就可以勾画出报刊需求的总轮廓,明确报刊收集的方向。掌握报刊收集的方向,再根据重点需要,确定报刊收集的重点,就解决了报刊收集的关键,这也集中地体现了总的需要。因为它是本单位或本地区报刊利用的焦点与主要环节。保证重点需求,也就提高了报刊的实用性,可以充分发挥报刊的经济效益。在保证重点的同时,也必须照顾一般,尽可能地满足用户的各方面需要。重点需要和一般需要不是一成不变的,随着科学技术和生产的不断发展,必然会提出新课题、新任务。在了解用户需求时,不仅要了解现在的需要,也要预测未来,掌握在一定时间内的潜在需求,以适应发展的形势。归结为一句话,了解需求,就是要解决需要什么和需要多少的问题。这样,就能随着形势的发展,不断修正总体需求和具体需求之间的差异,积极主动地做好报刊收集工作。

3)摸清馆藏　报刊收集多是在一定的馆藏基础上进行的。报刊收集必须摸清本单位报刊收藏情况,充分了解原有馆藏的范围、重点、特色和不足,进行必要的调整与补救。摸清报刊馆藏,是评价馆藏报刊的基础。只有对原有馆藏报刊作出全面的、恰当的评价,才能正确的订立报刊收集的方案和采用有效的措施。现在,许多大中型图书馆报刊收集的基数过大,求"全"、求"多",虽然能在较大程度上满足用户的需求,但造成了大量报刊压架,使用率太低,浪费严重,效益很差;也有部分中、小型图书馆由于经费短缺,报刊收集的基数偏小,与本单位的性质和任务不相适应,难以满足用户需求;还有部分图书馆报刊收集变化较大,馆藏报刊混乱,一些应该收集的核心报刊残缺不全,造成用户使用诸多不便和困难,给教育、科研和生产等带来较大损失。本单位的报刊馆藏情况必须做到"心中有数",使报刊收集工作与现实情况相符合,扬长避短。摸清馆藏的方法,主要有两种,一种是用收集比较齐全的报刊目录,核对本单位有关专业或学科的报刊收藏情况;二是用本单位报刊馆藏目录,核对本单位有关学科或专业的核心报刊、重要报刊的目录,然后根据馆藏报刊状况,对照有关核心报刊表,对馆藏报刊进行评价。评价的内容,可以包括有关学科或专业的报刊比例,每种核心报刊的完整程度,复本率,满足率和利用率的高低等,了解产生问题的原因,找出薄弱环节。这些,都是报刊收集的决策依据。

4)馆际协作 报刊收集工作的馆际协作,是指图书馆之间,从国家或地区的全局出发,整体规划,建立一馆和多馆的报刊收集体系,形成相互协作,相互依存,资源共享的保障体制。在现代社会里,科学技术迅速发展,报刊文献量激增,任何一个报刊工作部门都不可能也没有必要全面收集报刊文献。只有依靠整体规划,开展馆际协调,建立报刊文献资源共享系统,才能全面满足用户的需求。现在,图书情报网络化、图书馆事业的整体化和图书情报工作自动化的发展趋势,为实现报刊收集工作的馆际协作提供了可能和条件。70年代,美国图书馆和情报科学委员会建议,创建全国期刊中心,实行期刊协调计划。该计划分为三级保障体制:第一级,各单位、州和地区收订2000种左右最常用的期刊,解决80%左右的需求;第二级,新建期刊中心,收集45000种左右的期刊,在解决80%左右的需求的基础上,再满足15%的需求;第三级,由国会图书馆、医学图书馆、农业图书馆等国家图书馆满足其余5%左右的需求。目前,第二级由研究图书馆中心承担,已收集60000种以上的期刊。俄罗斯、德国等国家也采取三级保障体制,但具体做法有所区别。英国采取二级保障体制;日本实行按学科分工收集报刊资料;北欧的芬兰、瑞典、挪威、丹麦四个国家之间实行报刊收集协调。报刊收集实行馆际协调,是其发展的必然趋势。我国在报刊收集协调中也做了大量工作,主要表现在两个方面:一是部分图书馆在报刊收集方面进行了初步的协作。如华东地区的复旦大学、东南大学等国家教委直属的 12 所高等院校图书馆在订阅原版外国报刊中,多次召开协作会议,商量协作办法和途径,并进行了协作实践。二是对报刊文献收集协作问题着手研究探讨,部分学者提出了三级体制、四级体制和五级体制等多种方案。一些专家研究认为,较为理想的方案是建立三级报刊收集保障体制,即:第一级,由省(市)大型图书馆、情报中心和部分重点大学图书馆分工协作,建立地区性报刊文献收集体系,共同满足本地区 80% 以上的需要;第二级,由全国具有优势的科学图书馆、情报部门和部分重点高校图书馆,在单科和专业领域内形成国家级报刊收藏中心,面向全国,解决各地不能解决的 15% 的文献需求;第三级,由国家图书馆、综合性科学图书馆等,集中收集价格昂贵的、没有被一、二级报刊收藏中心收藏的报刊,建立综合性国家报刊收藏中心,满足其余的 5% 的报刊文献需求。这是一个既吸收国外报刊文献资源建设的经验,又结合我国实际情况的大胆设想,但要真正实施,还要克服许多困难。

　　5)加强计划性　报刊收集的计划性,就是根据所承担的任务、现有的报刊馆藏基础、用户的需求状况和报刊经费情况等,为完成任务所采取的措施和达到的目标,给报刊收集工作所设计的一个给定式样。它既有反馈性的被动控制方式,也有预测性的主动控制方法。控制论的创始人维拉说过,"当我们希望按照一个给定的式样来运动的时候,给定式样和实际完成的运动之间的差异,被用作新输入来调节这个运动,使之更接近于给定的式样。"报刊收集工作,既要调查用户的构成,了解他们的现实需求和潜在需求,掌握报刊的出版动向,按照实际情况来制订计划,也要根据报刊的使用效果来调节和修正计划。加强计划性的目的,是为了避免盲目性。报刊收集，一定要制订并执行报刊收集计划，才能达到预期的效果。

4.1.3.2 对报刊收集工作人员的基本要求

对报刊收集人员的基本要求，一般包括以下几个方面：

（1）知识面较广，具有较扎实的某一学科或专业知识基础，全面掌握报刊收集的理论和技术；

（2）外语水准较高，特别是从事外国报刊收集的人员，最好是较熟练地掌握两门或两门以上的外语；

（3）要熟悉本单位报刊收藏状况和特色；

（4）要掌握用户需求情况，具有较高的收集和研究报刊、利用信息的能力；

（5）具有熟练地使用报刊业务参考工具书的能力；

（6）具有一定的"公关"能力，等等。

4.1.4 报刊的评价

报刊的评价，包括评估报刊的学术价值和使用价值，是认识报刊、熟悉报刊的过程，也就是衡量报刊价值高低的过程。

测定核心报刊，是对某学科或专业报刊的整体评价。它是在对具体报刊评价的基础上，通过一类报刊之间相互分析比较测定出核心报刊。测定核心报刊，注重整体性、实用性，属于一种宏观评价。而具体报刊评价，注重其个性，则是一种微观评价，它是测定核心报刊的基础。这两种评价报刊的方法，既有联系，又有区别。测定核心报刊的问题，在第三章中已经进行了较详细的介绍，这里主要介绍具体报刊的评价。

国外评价报刊的品质标准一般有四条：

（1）稿源是否丰富，编辑部的稿件是否充分，水准高低；

（2）对本学科中重大事件、重要理论和重要发明创造的报道率高低；

（3）被其它报刊转载和有关情报报刊的报道率高低；

（4）被其他文献的引用率高低。

在这些标准中，第一条是创办一种高品质报刊的重要条件，其中有些因素，如稿源是否丰富等，报刊收集工作者可以根据民族文化水准和科学发展状况，进行科学的分析研究、预测，并给予恰当的评价。另外一些因素，报刊收集工作者就很难掌握。因此。运用这一条标准评价报刊，特别是评价新创刊的报刊，其评价带有很大程度的主观性和预测性。其它三条标准，都是在报刊发行以后的表现和收到的社会效益，用以评价已经发行一段时间的报刊较为适宜。国外报刊发行有一种试订或试读的方式。我国在1949年以前也有这种情况。这样做对评价和认识报刊留有一定的余地，有利于报刊的收集。目前，我国新报新刊只能从征订目录、广告、启事中了解和认识，给报刊评价和收集工作带来较大的困难。在报刊宣传和评价方面也比较薄弱。最近，国内有人提出以"拥载量"作为评估学术报刊的标准。所谓"拥载量"，是指学术报刊载文的篇目和内容质量。应该说，这也是评价学术报刊的重要标准，不过用这一标准评价新创办的报刊存在困难。"拥载量"是评价已出版一定时间报刊的重要标准，但不是唯一标准。根据我国情况，评价报刊有以下几种途径：

1）了解编辑出版单位　这不仅是评价一般报刊质量的主要途径之一，也是评价新创刊报刊的重要方法。报刊的编辑出版单位的性质、构成和背景等，是办好报刊的基本条件。在一般情况下，一些主要的学术团体、专业出版社和高校等编辑出版的报刊品质较高，有些大型企业编辑出版的报刊品质也较好。因此，了解报刊编辑出版单位的性质、历史背景等，有助于评价其出版的报刊。

2）了解报刊的内容　了解报刊内容，是对报刊的本质认识。报刊内容必须通过较长时间的阅读和研究，才能较全面地认识。但工作量较大，单依靠报刊收集工作人员，是难以完成的，只能完成其中部分工作。同时,由于语言障碍和专业限制,单靠报刊收集工作人员也不可能完全了解全部报刊内容。报刊收集工作者应请一些专家学者,教学、科研和技术等专业人员,组织他们阅读和利用有关报刊,征求他们的意见,收集用户的反馈信息,积累报刊评价资料,作为评价报刊的依据。

3)了解报刊的利用率　报刊利用率,能够直接反映报刊文献信息经过传递、利用以后所产生的社会效益和经济效益,是报刊评价的主要途径。报刊利用率指标包括流通率、阅读率、引文率等等,这些指标,在第10章中将作详细介绍。

4)了解报刊被有关情报报刊报道情况　报刊文献被有关情报报刊报道情况,反映了有关报刊被情报工作者的评价结果。这一评价结果,经过适当的统计分析,可以直接作为评价报刊的依据。报刊文献被情报报刊报道情况指标,前面有关章节中已讲过的有文摘率、索引率等。

5)综合评价报刊　综合评价报刊,就是通过两个或两个以上的途径来分析评估报刊。运用综合评价报刊的方法,可以相互弥补其不足,提高评价报刊的准确度,提高报刊收集工作的水准。

4.2　报刊收集的途径与方法

4.2.1　报刊选择决策模式的建立

报刊收集包括报刊的选择和采集。报刊选择决策,决定报刊收集的方针、原则、范围、品种和数量等,是影响报刊收集水准的关键环节。报刊选择决策模式一般有以下三种:

1)建立专门的报刊选择组织　不少图书馆和情报单位,比较重视报刊选择工作。为了保证报刊收集的水准,不仅配备具有较高学术水准和丰富经验的报刊收集工作人员,还建立选择报刊的专门组织,作为报刊选择工作的决策机构,如"报刊选订工作委员会"、"报刊选订工作小组"等。参加报刊选择工作的人员,有热心报刊工作的各门学科或专业的学者、专家、教授,也有图书馆和情报部门的领导、报刊业务部门的有关人员等。另外,还必须制定报刊选择的办法、规章细则等。报刊的选择程度:首先是由报刊收集工作人员搜集有关的较完整系统的报刊目录;其次是根据分工将报刊目录分发给报刊选择组织的有关成员,由他们提出报刊选择的初步意见;三是由报刊收集工作人员汇总各成员的意见,进行初步分析研究,提出问题,再征求有关成员的意见;四是将以上三个步骤反复二三次,由报刊收集人员提出报刊订购初审目录,报图书馆或情报单位主管人员审批;五是由图书馆和情报单位主管人员审核批准,当批准后即可订购。这种模式,使用户直接参与报刊收集,可以运用集体智慧选择报刊,保证报刊收集具有针对性和实用性,质量较高,避免了片面性和盲目性,但比较费时费事,增加了报刊收集的工作量和难度,缺乏灵活性。这种报刊选择方式,一般是在报刊集中订阅时采用,零星订阅时由报刊收集人员决定或直接由有关主管人员审定就可以了。

2)报刊业务部门负责制　这种模式是由报刊收集人员征求本部门有关业务岗位上业务水准较高、经验较丰富的人员的意见,将这些意见汇总后,经过分析研究,提出报刊订阅的初步方案,经报刊业务部门主管人员审批后即可订购。这种模式可以充分调动报刊工作人员的主观能动性,报刊收集比较主动灵活,但其主观因素和客观因素往往得不到统一,有一定的片面性和盲目性。

3)报刊收集工作人员负责制　这种模式对报刊收集工作人员要求比较高,通常都是由经验丰富的高级馆员承担。一般的工作程序,是由报刊收集工作人员较广泛地搜集和积累用户、专家学者的意见,深入研究报刊利用信息和出版信息,由其个人进行报刊选择决策,或将其个人决策经主管人员审批后即可订购。这种模式可以最大限度地调动报刊收集工作人员的积极性,主动灵活,决策迅速,保证及时订阅。但其主观性、片面性和盲目性较大,报刊收集的品质受主观因素影响也较大,往往因人而异、因时而异。

报刊选择决策是决定报刊收集品质的关键环节。各个报刊部门要根据自身的性质、任务、规模以及报刊收集工作人员的素质等实际情况,建立最佳的报刊选择模式,才能保证报刊收集工作的品质。一般来说,大型图书馆综合性报刊工作部门,采用上述的第一种模式较为适宜;专业性较强的报刊工作部门,学科或专业比较单一,本身专业人才又较多,可以采用第二、三种模式;小型报刊部门,如果报刊收集工作人员素质较高,订购报刊品种不太多,可以采用第三种模式。建立报刊选择决策模式的目的是提高报刊收集的品质,只要能达到这个目标,不管采用何种模式都可以。

4.2.2 报刊采集的途径和流程

报刊经过选择以后,就可按照既定的计划进行采集。报刊采集的途径分为订购、交换、呈缴、赠送、复制等。

1)订购 是指用货币向报刊发行销售系统预订或购买报刊。这是报刊收集的主要途径。

2)交换 是指两个以上的图书馆、情报单位等之间,直接进行互相交换报刊,或通过协调机构进行间接交换报刊。这种交换,通常是以本单位、本部门编辑出版的报刊,或购买本国本地区出版的报刊进行交换,可以互通有无,调剂余缺,丰富报刊馆藏。这是收集内部报刊和缺藏报刊的主要途径。

3)呈缴 是指根据出版物法定缴送制度,规定报刊编辑出版单位向国家或地区政府指定的图书馆(或情报单位)缴送一定的样本报刊。1952 年 8 月 16 日,中央政务院公布了《管理书刊出版业、印刷业、发行业暂行条例》,指定北京图书馆、中国科学院图书馆等享有接收呈缴本的权利。1979 年 4 月 18 日,国家出版局第 193 号文件《关于修订征集图书、杂志、报纸样本的通知》中规定,各出版社、杂志社和报社编辑部出版的各种杂志、报纸,向国家出版局缴送"杂志一份",向版本图书馆、版本图书馆二库各缴送"杂志一份、报纸合订本一份",向北京图书馆缴送"杂志三份、报纸合订本一份"。有些省级政府也规定了缴送省内报刊的条例。各国呈缴条例规定呈缴数量不一,体系也有许多差别。报刊呈缴法有多种目的和作用,保障国家出版报刊的贮存是其中之一。

4)赠送　是指接受个人或团体馈赠的报刊。这也往往是获得稀见报刊文献的重要途径。一般有四种类型:一是社会名人,包括政治家、作家、学者、社会知名人士和收藏家等,在其晚年或逝世以后,将其编辑的报刊和珍藏的报刊,赠送给有关图书馆;二是报刊的编辑出版部门将自己出版的报刊主动地赠送给有关图书馆、情报所,扩大自己出版物的影响;三是图书馆之间将自己多余的报刊赠送或支援另一个或几个图书馆;四是国外一些友好国家政府、友好人士、社会团体等,为了进行文化交流或表示友好,将本国出版或自己珍藏的报刊,赠送给国内一些相关的图书馆。

5)复制　是指采用多种复制手段,包括抄录、静电复印、照相复印、缩微复制和录音录像复制等,以获得罕缺、昂贵报刊的复制品,代替原版报刊为用户所用。复制是采集罕缺、昂贵报刊的较好途径。

报刊采集的各种方法和各个工作环节,并不是孤立的,而是相互联系、互相补充、承上启下的关系,是一个小系统。报刊采集的流程如图 4.1 所示。

报刊收集

报刊选择

外国报刊采集 ← 报刊采集 → 中文报刊采集　台港澳报刊

影印报刊　原版报刊

订购　复制　交换　订购　　订购　交换　复制　呈缴　赠送

填订单　征求样本　联系　打印订单　　邮发　非邮发　联系　征求样本　出版动态

制订阅清单　联系　填订单

编制预订目录

交当地收订书店付款　抄写复印缩微照相录音像　建卡　审批　订单批准书送中公图司　订阅付款　汇款　建卡　抄写复印缩微照相录音像付款　催缴

停订退单　同意订阅付款　目录组织

验收

分发报刊

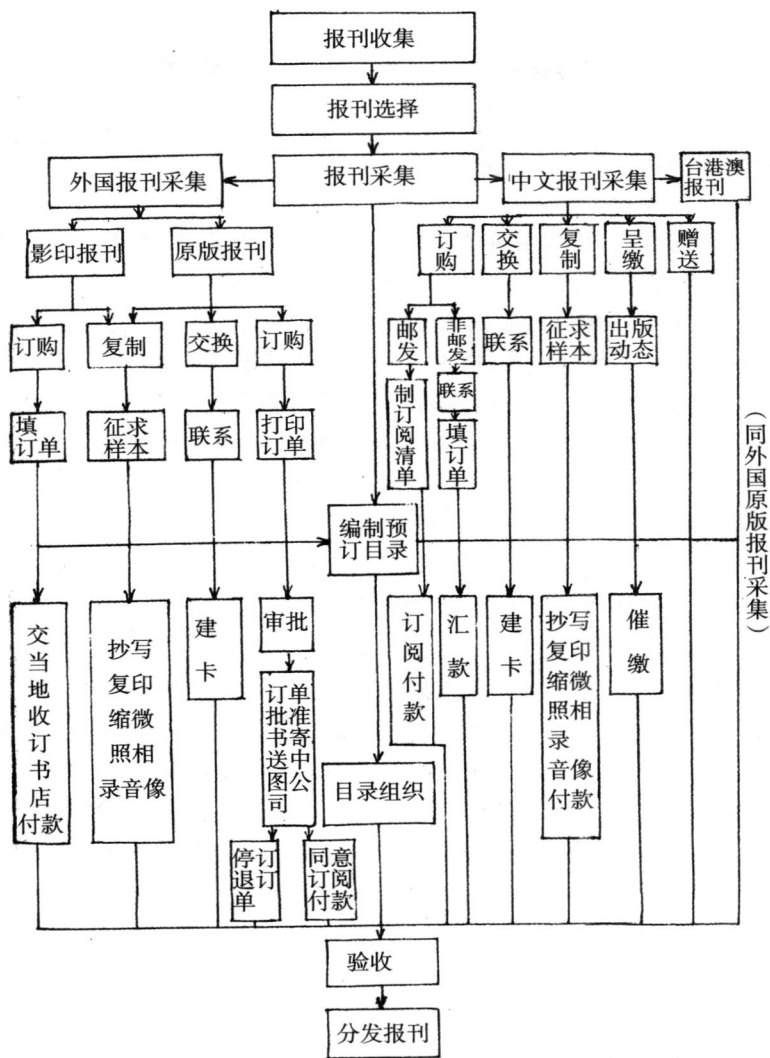

图 4.1　报刊采集流程

（同外国原版报刊采集）

4.2.3 报刊采集的方式方法

现代报刊数量庞大,学科齐全,内容广泛,出版发行分散多头。报刊采集也采用多种途径、多种方法。归纳起来报刊采集主要可以分为两种方式、8 种方法。

4.2.3.1 购入方式

购入方式,是指用货币向报刊销售系统购买报刊的方式。它包括预订、直接选购、委托代购、邮购、部分复制方法。

1)预订 预订报刊,是指报刊收集工作人员预先收集、选择报刊出版单位的征订目录,根据报刊选择的结果,填写订单或直接办理预订手续,按预订计划订购报刊。预订报刊是报刊部门有计划地收集报刊的常用的、也是较为可靠的方法。报刊出版单位、书店、邮局、图书进口公司等,凡是计划发行的报刊,一般有预先编印的征订目录或征订单、征订启事,用以征求单位和个人订购,以便做到计划印刷,计划供应,亦辅之以市场销售。报刊部门是报刊发行业的最主要订户之一。通过预订报刊,可以保证有目的、有计划、系统地收藏报刊。

搞好报刊预订工作,先要熟悉报刊发行渠道,掌握报刊出版的信息,广泛地收集报刊征订目录;其次是合理地分配经费,科学地选择报刊品种,确定恰当的复本,及时准确地填报订单。填写订单要认真仔细,避免错订、漏订、重订。要做好预订前的经费核算、品种与复本的查核等准备工作,做好预订后的验收和登记工作。

中文报刊的预订,包括向邮局、图书进口公司、书店和报刊编印单位等订购。

(1)邮局预订报刊有三个特点,一是限时,在限定的时间内办理报刊预订手续;二是量大,主要指年中预订当年下半年报刊和年末预订第二年报刊数量大;三是品种多,国内公开发行的报刊,绝大部分由邮局发行,包括国内版外文报刊和少部分国外原版报刊,都实行统一征订。

邮发报刊的预订,分为集中预订和零星预订两种。集中预订报刊,品种多,数量大。零星预订报刊,品种和数量较少,多是补订和预订新发行的报刊。集中预订时间分为两次,4月下旬到5月上旬收订当年7—12月期刊,10月中下旬到11月上旬,收订第二年的期刊;5月中下旬到6月上旬,收订当年7—12月报纸,11月下旬到12月上旬,收订第二年的报纸。零星预订,随时都可以到邮局预订按邮局具体发行规定能够预订到的报刊。零星预订中,有一种叫"破订",它可以分为破月和破季预订两种。破月预订,主是指报纸预订,订户因故未能按规定时间预订而脱订,又要求及时看到报纸,但又不能订到最近期的整月报纸,邮局根据可以破订的报纸品种的规定,按上报预订数目的所需时间计算,当月或下月某日开始预订便可以让订户收到报纸。这样没有以整月预订报纸,称为破月预订。破季预订,是指一般按季收订的报刊,订户因故未能按规定时间预订,只能预订一个季度中的一个月或两个月的报刊,称为破季预订。预订报刊的时限,各地邮电管理局报刊发行的规定有所不同。江苏省邮电管理局规定:"日报和周六报可以按月预订,周报和杂志可以按季预订,根据读者自愿也可以一次预订半年或全年。但双月刊、季刊必须按季预订。破订报刊,除新迁、新建单位和老订户脱订等情况外,一般均不办理。"因此,报刊采集人员应掌握邮局收订报刊规律,及时到邮局预订报刊,避免造成报刊采集的缺、漏现象和补缺的麻烦。

根据当地邮局印的《×××年报刊简明目录》,经过报刊选择以后,报刊采集人员就可以到邮局办理报刊预订手续。办理报刊预订手续可分为四步:第一步,编制报刊预订清单。报刊预订清单,有的邮局备有预先编印好的,可到当地邮局索取或购买,也可自己编印。其主要内容包括:邮发代号、刊名、订阅份数、起止订期、每份单价、合计款额等,其格式如表4.1所示。

表4.1　报刊预订清单

户名					（自费/公费订阅）	
地址				段别		
代号	报刊名称	起止订期	订阅份数	每份单价	共计款额	
	本页合计金额	（大写）			（小写）¥	

订阅人　　　　　　　　　　　　收订人

120

报刊预订清单,有的邮局就把它附在收据后,作为要数和分发报刊的依据。为了节省时间,也可以将订数、起止时间、计价等直接标在《报刊简明目录》的空白处。报刊预订计价自己要预先计算准确,避免大量预订报刊时出现差错。第二步到邮局预订、付款。第三步,将报刊预订清单与收据进行核对,编制预订目录,并作有关预订项目标记。第四步,记账、结账。

(2)新华书店发行的期刊的预订

国内有一部分期刊,特别是由一部分出版社编辑出版的期刊,初始阶段或长期由新华书店发行。这部分期刊既有统一书号,又是分期出版,常是分期征订,也有按年分期一次征订。其征订目录与图书征订目录混在一起,预订方法与图书预订方法相同。这部分期刊容易漏订,要及时掌握出版动态,注意与图书收集人员加强联系合作。

(3)自办发行报刊的预订

自办发行的报刊包括公开发行和内部发行两种。内部发行的绝大部分报刊是自办发行。报刊收集工作人员要及掌握报刊的出版动态,全面收集有关出版信息,各征订广告、启事和订单,熟悉各种自办发行报刊的发行渠道,沟通与出版单位和发行站、组的联系,做好自办发行报刊的收集工作。

自办发行报刊的预订,一般是分别零星办理订阅手续,包括填写预订单、汇款、结账等。填写订单有两种情况,一是订单包括收据、发刊凭证结账;二是先填写预订单、汇款,待编辑发行单位寄回收据即可结账。汇款方式也分为两种,即信汇、邮汇。信汇是由财务部门通过银行汇款。由发行站、组发行的报刊,可直接到附近有关发行站、组订阅。这类报刊的预订,容易产生差错,要做好验收和查询工作。

(4)港澳台报刊预订

香港、澳门、台湾地区的报刊预订办法,目前与办理原版国外报刊预订手续大致相同。

外国报刊预订,这里主要谈谈原版外国报刊的预订。原版外国报刊预订,包括通过中国图书进出口公司预订、直接向外国出版商预订、委托外国有关团体和个人代为预订等。后两种情况目前在我国尚不普遍,这里就不涉及了。

原版外国报刊预订,一般是根据中国图书进出口公司(以下简称"中图公司")编印的《外国报刊目录》、中国教育图书进出口公司(以下简称"教图公司")编印的《高等学校×××年进口报刊征订目录》和从其它渠道获得的外国报刊出版信息,通过这两家图书进口公司预订。尽管收订原版外国报刊的图书进口公司有几家,但预订方法基本相同。这里以中图公司预订原版外国报刊的方法为例加以说明。

中图公司每年5月开始征订下一年度的原版外国报刊,一般到7月中旬为止,按年预订。该公司在广州设有分公司,还委托各省、市、自治区的有关单位协助进行原版报刊的预订工作。收订范围是邮局不收订的和国内无复制的原版外国报刊;如有特殊需要,即使国内有复印本,也可预订。凡是老订户,中图公司直接寄给上一年度已订购报刊的续订单,作为续订凭证。续订单上标有刊号、定价,没有刊名。刊号按中图公司的四个业务部门——美洲和大洋洲、亚洲和非洲、俄罗斯和东欧、西欧四个地区开列。订户收到续订单以后,必须进行核对,如有出入,要进行查询;停订的可以划去停订刊号,续订和新订外国原版报刊,都需要填写报刊订购单(一式三份)和批准书的有关事项,办理审批手续。

表 4.2   中国图书进出口总公司报刊订购单 注:请一式填写三份,
盖章后交回二份。

China National Publications Import & Export Corporation

Subscription Order For Newspaers & Magazincs   填单日期 Date:

份数 Quantity	原文刊名和文别 Title and Language		
出版国家 Country			
	发票号 Invoice No.		订费 Price:
刊号 catalog No.	户号 Sub. No.	订阅年月 Subscription Period	
订户名称和地址 Name & Address of subscriber 订户电话 Telephone			订户盖章 Signature

表 4.3   中国教育图书进出口公司
新刊征订单   户号_____

订户(盖公章)

ISSN _____预付款发票号_____

原文刊名及文别:

出版国家及出版社地址:

用途:□教育、□科研、□其它_____

填单日期_____订阅年月_____份数_____

订户名称、地址及电话

填写上面两种订购单应注意两点：一是刊名要完整准确。有的刊名上另有较小字体注解，应看作是刊名组成部分，一并填写上，如《IEEE Transactions on Consumer Electronics》与 CES 公司出版的《Consumer Electronics》容易混淆，要填写完整。有的刊名前冠上出版机关名称的缩写，才是完整刊名，如《ASA Footnotes》。如不写上"ASA"（American Sociological Association），在有些工具书上找不到。二是刊号要填写准确。只要刊号准确，即使订户将刊名填写错了，进口公司也能正确无误地知道订阅刊物的名称，不至于订错。

　　预订原版外国报刊要经过专职部门审查。批准以后，订户可将批准书（见表4.4）、订单寄送中图公司。中图公司收到订单以后，经协调核实，凡由于各种原因（如停刊、休刊、改名、合并、订重、或刊名和出版单位地址无法查明等）无法订到的报刊，均及时通知订户，订户可根据情况，提出资料来源，进一步查明原因，或要求改订。

　　预订原版外国报刊的付款分为两种：一是要付预订款。凡是在中图公司预订的原版外国报刊（包括港、台、澳报刊），该公司要求必须每种每份预付 100 元预订金；预订金逐年存用，长期挂存，不能报销结账，直到订户停止订阅时方予以退回。二是付订费。付订费的办法分两种，一种是与中图公司签订托收合同，直接从银行托收；一种是没有与其签订托收合同或在北京的单位可以直接付款或汇款。收款时间一般都在第二年的 4 月份开始，付款金额以中图公司的收据为准，预订定价是一个参考价格，实际收费还要随所订报刊的价格变化进行调整。中图公司收过订费以后，遇有停刊或严重缺期等情况，由该公司在第二年负责清理退款。预订工作结束后，便可以直接与中图公司联系，办理付款、发货、查询等事宜。

表 4.4 批准书

订阅 19　　年度外国和港、台、澳报刊
批准书

中国图书进出口总公司：

下列单位订阅 19　　年度外国和港、台、澳报刊，续订　　份，
新订　　份，业经审核同意，请予收订。

批准单位(盖章)
19　　年　月　日

备注：

订户名称_____

订户名称

汉语拼音_____

订户对外国

使用英语名称_____

收件地址_____

订户接收外国

邮件的英语地址_____

联系人_____电话_____电报_____

订阅外国和港、台、澳原版报刊的户号_____

订户单位(盖章)
19　　年　月　日

2)直接选购　直接选购报刊，就是报刊采集人员根据选购计划直接到报刊销售现场选购报刊。这种方法可以采集一些预订不到的报刊。直接选购报刊的途径，可以到报刊门市部、邮局报刊零售部、新华书店、古旧书店、报刊零售摊点、报刊编辑发行部门或代售部门等。直接选购报刊毕竟是少数，是报刊采集的一种辅助方

法。

3）委托代购　是指委托他人或单位在外地选购报刊。委托代购报刊的范围主要有两种，一是有些报刊限在某些地区发行，在当地无法购到这些报刊；二是有缺漏报刊，在当地已经脱销，难以补到。其形式也有两种，其一是临时性代购，即委托其他人员利用出差、出国之便，或报刊出版地的有关单位和个人，临时代购部分缺漏报刊；其二是长期性委托代购报刊，即是根据需要，委托外地、国外有关单位和个人，代购其当地或所在国能够买到的报刊。长期委托代购报刊，往往是互利互惠，互为代购予以补偿。委托代购，必须要求明确，开列清单，避免错购和重购。

4）邮购报刊　又称函购报刊，就是直接与外地有关报刊销售系统中的某些单位挂钩，按照开列的报刊目录，采用邮寄的方法采集报刊。这也是报刊采集的辅助性方法。

5）复制报刊　就是采用多种复制方法，采集部分罕缺、昂贵的报刊复制品，代替原版报刊为用户使用。复制报刊，具有购买方式和非购买方式两者兼备的采集报刊的方法。凡是本身缺漏，又是非常需要的罕缺报刊、缺损报刊、珍贵报刊等，都可以委托有条件的单位代为复制，或购买其复制品，或通过馆际互借和利用私人关系借回本单位自行复制。也有的是本单位藏有某些报刊，因其是孤本、稀有本或珍贵本等，收藏时间较久，为了有利于原版报刊收藏，不宜将原版报刊提供用户使用，而采用复制方式，将报刊复制品提供给用户使用。复制是补缺和采集珍贵罕缺报刊的一种较好方法。

4.2.3.2　非购入方式

非购入方式，是指采用立法的形式，或采用其它多种方法，免费或用少量经费获得报刊，特别是非销售性的报刊。国家或地方政府采用立法的办法，使指定的图书馆获得报刊，目前主要是呈缴制度。呈缴报刊，上文已说得比较清楚，这里就不再涉及了。还有许多报刊,如部分珍贵的过期报刊、内部报刊等,无法从销售系统采集,只能通过交换、赠送、复制等方法获得。非购入方式,是馆藏报刊的收集渠道之一,应给予足够的重视。

1)交换　交换是获得非卖品或无法购买的报刊的重要渠道,也是科学文化交流、情报交流的重要手段。报刊交换分为国际交换和国内交换两种。

(1)国际交换

国际交换报刊,是指两个或两个以上国家或地区之间的两个以上图书馆或情报单位之间,直接或通过国际组织间接地交换报刊。国际交换报刊,是在平等互利的基础上,增进了解,加强文化和情报交流,扩大合作,节省外汇,获取外国报刊的好方法。

早在十七、八世纪,欧洲就已出现出版物交换。随着科学技术的发展,科技报刊迅速增长,报刊交换得到较快发展。第二次世界大战以后,报刊交换,特别是国际交换明显增加,而且发展快,越来越受到人们的重视。目前,各国许多较大规模的图书馆入藏的近一万种国外报刊,约有19%的品种是由交换获得的。原苏联与美国报刊交换始于1921年。据有关统计,国立列宁图书馆与美国435个图书馆、出版社、研究所、大学和书商等有交换往来,平均每年寄往美国的期刊24000—25000份,收到美国的交换期刊21000—22000份。波兰科学图书馆与世界108个国家的2300个图书馆、研究所和学术机构保持交换关系,每年可以收到国外3000份期刊。波兰科学院水生物实验室图书馆自己仅购49种外国报刊,通过交换获得外国科学期刊194份,该所科研人员的需求有五分之四是通过交换期刊而得到满足的。1966年以前,我国北京图书馆每年通过交换获得外国期刊三四千份;1998年,该馆与世界上120个国家和地区近2000个单位建立了书刊交换关系。南京古生物研究所与70多个国家300多个单位建立了书刊交换关系。

国际交换报刊,分为官方交换和非官方交换两种类型。官方交换是由各国政府通过外交途径签订协议,委托专门图书馆或单位承担具体工作。非官方交换,是各国学术团体、研究机构、大学等图书馆或情报单位之间进行交换。国际交换报刊,有的是由一个中心单位起桥梁作用,将交换报刊目录提供给有关单位参考,作为报刊交换的媒介。联合国教科文组织成立的出版物交换所,美国的书刊交换中心等,就是属于这种形式。各学术团体、研究机构、大学图书馆或情报部门之间的交换,一般先通过信函联系,提供有关报刊目录,供双方选择,确定交换品种,取得双方同意以后,建立报刊交换关系。国际报刊交换,十分强调对等交换的原则,即使不对等,也要看两国之间、两个机构之间的相互关系和各自需要的情况而定。

建立国际报刊交换关系,必须了解对方的报刊出版情况,选择恰当的交换对象。了解国外有关报刊出版情况,可以查阅相关工具书刊。如《Europa》(欧罗巴)、《The world of Learning》(世界学术机构)、《Directory of University Research Bureau & Institute》(美国大学研究局和研究所指南)、《Encyclopedia of Associations》(美国协会名录)、《American University &Colleges》(美国大学和学院)、《Handbuch der Deatschen Wissenschaftischen Gesellschaften》(德国科学学会手册)、《Scientific Learned Societies in Great Britian》(英国学术机构)、《Repertoire des Bibliotiegues et Organismes de Documentation》(法国图书馆与文献组织名录)、《日本团体名鉴》、《专业情报机关总览(和文编)》等。另外,联合国教科文组织出版的《Bulletin for Libraries》(图书馆通讯)中,提供了世界上40多个国家和地区的国际交换中心图书馆的地址,还辟有交换专栏,报道各国各类图书馆交换书刊的情况。通过这类工具书刊,可以了解所寻求报刊交换的对方的性质和出版物,便于确定恰当的交换对象。

(2)国内交换

128

国内交换,是指国内两个图书馆或情报单位之间直接交换报刊。它们各自选择专业性质相同或相近的单位,采用有来有往、互通有无的交换报刊方式。国内交换报刊,大致可以分为长期固定交换关系和短期临时性交换关系两类。建立临时性交换关系的双方,将各自余缺报刊编成目录,通过协商进行交换。长期交换报刊,必须建立比较固定的交换关系,以利报刊收集的连续性、系统性。交换双方根据口头或书面协议,各自将本单位编印的报刊资料,按协议规定的品种、数量寄送给对方。口头协议,一般是同一个地区或交往关系较密切的两个单位之间,通过口头协商而达成的协议。书面协议,可以分为书信协议、签订协议书、报刊交换协议卡(又称报刊交换联系卡)等方式。协议卡的内容和格式如表4.5所示。

表4.5 报刊交换联系卡

甲联

单位名称		执行部门	
详细地址		有效期	
开户银行		账号	
交换范围			(盖章)
出版刊物		签约日期	年 月 日

(此联由甲方填写,由乙方保存)

乙联

单位名称		执行部门	
详细地址		有效期	
开户银行		账号	
交换范围		（盖章）	
出版刊物	签约日期	年 月 日	

（此联由乙方填写，由甲方保存）

开展国内报刊交换业务，要了解有关单位的情况，确定交换对象，可以通过一些工具书刊进行，如《全国公共图书馆简介》、《中国高等学校简介》、《全国学术机构名录》、《中国出版年鉴》、《中国企业名录》等。

搞好报刊交换须要解决好两个问题：一是要确定好交换对象，开展报刊交换的单位一般有四种，第一是全国性组织；第二是各国政府部门；第三是科研机构、学术团体和大型厂矿企业；第四是图书馆、情报机构。要选择性质相同或相近的单位，进行学科或专业对口交换，提高交换报刊的质量。二是确定交换报刊品种。业务人员应先考虑到本单位有什么报刊可以用于交换，一般以本单位编辑出版的报刊为最好，本国（用于国际交换）或本地区出版的报刊也可以。用于交换的报刊质量要高，所用文字比较适合对方。其次是交换什么？一般要求对方提供用于交换的报刊目录，选择与本单位专业、学科对口或靠近的报刊进行交换。第三是交换来报刊虽然对口，其使用率、满足率如何？使用率高的报刊，可以通过协商提高交换复本或采集部分复本加以补充。

交换报刊要认真验收登记，及时投入使用。每年对交换报刊进行审查、挑选,相隔一定时间要调整交换对象,保证交换报刊的质量。目前,交换报刊存在的主要问题是不管需要不需要,随意印发和寄赠,随意停止交换,造成报刊缺漏、重复,影响报刊收藏和使用。

2)赠送　赠送报刊,是指接受个人或团体(单位)馈赠的报刊,也是获得珍贵报刊资料的重要来源之一。赠送一般可以分为三种情况:一是私人赠送;二是团体、机关单位赠送;三是国外的政府、社会团体和私人赠送。接收赠送报刊,要签收赠送报刊清单,有的赠者还要题词或加盖赠送章,要给赠者发感谢信函或回赠一些纪念品。大量赠送报刊者还要给某种荣誉,予以鼓励或奖励。

4.2.4　报刊预订目录的编制

报刊预订以后,要及时编制预订目录。其作用主要有四个:一是反映报刊预订情况;二是便于查看;三是可以提供报刊验收登记的依据;四是通报给用户,方便其查找和使用报刊。每种报刊只要继续订阅,预订目录加上预订注记,可以长期保存。

我国的报刊预订目录,目前仍是以手工编制为主,通常有卡片式、书本式两种;少数有条件的单位也有编制成机读目录。报刊预订目录的著录内容,主要包括刊号、刊名、编辑出版单位、刊期、定价、订数、订期和刊名、刊期、定价的变化情况等,并要根据其变化情况,随时进行修改与补充。报刊预订目录著录格式分别介绍如下:

4.2.4.1　外国报刊预订目录格式

1)卡片式外国报刊预订目录

卡片式外国报刊目录的著录格式,并无统一规定和要求,各馆可根据实际需求,自行设计。一般著录格式,可参见表4.6。

表 4.6　外国报刊预订目录卡

刊号			
	中文译名		
		正刊名＝并列刊名/编辑单位	
		出版地:出版者,创刊年	

刊名变化			

建议单位		备注	
订购处			
刊期			

（正面）

年份	版别	订份	实价	到刊情况	出借人次	备注

（背面）

2）书本式外国报刊预订目录

　　刊　号　正刊名＝并列刊名:副题名/第一责任者;其他责任者 . —版本/与本版有关责任者 . —刊期 . —出版地:出版者,出版年

　　中译刊名

132

4.2.4.2 中文报刊预订目录

1)卡片式中文报刊预订

中文报刊预订目录著录格式,参见表4.7。

表4.7 中文报刊预订卡

索刊号 或 刊号	正刊名＝并列刊名:副刊名/第一责任者.—创刊时间, 刊期.—出版地:出版者 提要:刊名、刊期、定价等变化情况。

（正面）

年份	定价	订数	订阅部门	到刊情况	备注

（背面）

2)书本式中文报刊预订目录

　刊　　号　　正刊＝并列刊名:副刊名/第一责任者.—创刊时间,刊期.—出版地:出版者

　　　　　　　订数:　　　　　订阅部门:

图书馆界目前的报刊预订目录的编制方法和著录格式多种多

133

样,有的直接使用验收登记卡作预订目录,有的剪贴外国报刊订购单作为预订目录等。著录内容也比较简单,多数只著录刊号、刊名、编辑者、刊期和订数。我们认为,可以根据本单位的实际情况,在考虑到使其能够起到预订报刊的作用的前提下,编制方法和著录内容可以灵活一些。这样,可以既履行预订目录的职能,又可以节省人力。

4.3 报刊的补缺工作

4.3.1 报刊补缺的意义

收集本单位因故缺藏的报刊,称为报刊补缺。报刊补缺,包括补缺全套、全年或几年、全年缺少数期、某一期或某些期缺页污损的报刊,还包括缺少的复份报刊等,均属报刊补缺。报刊是连续出版物,具有连续性和系统性。报刊文献的缺漏,往往降低报刊的收藏价值和使用价值,不能发挥其应有的作用。报刊补缺就是为了保证报刊在有效使用期内的系统性、完整性,更好地利用报刊为科研和生产服务,提高报刊的利用效益。

报刊补缺必须考虑报刊的有效使用期,即报刊的使用时效。报刊的使用时效,又称为“寿命”。报刊补缺,要注意重点补充在有效期内的报刊或时效较长的核心报刊,切不要补充那些已经过时失效的报刊,造成人力、财力和物力的浪费,影响报刊的使用效益。

4.3.2 现期报刊补缺的途径和方法

造成现期报刊缺藏的原因很多,如漏订,发行系统少发、错发,寄送过程中丢失,使用过程中损耗,管理不善而造成的损失,自然灾害造成的损失等。发现现期报刊缺藏,应及时补缺。现期报刊补缺的途径有在本单位行政部门或无收藏任务的部门订阅的报刊中选配,向私人索取,到报刊销售系统选购,直接向编辑单位补购等。

4.3.3 过期报刊补缺的途径和方法

过期报刊补缺的主要途径是向古旧书店配购。古旧书店收购进来的过期报刊,经过整理,配套,编印过期报刊目录,不定期地提供给有关报刊部门选购。我国的这类业务经理店铺,以北京的中国书店和上海的上海书店为最好。他们收集的过期报刊品种多,配套齐全,征订目录完善,服务较好。其它一些城市中大都也有这类古旧书刊经营业务,如南京、重庆、成都、广州、扬州、苏州等市。国外也有经营过期报刊的书店,需要进行外国报刊补购,可与中图公司、教图公司等联系补购。成套的过期报刊价格,一般都高于原价。如果是核心报刊,缺藏较多,最好是全套补购,否则难以配套。有些报刊出版年代久远,可以分阶段或选择最近一段时间购买。早年出版的报刊,有些具有重要研究价值、保存价值和使用价值的社会科学、综合性报刊,有关出版部门先后曾出版影印本,应注意了解出版行情并及时选购。有些报刊差缺不多,一时难以补齐,可开列缺刊清单,委托有关古旧书店代为收集,逐步补齐。一些成套报刊,价格昂贵,补缺要慎重,应首先考虑馆际协作、资源共享的因素,其次是根据需要情况和经费条件,决定其是否需要补缺。

报刊补缺,不管是现刊补缺,还是过刊补缺,都可以通过馆际协调进行。一个图书馆或情报单位,因订购、使用、投递、管理等多种因素的影响,报刊总有些余缺。各图书馆可以编印报刊余缺目录,互相交流,彼此调剂,互补不足。

主要参考文献

1　李波,田宏.报刊管理基础知识:第三章　报刊的收集.图书馆工作与研究,1986(2)

2　吴龙涛,叶奋生.外文期刊工作:第二章　采购.上海:上海科技文献出版社,1983

3　于鸣镝,朱育培.期刊管理:第二章　期刊的收集.沈阳:辽宁人民出版社,1986

4　小玉.台湾报业.共鸣,1988(32)

5　台湾期刊业概况.书刊报导,1988.9.29③

6　顾敏.图书馆采访学.台北:台湾学生书局,1983

7　拥载量,衡量学报水平的标准.书刊导报,1988.9.22③

8　何波.科研所图书馆向课题组集资订刊的原则和方法.图书情报工作,1992(3)

9　王梅玲.期刊选购与删除决策模式的建立与应用.(台湾)教育资料与图书馆学,1986,23(3)

10　王津生.国外期刊工作点滴——WCSS选刊方法浅述.图书馆工作,1979(4)

11　林平忠等.论图书馆期刊情报的深层开发.中国图书馆学报,1991(4)

12　张玉华.我国科技论文的基本状况.中国图书馆学报,1992(3)

13　李放.1988—1990年期刊价格一瞥.世界图书,1992(6)

14　张琪玉.情报检索语言.武昌:武汉大学出版社,1983

15　李庶荣.情报检索实例集.南京:东南大学出版社,1992

5 报刊的验收与登记

5.1 现期报刊的验收登记

5.1.1 现期报刊验收登记卡的编制与组织

现期报刊的验收登记,是反映现期报刊到馆情况的作业过程,为检验现期报刊的收藏状况提供了依据。当现期报刊到馆以后,首先要对其进行验收、登记。编制与组织验收登记卡,是进行现期报刊验收、登记不可缺少的前期工作。

报刊登记的方式,通常有书本式和卡片式两种。现期报刊一般采用卡片式登记。

5.1.1.1 现期报纸验收登记卡的编制与组织

报纸验收登记卡(见表5.1),可以登记一年以内的某一种报纸。报纸预订以后,就要为每一种报纸填写一张验收登记卡片,然后将其按照一定的顺序排列,如按报纸的邮发代号排列等。验收登记卡按报纸邮发代号排列,要先按出版地代号"1,3,5……"顺序排列,同一出版地报纸再按种次号的顺序排列,见图5.1。

非邮发报纸无邮发代号。因此,报纸验收登记卡还可以按CN、报名字顺、地区和自配号排列,以弥补邮发代号不全的缺陷。具体方法可参考下面期刊验收登记卡的组织方法。

表 5.1　报纸验收登记卡

代号																															
刊期				报　纸　名　称																											
月＼日	1	2	3	4	5	6	7	8	9	10	11	12	13	14	15	16	17	18	19	20	21	22	23	24	25	26	27	28	29	30	31	备注
	份数																															
一																																
二																																
三																																
四																																
五																																
六																																
七																																
八																																
九																																
十																																
十一																																
十二																																
编辑单位								出版地址									定价															

138

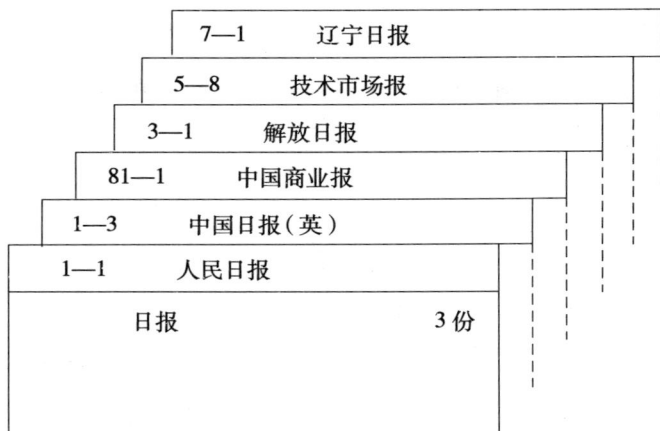

7—1	辽宁日报
5—8	技术市场报
3—1	解放日报
81—1	中国商业报
1—3	中国日报（英）
1—1	人民日报
日报	3 份

图 5.1 报纸验收登记卡邮发代号排列法

注：出版地代号"81"和出版地代号"1"都是"北京市"的地区代
号，因此，将"81"紧接在代号"1"后面排列，可以使同一地区
报纸集中在一起，便于检索利用。

5.1.1.2 现期期刊验收登记卡的编制与组织

1）现期期刊验收登记卡的编制格式

表 5.2 期刊验收登记卡

代号		刊			名										
年	刊期	份数	一	二	三	四	五	六	七	八	九	十	十一	十二	备注
期刊变化事项															

（正面）

年	刊期	份数	一	二	三	四	五	六	七	八	九	十	十一	十二	备注

编辑者　　　　　　　　　　　出版地

出版者　　　　　　　　　　　　定价

（反面）

注:(1)"代号"项,中文期刊若无邮发代号,则这一项可改为自配代号;
外文期刊可用原版刊号或复印刊号。

(2)"期刊变化事项"主要记录期刊的刊名、刊期和编辑者等的变化
情况。

这种现期期刊验收登记卡(见表5.2)能够登记数年以内的某
一种期刊。期刊预订以后,就要为每种期刊填写一张验收登记卡,
或在已有验收登记卡上作订阅记录,然后再按照一定的顺序组织
排列验收登记卡。

2)现期期刊验收登记卡的组织

(1)中文现期期刊验收登记卡常用的几种组织方法。

①邮发期刊验收登记卡按邮发代号排列,无邮发代号的按自
配代号排列。

中文期刊的邮发代号,也是由地区代号和期刊种别号组成的。
报纸的地区代号为单号,期刊地区代号为双号。因此,邮发中文期
刊验收登记卡按邮发代号排列的具体方法与报纸登记卡的组织方
法相同。

无邮发代号的中文期刊,其发行渠道一般分为自办发行、新华
书店发行、内部发行三种。其登记卡可按照自配代号的顺序排列。
自配代号编制可采取如下方法:在出版地号后加上特定的符号

（我们这里定为 A,B,C），再配以流水号（1,2,3……）。出版地号可借用邮局《报刊简明目录》中给各出版地所配的地区号。特定符号"A"代表自办发行的期刊，"B"代表由新华书店发行的期刊，"C"代表内部发行的期刊。流水号则表示本馆订阅这一出版地发行期刊的种次号。

　　例如：由编辑部自己发行的期刊，《山东师大学报》代号可为24—A1，《浙江师范大学学报》代号可为 32—A1；由新华书店发行的期刊，《青年一代》代号可为 4—B1，《世界之窗》代号可为 4—B2；内部发行的期刊，《资料月刊》代号可为 6—C1，《淮阴志林》代号可为 28—C1，等等。

　　②中文期刊验收登记卡均按汉语拼音字母排列。

　　中文期刊汉语拼音字母音序排列法，首先是将刊名各字的汉语拼音的第一个字母按次序集中在一起，形成该刊名拼音字母代号，如《东方世界》为"DFSJ"，然后再把各刊按刊名的拼音字母顺序排列起来，见图 5.2。

　　③中文期刊验收登记卡按国内统一刊号排列。

　　国内统一刊号是以中国国别代码"CN"为标识，由报刊登记号和分类号两部分组成，其结构形式为：CN 报刊登记号/分类号（报纸暂不加分类号）。现时《中国标准刊号》已经全面实施，但一部分报刊仍用国内统一刊号。该刊号使不同发行范围、不同发行渠道的报刊都具有一个长期稳定的标准编码，每一种报刊的每个版本都有一个唯一的刊号（即一个题名一个编码，改名重新给号），具有唯一性和检索性。它为报刊的收藏和利用提供方便，为图书馆报刊部门统一排架、报刊验收登到创造了条件。用国内统一刊号排列报刊验收登记卡有两种方法：一是按报刊登记号的顺序排列，即先按地区号排列，再按顺序号排列。其优点是同一地区出版的报刊可以集中在一起，便于了解一个地区报刊的出版信息。二是按分类号排列，即先按国内统一刊号中的分类号排列，再按地区

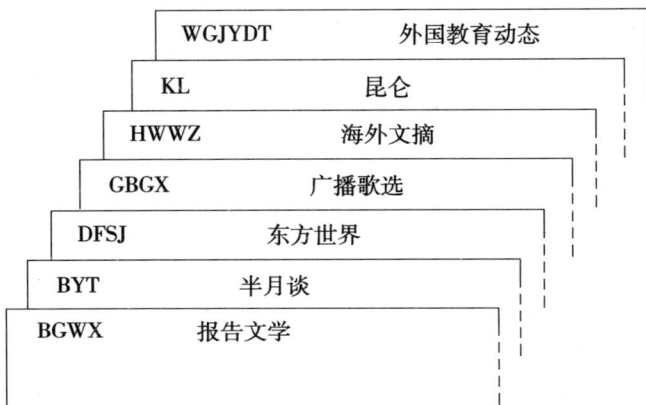

図 5.2　期刊验收登记卡汉语拼音音序排列法

号和顺序号排列。这种编排方法,可以将同学科的期刊集中到一起,同类同一地区出版的期刊也可以集中到一起。其优点是既可以了解某类期刊出版状况,也可以掌握一个地区某类期刊的出版信息。但是,目前大部分期刊采用的国内统一刊号中,大多数都没有加分类号,暂时给这种排列方法带来一定难度。

以上三种验收登记卡排列方法,可根据实际情况结合起来使用。由于无邮发代号的那部分期刊需要自配代号,登记手续稍复杂些,因此,这部分期刊的登记卡排列可采用汉语拼音字母代号法或按国内统一刊号排列,同时邮发期刊仍可按邮发代号排。这三种期刊验收登记卡的组织方法是常用的方法。除这三种常用的方法以外也可以采用其它方法,如按刊名的笔划笔顺、四角号码等方法进行排列组织。采用哪一种组织方法,并无一成不变的规定,可以因馆而异,因人而异,只要能够按照一定的顺序把期刊验收登记卡组织起来,能够提高检索速度和工作效率,符合大多数人的检索习惯,不管采用哪种组织方法都可以。

（2）原版外文现期期刊验收登记卡的组织方法。

A. 按 ISSN 组织验收登记卡

ISSN 是由数字组成的，具有顺序性，便于排列；它保证无重号，具有唯一性，便于辨认和确定期刊。因此，ISSN 具有检索性，是可以用其组织原版外文期刊验收登记卡的。它的组织方法很简单，即按每段号码大小先后顺序排列即可。国外报刊大多数都有 ISSN 代号，用其组织原版外文期刊极为方便。若订有无 ISSN 号的期刊，可采用其它辅助方法配合使用。

B. 按中图公司编的原版期刊代号组织验收登记卡

中图公司编的原版期刊代号的组成是：

```
┌──── 738            BO       005 ─┐
│                    │             │
分类号：计算机科学与技术    国别号：美国      种次号
```

例如：513B0002   Duke mathematics Journal
　　　513AF051   Analysis Mathematics
　　　512UA051   Reflections
　　　512B0052   Mathematics Teacher
　　　512B0054   Clllege Mathematics Journal
　　　512C0052   Mathematics in School

这六种期刊的验收登记卡只需按其期刊代号的先后顺序排列即可，见图5.3。

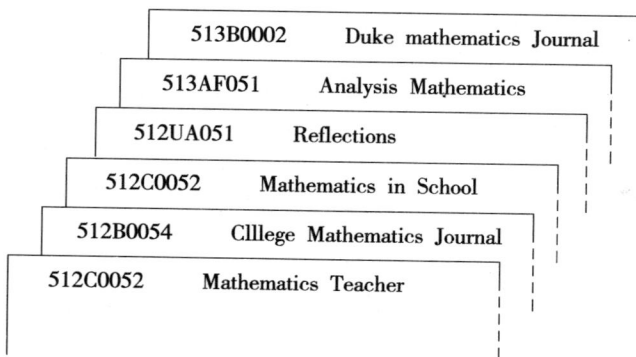

图 5.3　原版外国期刊验收登记卡中图公司代号顺序排列法

C. 按教图公司编的原版外国期刊代号组织验收登记卡

教图公司编的原版外国期刊代号组成是：

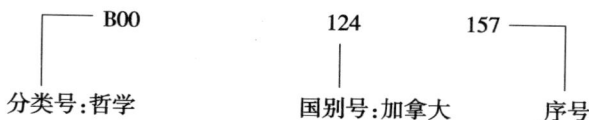

例如：COO840030　　　Evaluation Review
　　　COO840045　　　Items
　　　BOO280140　　　Semiotica
　　　BOO124050　　　Informal Logic
　　　D74840098　　　Southern Africa
　　　D74840028　　　Africana Journal

　　这六种原版期刊的验收登记卡也只需按其代号的先后排列起来即可，见图 5.4。

144

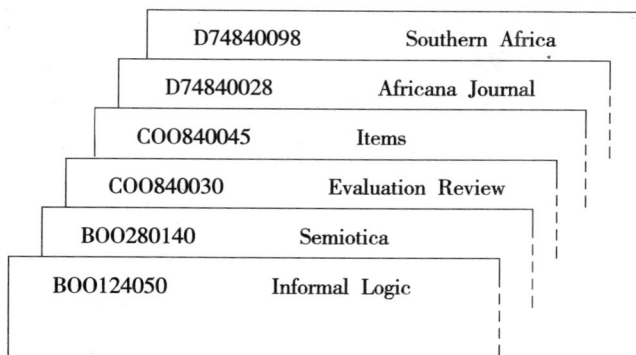

D74840098	Southern Africa
D74840028	Africana Journal
COO840045	Items
COO840030	Evaluation Review
BOO280140	Semiotica
BOO124050	Informal Logic

图 5.4　原版外国期刊验收登记卡教图公司代号顺序排列

　　以上 B、C 两种排列方法,由于这两个公司所编的号码是供订购使用,期刊本身无此代号,对于编排原版期刊预订目录,使用较为方便。但用来编排原版期刊验收登记卡,在验收登记时困难较大,如不熟悉,必须与征订目录配合使用。倘若是从其它途径订阅的期刊,则无此类代号,这时,可以采用其它方法组织,如字顺法、自配号等等。

　　D.按原版外国期刊刊名字顺排列

　　原版期刊目录按刊名字顺组织,是使用最普遍,也是比较好的一种方法。原版期刊验收登记卡按刊名字顺排列的具体方法是:先按文种分开,各文种单独排列;其次,每一文种期刊,除日文以外,凡是拼音文字,如西文、俄文,按字母顺序排列;日文按五十音图或当用汉字的笔画笔顺等排列。各文种期刊具体排列方法见“6.3 期刊目录的组织”中的有关叙述。

　　期刊验收登记卡除以上介绍的几种排列方法外,还有其它一些组织方法。如中文期刊还可按刊名笔画顺序排列,或先分大类再按刊名字顺排列等。但从实际使用情况来看,以上重点介绍的几种中外文期刊验收登记卡组织方法,无论是对于期刊登记,还是查询,都比其它组织方法简便、实用。

总之,编制与组织报刊验收登记卡是报刊登记的前期工作。如果报刊验收登记卡编制组织得较好,就会给报刊登记带来很大的方便,可以提高报刊登记的工作效率。

5.1.2 现期报刊验收

报刊验收是整个报刊管理工作的重要环节之一。现期报刊验收的主要任务是检验到馆报刊的质量,赋予新到报刊以明确的标志,保证报刊中的所有文字以及附件等基本上完整无缺。

现期报刊验收工作分为两种。一种是邮发报刊和新华书店发行的期刊验收,其验收工作可分为两步:首先是进行品种、份数的核对及质量检查;其次,检验无误后,在其封面和内页各加馆藏章。另一种是自办发行的报刊验收,其验收工作可以分为三步:首先,核对邮件上所写收件单位名称是否与本馆一致;其次,启封后进行品种、份数的核对及质量的检查,并处理一些附件;最后,在报刊上加盖馆藏章。

在进行验收的过程中,要注意并处理好以下有关事项:

(1)在启封自办发行的期刊前,若发现邮件所投寄的地址、单位名称与本馆不符时,切不要启封,应立即通过邮局退回原寄发单位,或转寄给应收件单位。

(2)在启封时,应十分小心,尽量避免报刊破损。

(3)启封后,先把包装物上的寄发者名称和征订单位或报刊原件署名核对一下,若不符合,则应在报刊验收登记卡上注明实际寄发者,以便日后联系。

(4)在同验收登记卡核对新到报刊的品种和份数时,若发现不相符合,则应及时和发行单位联系,将品种不符合份数多出者退回发行单位,份数不足者应及时与发行单位联系索补。

（5）报刊附件的处理方法：收据、清单、附函、征订通知等，与报刊本身没有直接关系的附件，可以单独处理。"收据"可交采访人员报账；"回执"应填好寄回。增刊、特刊、勘误表、单页目录索引等与报刊本身相关的附件，应归入报刊相应的位置。勘误表，最好贴在相应期刊的"目次页"上，同时进行校勘；增刊可和相应的该期报刊归在一起便于使用，装订时也可以一起装订，以保持其连续、完整性。

（6）若发现报刊有缺页、倒装或损坏者，应及时退回，请求更换。如无法更换，可以采取其它办法予以补救，如拆开重装，复印补缺等。

（7）各方面验收合格后，再加盖馆藏章。盖章要清楚、醒目，不污损画面和文字。除在封面盖章外，还应在期刊的某一固定页码（如第5页，第15页）上加盖馆藏章，以防封面污损，而无法辨认。

5.1.3 现期报刊登记

现期报刊登记，又称为"记到"、"初步登记"或"原始登记"等，是报刊最原始的财产记录。它的主要作用是反映现期报刊的收到情况，并可作为订购、查询等的依据。

现期报刊登记的方法有多种：可在验收登记卡相应位置上划"\"，可以写期号，可以写"到"，也可以写订数或到馆日期等。我们认为，对于报纸登记，一般只需按出版日期在验收登记卡相应格内划上"\"即可。而对于期刊登记，则最好按出版时间，在登记卡的相应栏格里填写期号，这样每种期刊出版情况就可以一目了然。

期刊登记比报纸登记要复杂些。由于期刊的出版周期有多种，而期刊登记一般采用同一格式的登记卡，因此需要对期刊登记方法作一些统一、合理的规定，以便于对不同出版周期的期刊进行登记。用表5.3—表5.18，具体说明不同出版周期的期刊的登记方法。

表5.3 周刊登记法

邮发代号			刊			名								
年	刊期	份数	一	二	三	四	五	六	七	八	九	十	十一	十二	备注
1991	周	2	1 2 3 4 5	6 7 8 9	10 11 12 13 14	15 16 17 18	…								
期刊变化事项															

表5.4 旬刊登记法

邮发代号			刊			名								
年	刊期	份数	一	二	三	四	五	六	七	八	九	十	十一	十二	备注
1991	旬	2	1 2 3	4 5 6	7 8 9	10 11 12	…								
期刊变化事项															

148

表 5.5　半月刊登记法

邮发代号			刊			名									
年	刊期	份数	一	二	三	四	五	六	七	八	九	十	十一	十二	备注
1991	半月	2	1 2	3 4	5 6	7 8	9 10	…							
期刊变化事项															

表 5.6　月刊登记法

邮发代号			刊			名									
年	刊期	份数	一	二	三	四	五	六	七	八	九	十	十一	十二	备注
1991	月	2	1	2	3	5	…								
期刊变化事项															

表 5.7　双月刊登记法

邮发代号		刊　　名													
年	刊期	份数	一	二	三	四	五	六	七	八	九	十	十一	十二	备注
1991	双月	2	1		2		3	…							
期刊变化事项															

表 5.8　季刊登记法

邮发代号		刊　　名													
年	刊期	份数	一	二	三	四	五	六	七	八	九	十	十一	十二	备注
1991	季	2	1		2		3	…							
期刊变化事项															

表 5.9　半年刊登记法

邮发代号			刊			名									
年	刊期	份数	一	二	三	四	五	六	七	八	九	十	十一	十二	备注
1991	半年				1						2				
期刊变化事项															

表 5.10　年刊登记法

邮发代号			刊			名									
年	刊期	份数	一	二	三	四	五	六	七	八	九	十	十一	十二	备注
1991	年	2	总第2期												
期刊变化事项															

表 5.11   不定期期刊登记法

邮发代号			刊			名								
年	刊期	份数	一	二	三	四	五	六	七	八	九	十	十一	十二	备注
1991	不定	2	1			2		3	…						
期刊变化事项															

注:此登记法适用于出版周期大于一个月的不定期期刊。

表 5.12   不定期期刊登记法之二

邮发代号			刊			名								
年	刊期	份数	一	二	三	四	五	六	七	八	九	十	十一	十二	备注
1991	不定	2	1	4	6	9	…								
			2	5	7	10									
			3		8										
期刊变化事项															

注:此登记法适用于出版周期小于一个月的不定期期刊。

152

表5.13　既有期号又有总期号的期刊登记法

邮发代号			刊				名								
年	刊期	份数	一	二	三	四	五	六	七	八	九	十	十一	十二	备注
1991	月	2	1 (13)	2 (14)	3 (15)	4 (16)	5 (17)	…							
期刊变化事项															

注:括号外的数字表示期刊每期上的期号,括号内的数字表示期刊的总期号。

表5.14　既有卷号又有期号的期刊登记法

邮发代号			刊				名								
年	刊期	份数	一	二	三	四	五	六	七	八	九	十	十一	十二	备注
1991	月	2	15: 1	2	3	16: 1	2	3	…						
期刊变化事项															

注:冒号前的数字表示卷号,冒号后的数字表示期号。

表5.15 合期出版的期刊登记法

邮发代号			刊			名									
年	刊期	份数	一	二	三	四	五	六	七	八	九	十	十一	十二	备注
1991	月	2	1		2—3	4	5—6	7	8	...					
期刊变化事项															

表5.16 无卷期号的期刊按出版日期登记法

邮发代号			刊			名									
年	刊期	份数	一	二	三	四	五	六	七	八	九	十	十一	十二	备注
1991	旬	2	5 15 25	5 15 25	...										
期刊变化事项															

154

表 5.17　一年出版 48 期的期刊登记法

邮发代号			刊					名							
年	刊期	份数	一	二	三	四	五	六	七	八	九	十	十一	十二	备注
1991		2	1 2 3 4	5 6 7 8	…										
期刊变化事项															

表 5.18　期刊的各种附刊登记法

邮发代号			刊					名							
年	刊期	份数	一	二	三	四	五	六	七	八	九	十	十一	十二	备注
1991	双月	2	1		2	增	3		4 专(1)	5 专(2)		6		总索引	
期刊变化事项															

注:"专"后面的数字(1)、(2)是指专刊本身所编的序号。

进行期刊登记要注意处理好以下一些问题:

（1）遇到期刊改名、停刊、合并以及分成若干种期刊出版的情况时，应及时在新刊和原刊登记卡的"期刊变化事项"栏内注明变化情况。例如，遇到某刊改名，则应在原刊登记卡上注明该刊从何时起改为何名，而在新刊登记卡上注明该刊在何时由何刊改名而来。这种对于期刊变化情况的反映方式称为"分段反映"，即把期刊的变化情况分段分别反映，新刊和原刊互见。另一种对于期刊变化情况的反映方式称为"集中反映"，即将期刊的所有变化情况都集中反映在一个刊名之下，或者以新刊见原刊，或者以原刊见新刊。两种反映方式各有利弊。我们认为采用"分段反映"较好。这样便于查找和管理。外文期刊改名、出版频率和卷期变化等情况较多，变化形式也多种多样。因此，在进行外文期刊登记时应予以特别注意。

（2）遇到期刊有专刊、附刊、增刊、特刊时，如果有独立刊名，版式、开本与正刊不同，本身编有连续卷期号且自成系统者，则作为新刊处理；如果专刊等附加出版物与正刊刊名、版式、开本均相同，而不自成系统的，则应将其按出版时间登记在主刊的月份格内，注明"专"、"附"、"增"、"特"等字样；若它们本身编有序号，应在文字后加以标明；如果专刊等附加出版物作为图书处理的，则要在正刊的登记卡备注栏内加以说明。对于丛刊等还应当制一张综合片放在正刊登记卡之后。

（3）遇到期刊有总目录或索引时，一般情况下应将其记入登记卡备注栏内。如果索引有期号，则应将其按实际出版时间登记在相应的月份格里。

（4）对于征订指南、年鉴等期刊附加出版物，若它与正刊合刊，则作为刊来登记，否则可作为书来处理。

（5）对于创刊号、复刊号、试刊号等，应在登记卡相应的月份格里，写上"创"、"复""试"等字样，以便于了解刊物出版情况。

（6）在登记双月刊、季刊、半年刊时，最好将每期登记在该期出版的那个月份格内;登记不定期出版物时,一定要登记在该期出版的那个月份格内。

(7)对于日刊、周六刊、周五刊、隔日刊等出版频率较高的期刊,期刊登记卡登记不下,则可采用报纸登记卡进行登记。对于出版周期小于月且出版频率较高的不定期期刊,也可采用报纸登记卡进行登记。

(8)期刊没有卷期号的,按其出版日期进行登记。既无卷期号,也无出版日期的,按收到期刊的日期登记,并要在该日期后注明,例如:注明"收"等。

(9)对于年刊,如果没有总期数,只有年号的,在备注栏内注明"只有年号"即可。

(10)若某种外文期刊同时订有原版和影印版,应分两张卡片进行登记,并同原版刊号或影印刊号加以区别,或用文字注明"原版"、"影印"。同样,若某种期刊有不同文字版或分为几辑的,也应该分别进行登记。

(11)当一种期刊的登记卡片记满后要另换一张,并应在每张卡标明该卡片的张数序号,以便识别。

从上述报刊登记卡的编制、组织方法和报刊登记的种种规定及注意事项可以看出,报刊登记工作有一套严格的登记制度和登记规则,需要操作人员进行认真、细致的登录。只有把现期报刊登记工作做好了,才能保证馆藏现期报刊的完整、系统,为报刊查询、订购工作提供可靠依据。

5.1.4 报刊的查询催补工作

报刊是连续出版物,一般不再版重印。报刊一旦发生缺漏现象,如果没有及时发现并抓紧催询,时间一长便很难补全。因此,及时进行缺漏报刊的查询催补工作是十分必要的。

报刊登记人员最容易也应最先发现报刊的缺漏情况。报刊登记人员在登记过程中,要认真检查各种报刊是否按期按时到馆,仔细检查所收到的报刊份数与实际订数是否一至。在发现缺期缺份时,应做好有关缺漏报刊的记录,及时向有关发行单位发查询单,查明缺漏原因,同时要求补偿。如果某种缺漏报刊已催补到,则应在缺漏报刊登记上加以证明,催补不到的缺漏报刊,则应通过交换、复印等手段尽量补全。

5.2 报刊合订本的验收登记

5.2.1 报刊合订本验收

报刊合订本到馆后,同现期报刊一样,先要进行验收。验收可按下列步骤进行:

(1)从整体上检查核收。一批报刊合订本到馆后,要从整体上检查核收,清点数量,检查是否与点交的数字相符;初步点收,要弄清是否是本馆装订的报刊,若发现有误送的,应及时退回。

(2)将到馆报刊合订本拆捆进行初步排架。

(3)将装订单与实物进行核对,包括核对报刊名称、年、月、卷、期、索刊号以及应装订的册数等,看它们与装订要求是否一致。

(4)在核对的同时,要仔细检查每册合订本的装订质量。检查合订本的卷期是否从小到大顺次排列;页数是否连贯,有无倒页、缺页情况;目录或索引的位置是否正确;察看三边是否切齐,有没有切坏文字和图表的情况;封面是否平展、贴齐;刊脊烫字内容有无遗漏和差错,字迹、式样是否符合规定要求。

(5)发现有装订差错的合订本,应及时退回原装订单位重新装订。核对验收时,在每册将要退回重装的报刊合订本中插一张卡片或纸条,注明退回原因和需要改装加工之处。最后将退回重装的合订本造一张清单留存,并将所缺报刊合订本书面通知原装订单位进行查核。

(6)将验收合格的报刊合订本移交有关人员进行登记。

5.2.2 报刊合订本登记

报刊合订本登记包括总括登记和个别登记两种。

5.2.2.1 总括登记

报刊合订本的总括登记是对报刊合订本"入藏"、"注销"以及"实存"情况的登记。同图书的总括登记相似,它也是以一批报刊合订本为单位进行登记。

总括登记的主要作用是:可以随时掌握馆藏报刊的进出动态,精确、迅速地统计出馆藏报刊合订本的总册数。

总括登记的项目一般包括:登记日期、批号、每批入藏总册数(分列精装本、平装本册数,下同)、总金额、个别登记起止号;注销总册数、实存总册数等。登记格式见表5.19所示。

表5.19 报刊合订本总括登记格式

登记日期		批号	入藏					注销			实存		
月	日		总数(册)	其中		金额(元)	个别登记起止号	总数(册)	其中		总数(册)	其中	
				精	平				精	平		精	平

在进行总括登记时,要按照登记格式逐项填写。遇到不同文字的报刊合刊本应分别进行登记,最后统计出馆藏报刊合订本的

实存总册数。这样馆藏报刊合订本的总的收藏情况便清楚地反映出来了。

5.2.2.2 个别登记

报刊合订本的个别登记,即报刊的财产登记,它是以每一册报刊合订本为单位进行的登记。

为什么报刊在经过现刊登记之后,装订成合订本还要进行财产登记呢?这是因为:首先,现刊的登记目录并不能作为报刊的财产目录。现期报刊在装订成合订本之前,以单份、单本形式借阅流通,在使用过程中常会有遗失和损耗;同时,根据需要,某些报刊的复本不全部装订成册。这样装订成册的合订本,实际情况与现刊登记的数字有较大出入,现刊登记并不能反映出报刊入库的准确数字,于是它就失去了财产登记的实际作用。其次,作为报刊的财产登记要反映出每个合订本的财产登记号及与各个登记号相对应的年、月或年、卷期数,这是现刊登记无法做到的。因此,在报刊合订本入库前,必须进行报刊的财产登记。

报刊财产登记是以每册合订本而不是以每一期作为登记单位。这是因为报刊长期连续出版,若以每种报刊的每一期作为登记单位,工作量相当大;一般情况下,报刊是以合订本作为长期保存形式,以每册合订本作为登记单位,更符合报刊自身和图书馆的实际情况。

我们认为,报刊财产登记应包括以下几方面内容:①每册合订本的报刊名称;②每册合订本的财产登记号;③每册合订本(或每个财产登记号)所包含的年、月或年、卷期;④每种报刊的合订本数量。也就是说,通过报刊财产登记,要把每一种报刊的入藏情况都清楚地反映出来。报刊财产登记一般采用书本式登记方法,其一般格式如表 5.20 所示。

表 5.20　报刊财产登记格式

月日	个别财产登记号	刊　名	年、卷期（年、月）	装订形式		版别	金额			备注
				精	平		原价	装订价	总价	

注：①期刊登记年、卷期，报纸登记年、月；

　　②版别是指原版、影印版、报纸版等；

　　③报纸和期刊应分别登记；期刊应按文种分别登记。

　　这种财产登记格式，可以反映出各个合订本的具体情况，登记号可以反映出报刊合订本的数量。但是，这种登记不能把每种报刊有多少合订本集中、清晰地反映出来，因此，在将每册合订本的基本情况登到财产登记簿上的同时，还应将每册合订本的财产登记号和其所含年、卷、期（年、月）情况以一定的格式登记在公务目录上，即进行馆藏注记。这样长年累积下来，就是每种报刊的财产帐。其登记格式见图 5.5、图 5.6。

　　报刊合订本登记，不仅要反映出馆藏合订本的总的收藏量，还要反映出每种合订本及每册合订本的入藏情况。因此，只有对报刊合订本同时进行总括登记、个别登记以及馆藏注记，才能多方面地、完整地、清晰地反映整个馆藏报刊的情况，为管理好馆藏报刊奠定基础。

图 5.5　期刊公务目录馆藏登记

国外科技动态/中国科学技术情报研究所 . —1969,
no. 1 ～　　总 = . 1 ～　　　 . —北京:科学技术
文献出版社,1969 ～
　　　no. ;27cm
月刊.
邮局刊号 2 - 701 : ￥3. 60(1983)
馆藏

| 02241 | 1—6 | 1988 | 02243 | 1—6 | 1989 |
| 02242 | 7—12 | 1988 | 02243 | 7—12 | 1989 |

图 5.6　报纸公务目录馆藏登记

年	刊期	份数	一	二	三	四	五	六	七	八	九	十	十一	十二	备注
刊号			刊						名						
1991	日报	2	✓	✓	✓	✓	✓	✓	✓	✓	✓	✓	✓	✓	100021 I 100044
报纸变化事项															

注:如果是非日报,也非按月装订,可用文字说明。登记号可在"备注"
栏中注明。

主要参考文献

1　刘雪莱. 中文期刊的初步登记 . 湖南科技情报工作,1981(5)

2　王兰,南文元. 报刊登记和排架方法. 图书馆学刊,1981(2)

3　宋秀坤. 现刊登记的简便方法. 图书馆学刊,1983(1)

4　吴龙涛 . 谈谈外文期刊的登记. 图书情报工作,1982(1)

5 吾用世,孙永. 外文期刊的登记和装订.图书情报工作,1985(2)

6 杨秀君.邮发期刊代号在图书馆工作中的运用.云南图书馆季刊,
1983(3)

7 李剑康.现刊的登记款目设多少为宜.图书馆工作与研究,1983(4)

8 吴龙涛.期刊划到工作二三事.图书馆杂志,1987,6(1)

9 安秀敏,万锦.《中国标准刊号》的结构与特点. 世界图书,1989(6)

10 汤生洪.外文科技期刊工作浅说.北京:书目文献出版社,1985

11 (美)马蒂·布卢姆伯格.图书馆专业人员群众服务导论.北京:书
目文献出版社,1991

12 郑群.国内统一刊号在编排中文现刊记到卡中的应用.图书馆建设.
1992(1)

6 报刊的分类编目

6.1 期刊分类

6.1.1 期刊分类法研究

我国图书情报部门对期刊的分类,过去一般都是借用图书分类法来作为类分期刊的依据,对期刊分类法的研究,相对于图书分类法的研究,真可谓是凤毛麟角。1933 年 5 月,中央银行月报的《试编书报材料分类表》(2 卷 5 期)是研究报刊文献分类的较早的文献之一。1955 年云南省图书馆编印的《期刊分类法及连环画图书分类法》、《云南省图书馆期刊分类表》等,是我国传统的图书馆界自编的较早的期刊分类法,它的出现,反映了期刊分类工作的新的发展趋势。但是,由于传统的"重书轻刊"思想的影响,仍然没有能够掀起研究和编制期刊分类法的高潮。1961 年,中图公司以《中国科学院图书馆图书分类法》(以下简称《科图法》)为蓝本,结合报刊的特点,作了必要的增删和调整,编制了外国报刊目录分类表。这一分类表使用范围较广,影响较大。直到 70 年代后期,随着现代科学技术和文化事业的迅速发展,报刊数量急剧增长并成为情报所和图书馆馆藏建设的一个主要组成部分,为了加强对期刊的管理,提高期刊利用率,作为组织和检索利用报刊的主要方式之一的期刊分类日益受到重视,对期刊分类所依据的期刊分类法的研究也逐渐热烈起来。1984年,张德芳根据《中图法》的类目,作局部调整,拟订《中文期刊分类法》。1985年,我国正式出版了专用于期刊分类的第一个分类表——《中国图书馆图书分类法·期刊分类表》(以下简称《中刊法》)。

从近年来图书馆界对期刊分类问题的讨论的情况来看,主要是围绕着期刊应依据何种分类表进行分类,期刊分类的深度,以及期刊分类的辅助标准问题展开的。

6.1.1.1 期刊分类的依据

关于期刊分类依据的研究,大致有以下几种倾向性意见:

第一种,认为期刊分类表应与图书分类表是同一分类体系。《中国图书馆图书分类法》(简称《中图法》)、《科图法》等已被多数文献机构所采用,期刊分类表应以这些分类法为母本,结合期刊分类的特点,对相应的类目进行适当的增删,以适合期刊分类的需要。

《中刊法》问世后,多数人认为应以《中刊法》作为类分期刊的依据。理由是:①该分类体系建立的时间距今较短,类目设置、分类技术等方面较先进;②该分类体系适用面较广,而且根据期刊分类的特点,对个别类目进行了调整,是我国专用于期刊分类的第一个分类表;③其母本《中图法》曾被中国文献著录标准化委员会推荐拟作为国家标准图书分类法,这样有利于文献工作的标准化、规范化,促进资源共享。

第二种,认为应采用中图公司编制的《外国报刊目录》的分类表来类分期刊。因为该分类表吸取了《科图法》的长处,适应期刊分类的需要,对原有类目作了调整与合并,类号比较整齐,适用范围也较广。这一分类方法被一部分大中型图书馆和情报科研部门采用。

第三种,认为期刊与图书之间有许多共性(如都是知识载体,都是以科学分类为基础的),期刊分类的理论和方法(如分类体系、分类原则及一般方法等）与图书大体相同。但是，期刊具有内容广泛复杂、学科交叉突出、综合性强等特点，期刊分类不能与图书分类等同起来，它必须建立独立的分类体系，方能适应期刊发展的需要。因此，提出了以科学分类为基础的现代期刊的分类体系，该体系将知识门类分为七个基本部类，其序列为：

"马克思列宁主义、毛泽东思想

哲学

社会科学

数学

自然科学

技术、工程技术

综合性期刊"

持这种意见者还逐一阐述了各大部类设置的理论依据。

第四种，认为由于各种类型的图书馆对期刊分类的侧重点有所不同，因此各图书馆或情报部门应根据本单位的性质、任务、读者对象和馆藏期刊的内容特点，编制适用的期刊分类表。

6.1.1.2 关于期刊分类的深度

绝大多数人士认为，类分期刊宜粗不宜细，一般分到二、三级类目即可，自然科学类可适当细分，一般分到三、四级类目。有些人士认为，期刊分类分到哪一级类目要根据期刊的实际内容和分类法两方面的具体情况而定，以不作硬性规定为妥。只有这样，期刊分类才比较灵活，容易做到归类准确。例如，《玻璃钢》这一期刊应分入 TQ 327.1，即分到六级类，如果硬性规定分至二级或三级，那么《玻璃钢》上推到四级类 TQ32，就是"塑料合成树脂工业"，显然不如分入六级类清晰明了。还有的主张在进行期刊分类时，只需编制一个几十个类目的分类表，而无需再分细目，期刊依据该分类表归类后，在每一类目下，只要再按刊名的字顺排列即可。

6.1.1.3 关于期刊分类的辅助标准

这一问题,在图书馆界也是意见纷呈。但总的倾向性意见,是认为采用辅助标准对期刊进行细分是不可缺少的。理由如下:

(1)期刊所刊载的文献内容跨学科者多,同时也往往会出现在某几个类目下集聚上百种期刊的现象。如果只对其内容分类,则会造成期刊的刊次号冗长复杂,对于期刊管理和读者检索都不方便。如果在内容分类的基础上,采用辅助分类的方法对期刊进行复分,等于对期刊再度细分,无疑能缩短期刊的刊次号。

(2)采用辅助标准对期刊进行复分,可以从多方面揭示期刊的特点,从而使期刊的利用率大大提高。

(3)采用辅助标准再度细分后,能够将同一类目下具有共同特征的期刊集中在一起,将不同特征的期刊区分开。这样,便于管理人员向读者推荐,也便于特定读者的特殊检索需要。

对于采用何种辅助标准细分期刊,大致有以下几种意见:

其一,认为应按期刊形式进行复分,并提出了其复分表体例应为:

1	动态性刊物
2	学术性刊物
21	学会学报
22	高校学报
23	其它
3	通报性刊物
4	知识性刊物
5	编译性刊物
6	史志性刊物
7	检索性刊物
71	目录
72	索引

73　文摘

8　连续性出版物

9　其它

我们认为,这种主张存在有两个问题,一是复分过细,过细了也会成造遗漏或划分不恰当的问题;二是有的类目设置有问题。主要表现在划分标准不一致,造成互相交叉;有的类目含义不清,如"8　连续性出版物"指的是什么叫人费解。

也有人提出另一种形式复分表,体例如下:

学术性刊物

一般性刊物

普及性刊物

译文刊物

动态、消息、快报

检索刊物

评论、进展

其它

这种按形式进行复分的优点是:由于期刊的形式特点比较突出,而且读者使用也往往考虑形式特点,因此将同种形式期刊集中在一起,便于读者查找。缺点是:列类不尽合理,有的类,如"一般性刊物"和"普及性刊物"之间界限不清,容易造成归类的困难。同时,采用该种复分表时,还需硬性规定其使用次序,以及在不同条件下应如何复分等。因此,该种复分表只能在一定的条件下使用。

其二,认为应按期刊的编辑出版机构的类型复分,如:

国家政府机关

科学院、研究所

图书情报单位、资料档案部门

高等院校

出版社、独立的杂志社、编辑部

学会、协会

工矿企业

军队

港澳地区、国外机构、中外合作机构

其它

按照此种复分表细分期刊较为方便,能满足少数读者的特定需要,但对于多数读者从其它角度出发提出的检索要求,则难以完全满足。所以,此种复分方法也只能在一定的条件下使用,实用价值不高。

其三,认为应以地区或时代为标准对期刊进行复分。按地区复分期刊,主要适用于同类期刊较多的情况。如高校学报、文艺期刊、各省社会科学院编辑出版的期刊,或者专业图书馆中本专业某类期刊品种过多时也可以考虑使用地区表复分。按地区复分,既可以进一步区分期刊,也可以反映期刊的地区特点。

其四,认为对期刊进行细分不应单一地采用某一辅助标准,而应将几种辅助标准结合起来使用。如有人主张期刊复分的原则应是:以形式复分为主,地区复分为辅,从而对期刊进行更为全面细致的复分,进而更加方便期刊的管理和利用。我们认为这种主张是有见地的,比较适合期刊分类工作的实际。

6.1.2 《中刊法》简介

《中刊法》是我国第一个专用于期刊分类的分类表,其科学性、技术性等都比较先进,为报刊文献工作的标准化、规范化创造了有利条件。

《中刊法》是在《中图法》的基础上,结合中外文期刊的出版情况编制的,分类体系和类目设置,也是在五个基本部类的基础上,分成二十二个大类,与《中图法》的体系结构是一致的。其序列为：

"马列主义、毛泽东思想 ……… A　马克思主义、列宁主义、
毛泽东思想
哲学 …………………………… B　哲学
社会科学 …………………… C　社会科学总论
D　政治
E　军事
F　经济
G　文化、科学、教育、体育
H　语言、文字
I　文学
J　艺术
K　历史、地理
自然科学 …………………… N　自然科学总论
O　数理科学和化学
P　天文学、地球科学
Q　生物科学
R　医药、卫生
S　农业科学
T　工业技术
U　交通运输
V　航空、航天
X　环境科学
综合性刊物 ……………… Z　综合性刊物"

《中刊法》还结合期刊的综合性特点和实际情况,对个别类目
作了一些调整,以适应期刊分类的需要。调整的内容主要是:

（1）对一些类目作了合并，或对类名作了订正。如：

①各大类的"理论"类目（主要是社会科学类），除容纳理论性刊物外，还包括有关科学的综合性刊物。

②"婚姻法"并入"D 913民法与民事"。

③"图书宣传、评论"并入"G 256图书学、文献学"。

④中国文学的一体文学作品和评论研究，均分别并入 I 22/29 各种文学。

⑤各种具体矿床的地质、勘探，并入 TD8，各种矿产。

⑥"中草药"采用交替类，分入中医 R 29。

（2）对下列二个类目作了改动：

①"E 军事"类的"各军种兵种"，在"军事"大类下，单独编为一类，因为这方面的期刊所收的文献，多是涉及各个国家的军事和军事技术的论述。因而单独编类，再按军种立类。

②"Z 综合性刊物"类的类目设置，作了一些调整。

《中刊法》对于分类深度的规定，是本着粗分的原则，在社会科学门类下，一般分到二、三级；在自然科学类下，一般分到三、四级。

《中刊法》还规定了在社会科学门类下，涉及地区、国家分类的类目，一般只简分到"地区"（如：亚洲、欧洲、美洲等），不再细分到国家。有的类目涉及国家的刊物较多，在类目中注明了"以下各地区，如需要按国家细分时，可依世界地区表分。"各馆可根据馆藏期刊的具体情况，进行复分。

此外，《中刊法》附有"形式复分表"、"世界地区表"和"中国地区表"三个附表。"形式复分表"主要是解决由于一、二级类目的综合性期刊过多，需按形式进一步区分的问题，该"形式复分表"供各馆根据需要斟酌使用。"地区表"也是根据类目注释和实际需要，斟酌进一步复分使用的。

当然，《中刊法》在体系结构、类目设置等方面还存在着一些不足之处,如该分类表仍未跳出图书分类法的框子,在很大程度上仍是一个图书分类表。尤其是"自然科学"和"综合性刊物"两个部类,其体系、类目设置等几乎和《中图法》的简表完全一样。如果按照《中刊法》对现代科学技术期刊进行分类,不仅难以反映现代科学技术的新成就,而且也会给类分期刊工作带来一定的困难,因为该表中有的新学科、新技术还未设置专类;有一些属于新学科、技术的类目,往往放在容易被人遗忘的角落里;有些类目,只适于类分图书,不适合类分期刊。这样,这些类目就等于虚设,等等。因此还需进一步研究、改进、充实、完善《中刊法》,使之完全适合期刊的分类,成为一部融思想性、科学性和实用性于一体的期刊分类法。

6.1.3　期刊分类工作与程序

期刊分类工作是运用期刊分类表来揭示和组织情报所与图书馆馆藏期刊的工作。报刊部门收到期刊以后,经过期刊分类人员的工作,把它恰当地安排到所安排的期刊分类表的分类体系中去,给每种期刊一个应当占有的位置,也就是期刊的归类。期刊分类工作的结果,使每种期刊都能得到一个分类号,代表它所属的类。因此,有人将期刊分类工作称为期刊"给号"工作。

期刊分类工作,是揭示期刊和组织期刊的一种手段。其实质是按照期刊的学科内容及其他特征对期刊进行组织的工作,把性质相同的集中在一起,性质不同的区别开来。因此,期刊分类工作要避免将性质相同的期刊分入不同的类,杜绝一刊两入的情况,在进行期刊分类时必须做到:确认期刊,归类准确,前后一致,位置固定。

期刊分类工作,必须做好准备工作和严格遵守期刊分类工作程序,才能够保证期刊分类工作质量。

6.1.3.1 类分期刊前的准备工作

1)选择和配备期刊分类人员 期刊分类人员是影响期刊分类质量的决定因素,他们一定要有较高的文化水准和业务素质,有较强的工作责任心,基本上能胜任期刊分类工作。期刊分类人员聘定以后,要组织他们学习和熟悉选定的期刊分类表,了解并掌握该部期刊分类表的结构体系、编制原理和使用方法等。

2)选择一部较好较实用的期刊分类表 任何一个情报所、图书馆的期刊分类工作都是依据一部选定的期刊分类表进行的。因此,期刊分类以前,必须选择一部较好的适合本单位实际情况的期刊分类表。期刊分类表一经采用,就不要轻易更换。否则,会造成大量的人力、物力和财力的浪费。

3)确定期刊分类表使用本 期刊分类表选定以后,应根据本单位的性质、任务和读者需要状况,确定本单位期刊分类表的使用本。

确定期刊分类表使用本的实质,就是确定本单位使用该分类表的详略程度,增补和修改本单位需要的部分类目等,制定本单位期刊分类条例或规则。这是为了使所采用的分类表适合本馆需要,保证期刊分类前后一致,避免期刊归类混乱,便于期刊的管理和利用。

6.1.3.2 类分期刊时应遵循的程序

1)查重 期刊分类人员对每年订阅的期刊,要根据预订目录进行核对查重,分清是续订期刊还是新订期刊。续订期刊,包括本单位以前订过,已有收藏,或中间停订间隔一定时间后又订的期刊。凡是续订期刊,抄出索刊号,在目录卡上进行馆藏等有关注记,对其稍作加工即可。凡是新订期刊,就要分析期刊的内容,进行归类。查重的目的是为了避免一刊两入,造成分类混乱,影响期刊利用。

2)内容分析 对期刊进行内容分析,也称主题分析。期刊分

173

类是从期刊内容方面来揭示期刊的。因此,内容分析是期刊分类的关键步骤。期刊的内容分析可采用下列方法:

(1)分析刊名。

大多数刊名是可以反映一种期刊的内容属性的,如:《地理知识》、《军事科学》、《北京图书馆通讯》、《文学评论》、《水产报》、《环境保护报》、《港澳价格信息》、《文献》、《数学学报》、《低压电器》、《电机技术》等等。有部分刊名的内容属性不太明显,但从它的含义或喻义中可以看出来,如:《追求》、《时代》、《孙悟空》、《青年时代》、《纵横》、《争鸣》、《瞭望》、《龙门阵》等等。还有部分期刊的刊名与其内容几乎毫无关系,如:《昆仑》、《三月风》、《新村》、《江南》、《青春》、《三月三》等等。分析刊名可以帮助我们了解期刊的内容,但不能单凭刊名的含义来决定一刊的类属。

(2)分析期刊的发刊词、复刊词、征订启事和广告、创刊多少周年纪念文章以及有关期刊简介和评论。

每种期刊创刊,总要有发刊词、编者的话等等,说明该刊的性质和办刊宗旨等;停刊以后复刊,一般都有复刊词或编者的话,说明该刊性质、历史、停刊与复刊原委、今后打算等;征订启事、广告和期刊简介等,都要介绍本刊性质、特征、读者对象等;纪念文章、评论文章也都有这些内容的介绍或评论。参考和分析这些内容,是了解期刊的重要依据。

(3)浏览期刊目次,分析期刊栏目。

期刊目次是期刊内容的纲领,栏目是期刊的骨架,几期或多期期刊的栏目和目次,可以简明地反映期刊内容的学科范围,基本上能确定其学科属性。

(4)涉猎期刊正文。

将期刊数期正文大略地浏览或对部分重点文章进行重点阅读,借以进一步了解该刊的内容范围及其侧重点,以便更加准确地确定其学科属性。

（5）了解期刊编辑出版单位的学科性质，也有助于分析其编辑出版期刊的性质。

通过以上分析，对期刊内容的学科属性和其它特征就有了较全面的认识，最后归入最能体现其本质属性的类目。对于其它特征是否要给以特殊符号加以区别，也可以作相应的决策。

3）归类　根据期刊的内容归类的作法是最基本的类分方法。我们了解一种期刊的内容，得出其所属类的概念之后，运用已选择好的期刊分类表，首先按期刊的本质属性，找到恰当的类，将该刊归入主要类目。其次，再根据期刊的其他特征和本馆的实际需要，进行附加分类和分析分类。进行附加分类和分析分类的目的，是为了扩大期刊的用途。

4）给分类号码　给号时，必须注意给号的正确性和完整性。既不能漏掉一个符号，也不能多一个符号。

5）给索刊号　给分类号码以后，期刊分类工作基本完成。但是，为了检验分类质量和解决同类期刊排列的问题，还必须做好两步工作，一是与公务目录核对，纠正分类不当或前后不一致的地方；二是编制刊次号，给予其在同类期刊中一个固定位置。分类号和刊次号就构成了一种期刊的索刊号。

6.1.4　期刊分类标准及基本规则

期刊分类工作，是根据期刊自身的内容结合对照期刊分类表来揭示和组织馆藏期刊的工作。它是一项富有科学性、技术性的工作。为提高期刊分类质量，做到"确认期刊，归类准确，前后一致，位置固定"，必须按照一定的标准及基本原则进行期刊分类。

6.1.4.1　期刊分类的标准

期刊分类标准，又称期刊划分特征，是指对某一类期刊进行划分时，所依据的某种属性或特征。期刊的类是由分类标准确定的。分类标准的选择就成为期刊分类的主要问题。期刊分类标准可以分为主要标准和辅助标准。

期刊分类同图书分类一样,应以其内容的学科属性作为分类的主要标准,期刊的其他属性(包括期刊内容方面的其他属性,如形式,地区、出版级次等等)作为期刊分类的辅助标准。在期刊中,凡可以按学科内容、形式、地区进行多重区分的,当然应首先按学科内容归类,其次是形式,再次是地区等。

6.1.4.2 期刊分类的基本规则

1)应根据期刊内容归类,而不能单凭刊名归类 刊名一般能够表达期刊内容,但有些刊名是从期刊内容的一个方面或从期刊的某种范围概括提出的,还有些期刊刊名和其实际内容不相吻合,甚至不相干(如《山茶》、《花城》、《海棠》、《五月》等),因此刊名只能作为归类的参考,归类的依据是期刊内容的学科性质。刊名为《教学与研究》的就有几种刊物,内容分别属于文科、理科的教学,有大学的,也有中学的。因此,不能只凭刊名定类,而要遵循期刊按内容学科入类的原则,各入其类。

2)期刊有变化时的处理

(1)当一刊改变编辑方针和出版内容,即改刊后,其类号应随之改变。

(2)对于改名期刊,如果内容不变或变化不大,且总期号连续,则应保持原分类号不变。如果改名后内容变化很大,变成一种新刊,则要根据改名后的内容,重新给分类号。

(3)期刊在一总刊名下,分出许多分册,并有自己的独立刊名时,则应根据各刊内容单独给分类号。

(4)两种期刊合并,如果新刊名沿用原两刊中一刊的刊名且卷期号与合并前连续时,其类号应保持原刊分类号不变;如果合刊使用新刊名但内容性质未变动时,也应保持原刊分类号,种次号重新编次;如果合刊后使用新刊名且内容性质也发生较大变化时,则应根据内容重新给分类号。

3）单主题期刊、多主题期刊的分类

（1）单主题期刊。一般按期刊内容所属学科归类。例如：《舞蹈》分入 J7（依据《中刊法》，下同）。

如果期刊的内容从几个方面研究同一个主题，以该主题所属学科归类。例如：《大众心理学》从社会、生理、教育、文艺、医学、军事等多个方面对心理学进行研究，因此应根据该刊主题——心理学，将其分入"B 84"。

（2）多主题期刊。几个主题是并列关系的期刊，一般按第一个主题所属学科归类，第二个主题可作一参见卡。例如：将《生物化学与生物物理进展》分入"Q5"，在"Q6"生物物理学类目下设一参见卡。

主题之间有主次区别的期刊，以主要主题所属学科归类。例如：《外语与外语教学》分入"H3"。

主题之间具有相互作用或影响关系的期刊，一般按受作用（应用）或受影响的主题所属学科类。例如：《建筑力学》分入"TU3"。

4）要遵循按最大使用用途归类的原则　例如对于专业性较强的普及性期刊，一般应入有关各类，再加复分号。例如：《化学世界》分入"O6－4"，《地理知识》分入"K9－4"。

5）综合性较强的期刊，应归入上位类　例如：《哲学研究》刊载的文章包括辩证唯物主义和历史唯物主义等方面的内容，因此只能分入"B"。

6）如遇某刊一时无恰当类目可归入时，可按该刊编辑单位性质给号。

6.1.5　几种特殊类型期刊的分类

期刊分类比图书分类较为复杂，有些类型期刊的归类目前尚无统一的处理规则，现根据一些单位期刊分类的实践情况，对学报、检索性刊物、画报等类型期刊的通常处理方法作一些介绍。

6.1.5.1　学报的归类

学报的归类,这里主要是指大学学报的归类。学报的归类方法通常有两种:一种是集中处理,即将学报集中归入综合性大类。另一种是分散处理,即将学报按内容分别归入有关的类目。

将学报集中处理的优点是:归于一处的学报便于集中管理。但这种处理方法的缺点也是明显的,因为在学报中有相当数量的专门性高校学报和学术团体编辑的专业性学报,如《河海大学学报》、《北京政法大学学报》、《计算机学报》、《心理学报》等。将这些专业性内容的学报同综合性内容的学报集中归类,既不符合按最大使用用途类分期刊的分类原则,也不便于检索。

将学报分散处理的优点是:学报根据内容各入其类,便于读者因类检索,也便于参考人员向特定读者推荐和解答咨询。这种处理方法的主要缺点是:会造成同种学报的不同版本因内容不同而分置各处的现象。例如:《南京师大学报》在创刊初期是综合性学报,以后分为《南京师大学报·哲社版》和《南京师大学报·自然科学版》。如果根据内容各入其类,就会把一种期刊分入二个类目。还有些大学学报不仅有不同的版本,而且不同版本的编号是连续的,如1,3,5是社会科学版,2,4,6是自然科学版,如果各入其类,那么编号不能相衔接,两种版本在形式上都残缺,给期刊管理带来一定的困难。

我们认为学报归类可采取既分散处理又相对集中的办法。即专门性高校学报、各学术团体编辑的专业性学报,如《心理学报》、《数学学报》、《内燃机学报》、《纺织学报》等,专业性强,学科归属明显,可以依其内容各入其有关各类,以便于特定读者检索。高等学校学报可以按其内容分别集中在 C 03、N 03 和 Z3 三个类目下,这样不同版本的同种期刊可以相对集中归于一处,同时采用互见方法,使另一版本期刊根据其内容,在有关类目的目录内得到反映。这样既不影响期刊的集中，又不妨碍读者使用。同时当某些学报今后分成更多专辑出版时，也不需要另行改编期刊目录，而只需根据专辑内容作一张互见卡即可。

6.1.5.2 检索类刊物的归类

检索类期刊包括文摘、目录和索引等。这类期刊有两种归类方法。一种是将综合性检索期刊归入综合类，把专门学科的检索期刊各入其类。例如：《全国报刊索引》分入"Z 88"，《国外科技资料目录》(气象学)分入"P4"。另一种方法是将检索类刊物先行集中，即从"检索工具"的特征归入综合性大类，然后再按其学科属性进行组配，例如：《力学文摘》分入"Z 89：O3"，《分物学文摘》分入"Z 89：Q1"。我们认为，目前学科间相互交叉，相互渗透，为了读者检索方便，将二次文献集中归类比较恰当。

6.1.5.3 "画报"的归类

画报大致有下列三种归类方法：

一是按《中刊法》所规定的进行归类，即将综合性知识画报归入 Z6；科学知识画报归入 N 49；摄影艺术的期刊归入 J4；绘画的画刊归入 J2。

二是将画报作为特殊类型期刊，在"综合性刊物"类中单立类目集中。

三是将画报集中归入艺术类中，再采用组配编号法进行复分，如《中国卫生画刊》组配编号为 J2：R；《知识画报》组配编号为 J2：N 49。

以上三种归类方法均有各自的优缺点，究竟如何归类为妥，有待进一步的研究，但我们认为第一种方法较好，大多数情报所和图书馆都比较适用。

6.2 期刊著录

6.2.1 期刊著录的意义和特点

6.2.1.1 期刊著录的意义

期刊著录,是指在编制期刊目录时,按照一定的方法与规则,对期刊的内容各形式特征进行分析选择和记录的过程。将期刊著录所产生的款目按照一定次序组织起来就是期刊目录。期刊著录的意义集中反映在期刊目录的作用上。期刊著录的意义可归纳为以下几点:

(1)期刊目录反映馆藏期刊的收藏情况,便于读者了解馆藏。各类型期刊目录可供读者从不同检索途径入手,准确而全面地查找期刊。通过款目所反映的期刊基本事项和变化情况,可以了解期刊的内容范围、学科性质、学术价值、读者对象以及出版变化状况等,便于读者在选择期刊时决定取舍。因此,期刊,目录对于宣传推荐期刊以及指导读者查找文献都是不可缺少的工具。

(2)许多业务工作的开展都离不开期刊目录。期刊采访工作需依据期刊目录了解馆藏期刊情况,以便保持连续性和完整性;期刊分类需依据期刊目录进行查重,以便保持期刊分类的前后一致性;期刊阅览和参考咨询人员有时需凭借期刊目录解答读者咨询;编制联合目录也需以馆藏期刊目录为依据,等等。

(3)期刊目录是期刊编印出版情况的记录,能反映出一定历史时期科学文化的发展概貌,在某种程度上说是科学技术发展和社会需要的指示灯。质量较高的期刊目录还能在期刊发展史上起"辨章学术,考镜源流"的作用。

(4)期刊目录能够报道一个单位、一个地区或者一个国家乃至整个世界的期刊编辑出版情况,成为实现国内外资源共享及科学交流的重要工具之一。

6.2.1.2　期刊著录的特点

期刊是有别于图书的一种文献类型,期刊目录的著录与图书目录的著录有所不同,有其自身的特殊性。期刊著录的特点主要有:

(1)连续性是期刊著录的一个显著的特点。期刊是连续出版物,一种期刊可能连续出版几年、几十年以至几百年。因此,期刊著录必然长期持续的进行,不像图书著录那样可以一次完成。

(2)期刊著录应以整套期刊为著录对象,反映出整套期刊的外部状况和内在特征,而不能只根据某一期中的文章内容来进行著录。期刊的著录款目只能是一个。

(3)出版过程中变化情况的著录,是期刊著录的另一个重要特点。期刊在长期的出版过程中,其刊名、编辑者、出版发行者、刊期、内容性质等都可能发生变化,这些变化情况都需在所著录的款目上给予完全反映。此外,期刊改名、合并、分出等出版过程中的变化,涉及到两种或两种以上期刊之间的联系,著录时必须在有关的期刊款目上将相互之间的关系记录清楚。这对于期刊管理和利用都具有一定的意义。

6.2.2　期刊著录标准化

随着现代文献量的大幅度增长,加强文献资源的开发,实现文献资源共享这一重要课题日益迫切地摆在人们的面前。传统的、以单个图书馆为单位向读者服务的工作方式已不再适应当今社会的需要。图书情报界的服务手段正在朝着网络化、自动化与现代化的方向发展,而文献编目工作的标准化则是一个重要的基础。只有实现了标准化编目,才能建立起统一的文献报道和检索体系;才能将电子计算机应用于图书馆,建成报刊文献网络;也才能为实现图书馆的现代化提供可靠的保证。期刊作为一种极为重要的文献类型,在图书情报部门的馆藏中已占有极为可观的比例。因此,实现期刊著录的标准化,使期刊的集中编目和资源共享成为可能,也为计算机等新技术在期刊工作中的应用创造了有利条件。

1852年,查·C·朱厄特在他的《论图书馆目录建设》一书中提出了对标准化著录的要求。19世纪后半叶出现了近代的编目条例,这种编目条例产生的本身就是对编目工作提出的在一定范围内共同遵循的标准。本世纪以来,许多国家先后编制了各自的统一编目条例,到了后半世纪,已出现了国际标准化著录的倾向。1961年巴黎国际编目原则会议导致了1974年IFLA发表的各类《国际标准书目著录》(ISBD)的开始。其中ISBD(S)(Serials)为期刊著录提供了国际范围内可以共同遵循的原则和依据,为大范围的期刊著录标准化提供了可能性。在ISBD的影响下,经过美、英、加三国图书馆工作者的努力,于1978年出版了《英美编目规则第二版》(AACR2),它将连续出版物的著录列为第12条。

目前,国际上有关期刊的编目形成了两大体系:ISBD(S)和ISDS。ISDS全称为:International Serials Data System国际连续出版数据系统。它是一个包括有各国计算机检索文献资料中心的国际性网络系统,主要负责国际连续出版物的登记工作;推广标准号(ISSN)的使用;促进国际情报交流以及编目条例的标准化。我国北京图书馆已成立了ISDS中国中心(ISDS China Center)。

中国早期的期刊编目,由于没有自己的著录标准,一般只是照搬AACR,甚至有些馆只登记、不著录。1985年,中国国家标准局颁布了由全国文献工作标准化技术委员会提出、全国文献工作标准化技术委员会起草的《连续出版物著录规则》(GB3792.3—85),成为我国图书情报界著录期刊等连续出版物的主要依据。该规则将在期刊著录法中作详细介绍。1983年,北京图书馆西文期刊著录条例编辑组编出了《西文期刊著录条例》试用稿,中国科学院图书馆编出了《中国科学院西文期刊联合目录著录条例》；1985 年，中国图书馆学会出版了《西文文献著录条例》。这些条例对从事西文期刊的著录具有一定的指导意义。

6.2.3　期刊著录法

我国期刊著录法可分为传统著录法和标准著录法两种，下面分别介绍一下这两种著录法，并将它们作一些比较，以便较全面揭示出期刊著录法的发展过程及其著录特点。

6.2.3.1　期刊的传统著录法

我国的期刊著录，经历了从简单著录到详细著录，直到目前的标准著录的发展过程。50 年代，我国的期刊著录还处在简单著录的阶段，著录项目一般只包括刊名、出版地及馆藏项等数项。例如：中国科学院图书馆 1959 年编印的《图书补充工作·期刊工作》中，读者目录卡片的著录格式如下：

```
        力学学报
          北京
          1959 年          第一卷
```

60 年代初，全国第一中心图书馆委员会全国图书联合目录编辑组编印的《1833—1949 全国中文期刊联合目录》，著录项目较为齐全、统一，在全国影响较大。可惜这时的绝大多数图书馆期刊目录仍然比较简单,而且很不统一。70 年代,期刊著录有了从详的趋势,著录内容一般包括刊名、编者、出版单位、出版地、馆藏项等。例如:1978 年编印的《广西壮族自治区第二图书馆馆藏期刊目录》著录格式如下:

学术世界

　　陈柱尊编　　　学术世界编译社
　　出版　　上海
　　1935:第一卷　2—7
　　1936:第一卷　9—11
　　1937:第二卷　5

　　进入 80 年代以后,期刊著录内容日趋详细、全面。如江乃武的《期刊管理》,赵燕群的《期刊工作浅说》,余葭的《中文期刊著录浅见》(《图书馆学刊》,1983 年 1 期)等专著和论文中都提供了较为详细的著录方法。

　　传统的详细的期刊著录项目共分为三大项,即基本情况部分、中途变化情况部分和出版、收藏情况部分。期刊基本情况部分包括刊名项、编者项、出版项、稽核项、附注项、提要项、排检项等,比较系统地反映了期刊的内部和外部特征。

　　传统的期刊著录格式采用的是段落空格式,即以空格的形式划分和组织著录项目。不同的大项之间空两格,同一大项中各个小项之间空一格。其著录格式如下:

刊名项(刊名　并列刊名　副刊名)
　　编者项(主办者　编辑者　编辑者所在地)　出版项
(出版者　出版地　发行者　刊期　创刊期)
　　稽核项(编印形式　印刷方式　开本　页数　获得方式
定价)
　　附注项(原名　改名年月卷期　原文刊名前身各处所
题歧异　文摘题录情况)
　　提要项(性质　内容范围　读者对象)
　　排检项

若采用书本式著录格式,则刊名项、编者项、出版项和稽核项连续著录,各大项之间空两格。附注项和提要项另起行著录,与刊名项第一字平。排检项与业务注记项酌情处理。

6.2.3.2　期刊的标准著录法

中国国家标准(GB3792.3—85)《连续出版物著录规则》于1985 年颁布。它是根据《GB3792.1—83 文献著录总则》,并参照《国际标准书目著录(连续出版物)》[ISBD(S)]制定的。该著录规则规定了连续出版物的著录项目、项目顺序、项目标识符号,用以组成统一的著录格式。期刊作为一种连续出版物,应根据该规则进行标准著录。

1)著录项目　用以表示文献内容、外表形式和物质形态的文献特征,称为著录项目。根据《连续出版物著录规则》,期刊的著录项目共有八项,称为八大项目。每一大项里面又包括若干组成部分,这些组成部分称为小项(或称著录单元)。用于检索馆藏的期刊目录还应设有相关的检索项和馆藏项。期刊著录项目有如下内容:

(1)题名与责任者项

A. 正题名

　　　B. 并列题名

　　　C. 副题名

　　　D. 责任者

（2）版本项

　　　A. 版本说明　　　——地区版本

　　　　　　　　　　　——特殊内容的版本

　　　　　　　　　　　——特殊版式或外形的版本

　　　　　　　　　　　——文种版本

　　　　　　　　　　　——时间版本

　　　B. 本版责任者

（3）卷期年月或其他标识项

（4）出版与发行项

　　　A. 出版地或发行地(含印刷地)

　　　B. 出版者或发行者(含印刷者)

　　　C. 出版年或发行年(含印刷年)

（5）载体形态项

　　　A. 具体资料标识与总卷(册)数

　　　B. 插图说明

　　　C. 尺寸

　　　D. 附件

（6）丛刊项

　　　A. 丛刊正刊名

　　　B. 并列丛刊名

　　　C. 丛刊的 ISSN

　　　D. 丛刊内部编号

　　　E. 分丛刊说明

（7）附注项

A. 出版频率(周期)

B. 关于题名与责任者的说明

C. 关于期刊沿革的说明

D. 关于版本的说明

E. 关于卷、期和年月的说明

F. 关于出版发行的说明

G. 关于载体形态的说明

H. 关于丛刊的说明

I. 索引说明

J. 著录根据说明

(8)国际标准连续出版物号(ISSN)与获得方式项

A. ISSN(国际标准连续出版物号)

B. 识别题名

C. 获得方式与价格

D. 其他代码

(9)馆藏项

2)著录用标识符号　为了克服国际间语言文字的障碍,保证书目情报交流,实现资源共享,《国际标准书目著录》规定了用以标识著录项目或表达著录内容的国际通用的标准化符号。这种标准化符号分为著录项目标识符号和著录内容识别符号两种。我国国家标准《连续出版物著录规则》也采用了这种符号系统,冠在各大、小著录项目之前。这两种标识符号共有 15 种。

(1)著录项目标识符

著录项目标识符是用在每一个著录项目前面的标识符号,使同一个著录段落里的每一个著录项目个别化。著录项目标识符均置于各大、小项目之前,亦称为前置符号。

著录项目标识符有以下九种:

".—"冠于连续著录的各大项之前(题名与责任者项除外),

凡起段著录的各大项,其前省略". —"。题名与责任者项以外的各大项如回行,也可省略". —",但其前一项目的结尾需用"."。

例如：

中国青年/中国青年杂志社编 . —影印版 . —V. 1,
　　no. 1(1923,10) ~ V. 8,no. 3(1927,10). —北京：人民
　　出版社,1966

各个大项中的小项回行不应省略标识符号。". —"占两格,以下各标识符号均占一格。

" ="并列刊名、并列丛刊名或并列分丛刊名;第二种标识系统、识别题名。

" :"副刊名及说明刊名文字、出版者或发行者、插图说明、附注中的导词与附注的主要内容之间、价格。

" /"第一责任者、本版的责任者。

" ;"其他责任者、第二出版地、第二出版者、后继标识系统、丛刊或分丛刊编号、尺寸。

" ,"相同著作方式的第二责任者、出版日期、丛刊或分丛刊的ISSN。

" ."分丛刊名。若某期刊已出版完毕,则出版与发行项著录结束时也用".",但此时起句号作用。

" +"附件。

"∥"析出文献的出处。用于期刊论文等的分析著录。

（2）著录内容识别符

著录内容识别符号是用来进一步说明一些著录项目特定内容，或补充著录内容而规定的标识符号。这些符号不是用在每个项目前面，而是一般用在项目的外部、中间或末尾。

"（ ）"印刷地、印刷者、印刷日期，每一个丛刊名，载体形态的补充说明，年、月说明等著录内容均著录在"（ ）"内。

"〔 〕"文献类型标识，自拟著录内容等，均著录在"〔 〕"内。

"…"省略文献内容。

"～"卷期、年月起讫连接。

"？"推测著录内容，如不能肯定的地点、年代（与"〔 〕"结合使用）。

"."外文缩写。

期刊的著录单元与标识符之间的对应关系用下表可更清晰地显示出来。

单　　　元	标识符号
正题名	
并列题名	=
副题名	:
责任者说明	
第一责任者	/
其他责任者	;
版本说明	
本版的责任者	/
第一种标识系统	
第二种标识系统	=
后继标识系统	;
出版地与发行地	
第二出版地	;

（续表）

单　　　元	标识符号
出版者	：
发行者〔发行者职能〕	：
第二出版者	；
出版日期	，
总卷(册)数	
插图说明	：
尺寸	；
附件说明	＋
丛刊正刊名	
并列丛刊名或并列分丛刊名	＝
丛刊或分丛刊的 ISSN	，
丛刊或分丛刊编号	；
分丛刊名	．
每一个丛刊名	（　）
第一个附注	
附注中的导词同与附注的主要内容之间	：
国际标准连续出版物号	ISSN
识别题名	＝
价格	：
年份	（　）

3）著录格式　《连续出版物著录规则》的著录格式采用的是段落符号式。所谓段落符号式,是指对各个著录项目以段落区分并加符号标识的组织方式所构成的款目、著录格式。凡换段回行即为一个段落。《连续出版物著录规则》卡片式款目的著录格式共分五段,每段落著录方法如下。

第一著录段落:自卡片上端向下1.5厘米和自左向右2.5厘米交界处开始著录题名与责任者项,其后依次著录版本项、卷、期、年、月或其它标识项以及出版发行项。回行时较正题名的首字缩

190

进一字。

第二著录段落:载体形态项和丛刊项两项连续著录。如果期刊已出版完毕,载体形态项中的"文献总数"首字较正题名首字缩进一字。如果期刊继续出版,"文献总数"处应空两格,待期刊出版完结时填写实际总数。回行时应与正题名首字取齐。

第三、四、五著录段落:分别著录附注项、国际标准连续出版物号与获得方式项、馆藏项。这几项都须另起一行著录,较正题名首字缩进一字,回行时应与正题名首字取齐。其中馆藏项应与前项空出一行,也可集中在第二张卡片上著录。

一张卡片著录不完需要续片著录时,应在续片上著录"片头",包括正题名〔文献类型〕与责任者。并在第一张卡片的右下角用"( )"注明"接下片"字样,而在各张卡片右上角用"分数式"表示,其分母表示总张数,分子表示卡片序号。例如"3/4 ",意思是共有 4 张卡片,此为第三张。

卡片著录格式如下:

正题名〔文献类型〕= 并列题名:副题名/第一责任者;其他责任者 . —版本/与本版有关的责任者. —卷、期、年、月或其它标识 . —出版地:出版者,出版年(印刷地:印刷地,印刷年)

文献总数:插图;尺寸 + 附件 . —(正丛刊名,国际标准连续出版物号;丛刊编号)。

附注

ISSN = 识别题名:价格(年份)

馆藏

书本式著录格式分为两段:除馆藏项外,题名与责任者等八项均连续著录,为第一著录段落;馆藏项另起一行著录,为第二著录段落。各项回行和所用标识符号均与卡片格式相同。

4）著录项目细则说明　期刊著录细则，可参阅国家标准GB3792.3—85《连续出版物著录规则》之"10　著录项目细则"。本节着重对有关名词及著录细则加以解释和说明。

10.1　题名与责任者项

（一）名词简释

（1）正题名：期刊的主要题名，包括单纯题名、分辑编号及其它标识、分辑题名、共同题名。

①单纯题名：题名前后无任何附加文字的题名，如《莫愁》。

②分辑编号：构成正题名的分辑符号，如《中国科学　A辑》。

③分辑题名：期刊分辑的具体名称，如《国外医学　卫生学分册》。

④共同题名：一种刊物的各分辑题名前一个相同的题名，它与分辑题名一起构成分辑的正题名，如《国外医学　内科学分册》。

（2）并列题名：在题名页或代题名页上有两种或两种以上的语言文字，互相并列、对照，除正题名外，其它语种的题名为并列题名。

（3）通用题名：无具体属性的题名，包括"通报"、"通讯"、"学刊"等，是为任何一种期刊的题名都可使用的名词，但必须与其前后的其它文字结合才能识别某一具体期刊。如：院刊/北京红十字朝阳医院医务科。

（4）副题名：解释补充或从属于正题名的另一题名，用以表示期刊的内容、性质、出版目的、用途等的说明文字。如《乡音　民间文学》。

（5）责任者：是指对期刊负有编辑责任的机关团体或个人。包括第一责任者、其他责任者和与本版有关的责任者。

①第一责任者：是指在题名页上同时存在几个不同著作方式的责任者时，其中列居首位著作方式的责任者。

②其他责任者:第一责任者以外的责任者。

(二)著录项目结构形式及标识符号

(1)正题名:副题名

例如:乡音:民间文学

(2)正题名 = 并列题名

例如:计算机世界 = Chian Compute World

(3)正题名:副题名 = 并列题名:并列副题名

例如:生命的化学:生物化学通讯 = Chemistry of Life:Communications of Chinese Biochemical Society

(4)正题名/编辑者;译者

例如:电工文摘·电讯部分/全苏科学院情报所文摘编委会编;中国科技情报所译。

(5)正题名 = 并列题名/编辑者

例如:数学杂志 = Journal of Mathematics/武汉大学数学研究所

(6)正题名:副题名/编辑者

例如:读者之友:医药卫生书刊评介/人民卫生出版社编

(7)正题名/编辑者 = 并列题名/并列编辑者

例如:生物防治通报/中国农业科学院生物防治研究室 = Chinese Journal of Biological/Biolgical Control Laboratory Chinese Academy of Agricultural Sciences

(8)正题名:副题名/并列题名:并列副题名/并列编辑者

此种形式国内尚不多见

(9)正题名:副题名 = 并列副题名

例如:图书馆学通讯:中国图书馆学报 = Bulletin of the China Society of Library Science

(10)正题名/编辑者 = 并列编辑者

例如:生化学/日本生化学会 = The Japanese Biochemical Society

（11）正题名＝并列题名：副题名

例如：Beijing Review ＝ 北京周报：A Chinese Weekly of News
and Views

（12）共同题名·分辑题名或分辑标识

例如：建筑技术通讯·建筑结构

　　　世界图书·A 辑

（13）主刊题名·副刊题名

例如：萌芽·增刊

（14）共同题名·分辑标识，分辑题名

例如：日本公开专利文摘·第十一分册，建筑卫生

（15）共同题名·分辑题名＝并列共同题名·并列分辑题名

例如：中国医学文摘·皮肤科学 ＝ Chian Medical Abstracts ·
Dermatology

（三）著录细则说明

（1）选择正题名，应以题名页的题名为准，无题名页者，以代
题名页（如版权页、封面）上最能说明期刊的题名为正题名。

（2）应以简称题名为题名，若同时有简称题名和全称题名，则
将简称题名作为正题名，全称题名作为副题名。

例如：武医：武汉医学院院刊

若正题名由全称改为简称，则以简称作为正题名，在附注项注
明全称题名。

简称若为图案，应以该图案所代表的简称题名作为正题名。
简称若为汉语拼音，应以补充注音的汉字为题名。

如果主要信息源中的题名形式有意省略了其中重读的文字，
而在其它信息源中，又保留着被省略的文字时，应以其他信息源的
题名为正题名。否则，将按主要信息源的题名形式著录。

例如：

信息处理与储存

既可视为"信息处理与储存",也可视为"信息处理与信息储存"。

（3）题名中有责任者或出版者的名称,应照录。判断责任者或出版者名称是否构成正题名的一部分,要全面考虑主要信息源上的排版格式,必要时参考有关该期刊的索引、文摘等。若责任者、出版者简称或全称一直出现于题名中,应作为正题名的一部分。

例如:太钢科技/太原钢铁公司科技处

南开大学学报

若除责任者外无其它题名,责任者名称即为正题名。

例如:北京大学

中国医大/中国医科大学

（4）对于并列题名的著录,关键在于如何选择正题名的文字。

①若题名页上有几个文种的题名,则以最主要的题名作为正题名。所谓"最主要题名"应从两方面进行分析:

A.从刊物的排版格式上看,一般选择较大字体或列于首位或排于最上方的文字作为正题名。也有例外情况,如,国内出版的外文版期刊,题名页上的汉字题名或大于或先于外文题名,这样,则应选择与正文文字相同的题名为正题名。

B.应以刊物的正文文字作为正题名的文字。

②若正文中以某一文种为主(指所含文献数量最多的文种),应以该文种的题名为正题名。

③若正文有几个文种,而题名页或代题名页上的文字又分不清主次时,应以第一个题名作为正题名。

④若正文中有汉文,而且有重要地位,应按下列原则处理:A、

汉文与非汉文对照读物,因其主要对象是供懂汉文的读者用的,应以汉文题名为正题名;B、供外国人学习汉文用的多语种对照的期刊,应以非汉字题名作为正题名;C、在少数民族地区,若期刊的正文有本民族文种,而且占重要地位者,应以该民族文种的题名为正题名。

(5)正题名的著录,应依题名页或代题名页上的正题名形式,如依原用词、繁简、排列次序著录,不得随意更改。但下列两种情况例外。

①正题名中连接语法关系的标点符号,为避免与项目标识符混淆,著录时可省略或用空格表示。

例如:《科学学——文摘·索引》应著录为:

科学学:文摘索引/中国科学院图书馆情报部书目组

②题名中含有可变的日期或编号,著录时应予以省略,用"…"代替,其中冠于题名之首的日期或编号省略后不加"…"。

例如:《××××年报》著录为"年报"

(6)分辑出版的期刊,应先著录各辑的共同题名,然后著录分辑编号或其它标识,接着再著录分辑题名。分辑编号或其它标识前用"·",分辑题名前用","。若分辑题名前无编号或其它标识则用"·"。

例如:日本公开专利文摘·第十一分册,建筑卫生
　　　建材技术·水泥

(7)副刊具有独立题名,且比主刊名更重要即以副刊名为正题名,主刊题名在附注项说明。

(8)并列题名属选择项目。当并列题名有多种时,为提供更多的检索点,编制登记性目录时应按其排列次序著录。其它类型目录,可根据需要和目录性质选择著录。

共同题名与分辑题名,并列共同题名与并列分题名,都是复合题名,应一并著录。

例如：世界图书·A辑＝World Bookd·Series A

（9）副题名

①一个或多个副题名，依原题名顺序著录。

例如：思与言：人文社会科学杂志

②只有并列副题名而无并列题名的期刊，应著录为：正题名：副题名＝并列副题名

③有多语种副题名时，只著录与正题名语种相同的副题名，其余语种的副题名可省略。

④既有副题名又有并列题名，但无并列副题名，应著录为：正题名＝并列题名：副题名

（10）责任者

①期刊的责任者主要是指机关团体编辑者，其他个人责任者一般不予著录，但知名人士或对刊物起关键性作用者，应在附注项加以说明。例如：《小说月报》自茅盾任主编后，改变了刊物的性质，为突出茅盾对刊物的作用，可以在附注项著录"自×卷起茅盾主编"。

②题名中含有责任者名称时，一般不予重复著录。如果题名含责任者简称，无法从中提取责任者检索点，而该刊物中有其全称者，应著录责任者全称。

例如：沈工院刊/沈阳工学院

③具有两个责任者时，应两个依次著录，其间用"，"分隔。具有三个或三个以上责任者时，只著录第一个责任者并加"等"字。

例1：工业微生物/工业微生物科技情报站，上海市工业微生物研究所

例2：专利目录·电工与电子技术/陕西省科学技术情报研究所等。

④单语种和多语种的责任者，分别按以下情况著录：

A.若题名页或代题名页上的题名为单语种，而责任者为多语

种,应选择与正题名相同的语种著录,必要时也可著录并列责任者。每一个并列责任者之前用"="。

B.若题名页或代题名页上有并列题名,而责任者为单语种,则将责任者著录于并列题名之后。

例如:数学杂志 = Journal of Mathematics/式汉大学数学研究所

⑤当期刊具有共同题名和分辑题名或具有主刊题名与副刊题名时,因其正题名是复合题名的形式,责任者应著录在分辑题名或副刊题名之后。

例如:国外舰船技术·内燃机/中国造船工程学会

⑥原题名不变,而责任者名称改变或更换时,应在原款目的附注项加以说明。

例如:国外医学·微生物学分册/广西医学情报研究所,广西医学院……

双月刊. —本刊从1982年起由上海第一医学院编辑

10.2 版本项

(一)著录项目结构形式及标识符号

(1).—版本类型   例如:.—哲社版

(2).—版本类型/与本版有关的责任者

例如:静电复印版/大连市静电复印公司

(二)著录细则说明

(1)版本类型

①地区版本 题名相同而发行地区不同的期刊,其内容是不相同的,如(Reader's Digest)有国际版、香港版,这种期刊只有通过版本说明才能识别。但地区版本不包括因出版迁址而先后在两地印行的同一种刊物。

②特殊内容的版本是指同一编辑团体,同时分别编辑出版两种以上同一题名而不同学科内容或有各自特定读者对象的期刊。

例如:《北京大学学报》(自然科学版)

《北京大学学报》(哲学社会科学版)

《上海教育》(中学版)

《上海教育》(小学版)

③特殊版式或外形的版本包括"大字印刷本"、"静电复印版"、"缩微印刷版"等。其中,同时以"缩微印刷版"和"铅印版"印行的期刊,只将"缩微印刷版"著录于版本项。

④文种版本 一种期刊分别以多种文字同时出版时,应著录其版本类型。

例如:《中国建设》(德文版)

《北京周报》(法文版)

若一种期刊由另一编辑团体译为另一种文字出版时,无论题名是否相同,均不应作为版本类型著录,可在附注项说明。

⑤时间版本包括"上午版"、"下午版"、"星期日版"等。

例如:《参考消息》曾有"上午版"和"下午版"。

⑥以下两种情况,不可作为版本说明,应分别著录在有关的著录项目内。

A.表示卷号或说明年月期限的文字,应著录在"卷、期、年、月或其他标识项"。

例如:18 版(原意为第 18 期)

1988 版(相当于卷号)

B.表示有规律的修订的文字说明,应著录在"附注项"。

例如:修订版。每年修订一次

(2)本版责任者:是指对该版本类型的期刊负有编辑责任的团体或个人。若各种版本类型的责任者相同,本版责任者可统一著录在"题名与责任者项"。

例如:全国报刊索引/上海图书馆.—科技版

全国报刊索引/上海图书馆.—社科版

若刊名相同而各版本的责任者不同,则将责任者著录在各版本说明之后。

例如:情报研究.—航空、航天版/航空、航天技术研究所

情报研究.—航海、深潜版/航海、深潜技术研究所

若刊名已含责任者全称,则本版责任者可省略,而只著录版本类型。

例如:江西师范大学学报.—哲社版

10.3 卷、期、年、月或其他标识项

(一)名词解释

(1)标识系统:亦称编号系统。用以记录一种连续版出版物特定的卷、期、年、月。包括第一种标识系统、第二种标识系统和后继标识系统。

(2)第一、第二种标识系统:一种连续出版物已经具备一种标识系统,同时又有另一种标识系统,前者为第一种标识系统,后者为第二种标识系统,如"V.1,no.1(总1)","其中V.1,no.1"为第一种标识系统,"(总1)"为第二种标识系统

(3)后继标识系统:一种连续出版物停止使用原来的标识系统,改用新的标识系统,则新标识系统称为后继标识系统。一般有两种形式:

①后继标识系统除编号外,没有其他说明文字。如:V.1,no.1(1947)~V.16,no。12(1969,12);1963,no.1~

②后继标系统冠有"新"、"新辑"、"复刊"等说明文字。如no.1(1923,10)~no.187(1927,4);复,no.1(1939,4)

(二)著录项目结构形式及标识符号

(1).—首册卷、期号或年月~〔正在出版〕

例如:.—V.1,no.1~

.—1985,1~

(2).—首册卷、期号或年月~末册卷、期号或年月〔出版完

毕〕

例如:.—V.1,no.1 ～V.5,no.6

　　.—1953,4～1966,8

（3）.—首册卷、期号（年月）～〔正在出版〕

例如:.—V.1,no.1(1965,1)～

（4）.—首册卷、期号（年月）～末册卷、期号（年月）〔出版完毕〕

例如:.—V.1,no.1(1959),1～V.10.12(1964,12)

（5）.—首册卷、期号（年月）～△△＝另一标识系统的首册卷、期号〔年月〕～〔正在出版〕

例如:.—V.1,no.1(1980,5)～△△＝总42～

（6）.—首册卷、期号（年月）～末册卷期号（年月）＝另一标识系统的首册卷期号（年月）～末册卷、期号（年月）〔出版完毕〕

例如:.—V.1,no.1(1982,2)～V.4,no.6(1983,12)＝总.1～总24

（7）.—首册卷、期号（年月）～末册卷、期号（年月）;后继标识系统的首册卷、期号（年月）～〔正在出版〕

例如:.—V.1,no.1(1957,4)～V.2,no.12(1959,4);no.25(1959,5)

（8）.—首册卷、期号（年月）;～末册卷、期号（年月）;后继标识系统的首册卷、期号（年月）～末册卷、期号（年月）〔出版完毕〕

例如:.—V.1,no.1(1961,3)～V.6,no.7(1966,8);新辑,V.1(1968,2)～V.5(1970,2)

（三）著录细则说明

（1）本项著录内容为本题名下第一册（首册）和最后一册（末册）的卷、期、年、月或其他标识。所谓"本题名下第一册（首册）",是指该期刊的创刊号,或改名、分出、改出另一新题名的期刊后出版的第一册。所谓"本题名下最后一册"是指期刊停刊或终刊的那一册。如果期刊停止订购,则不能按停刊或终刊处理。

如果起讫卷、期、年、月不清,应省略,并在附注项加以说明。卷、期、年、月是识别期刊的重要依据之一,切不可与馆藏内容相混淆。

(2)著录时,"卷"用英文"Volume"的缩写"V.","期"用英文"Number"的缩写"no."。非阿拉伯数字的卷、期、年、月数字,一律以阿拉伯数字著录。

例如:. —V. 1,no. 1(1987,2)

非公元的其它纪年形式,应按原题著录,并在其后"〔 〕"内著录相应的公元纪年。

例如:宣统二年〔1910〕

(3)创刊年月不明,可根据卷、期编号或其他信息源著录大概日期。

例如:. —1947? ～表示可能是这一年;

. —约1997 ～表示大约是这一年;

. —198 ～表示在这十年内

. —196? ～表示可能是这十年内;

. —〔1985〕～表示推算出来的年份。

(4)首册无卷、期、年、月标识,可以著录为〔no. 1〕,以后又有卷、期标识,应按原题著录。原首册自拟的著录标识系统不变。

例如:. —〔no. 1〕～V8,no. 6

(5)凡跨年或跨月出版的某卷(册),应在年度间或月份间用"/"间隔。应注意此为间隔标识符号而不是前置符号。

例如:1970/1971

　　　4月/8月

(6)凡继续出版的期刊,只著录本题名下首册的卷、期或年月,后用"～";不再继续出版的期刊应著录起讫卷、期或年、月;期刊既有卷、期又有年、月标识,应一并著录,并将年月用"( )"括起。

202

以年标明卷号的期刊,将年代著录在期号之前。

例如:. —V. 1,no. 1 ~

. —V. 1,no. 1 ~ V. 5,no. 6

. —V. 1,no. 1(1936,1) ~

. —1981,no. 1 ~ 1992,no. 5

(7)凡具有两种以上标识系统的期刊,其标识系统均应著录,第二种、第三种标识系统前用"="。

例如:. —V. 5,no. 7(1986,7) ~ = 总55 ~

(8)刊名未变而采用新的标识系统,应将后继标识系统著录在原标识系统之后,两者间用";"连接。若有后继说明文字,如"新"、"新辑"、"复刊"等,应一并著录于后继标识系统之前,用","隔开。若原有两种标识系统,只停止使用其中一种而续用另一种时,两种标识系统须一并结束后再著录新的标识系统。

例如:. —V. 1,no. 1(1975,4) ~ V. 2,no. 10(1976,10);no. 29 (1976,11) ~

. —V. 1,no. 1(1961,3) ~ V. 6,no. 7(1966,8);新辑,V. 1(1968,2) ~

. —V . 1,no. 1(1961,3) ~ V. 6,no. 7(1966,8) = 总1 ~ 30;1978,no. 1(1978,4) ~ = 总31 ~

10.4　出版与发行项

(一)名词简释

(1)出版地或发行地:是指期刊出版或发行的地点,即出版者(机关团体)、发行者的所在地。

(2)出版者或发行者:是指出版社(出版家)、一般出版单位(机关团体)、发行部门(不含负责出版或发行的个人)。

(3)出版日期:是指期刊的出版起讫日期,即第 1 册(如创刊号)及最后 1 册(如终刊号)的出版日期。

(二)著录项目结构形式及标识符号

（1）.——出版地：出版者，出版日期（印刷地：印刷者，印刷日期）

（2）.——出版地：出版者，出版者或发行者〔发行者职能说明〕，出版日期

（3）.——出版地：出版者；出版地或发行地：出版者或发行者〔发行者职能说明〕，出版日期

（三）著录细则说明

（1）出版地与发行地

①以出版或发行机构所在地为准，一律著录地名全称，同时省略"省"、"市"、"县"等字。地点有误时，应照录，并在其后著录正确地点且用"〔〕"括起，或著录在附注项。

②出版地名为不易识别的小城镇，须在出版地后注明其所在的省、市、自治区或国别并加"（）"；如不是取自主要信息源，则加"〔〕"，以便识别。

例如：.——兴国〔江西〕

③期刊具有两个出版地，在它们之间用"；"分隔。具有两个以上出版地时，依所题顺序著录第一个，其后加"等"字。

④当无法确定出版地或发行地时，可推测著录出版地或发行地，并加"〔〕"，地址不准确再加"？"。无法推测时，可著录为"〔出版地不详〕"。

例如：.——〔台北〕

.——〔湖北？〕

.——〔出版地不详〕

⑤当出版者中含有出版地时，为避免混淆，出版地仍须著录。

例如：——北京：北京出版社

⑥著录了出版地和出版者，就不再著录发行地和发行者。

⑦著录影印本或其他复制本时，应著录复制本的出版地、出版者及出版日期。原版的出版地等应著录于附注项。

（2）出版者与发行者

①为国内知名而又易于识别的出版者和发行者，或出版者和发行者本身是编辑者，在题名与责任者项中已著录了其全称的，可作简化著录，并省去"出版"、"发行"字样。

例如：学术月刊

　　 . —上海：人民

　　 北京师范大学学报

　　 . —北京：该校

②出版者应以出版机构为准，不著录出版机构的代表人。无出版者时，可用发行者代替，后加"〔发行者〕"字样。

例如：. —沈阳：辽宁省图书馆〔发行者〕

③有两个出版者或发行者时可同时著录，中间用"："。有两个以上时，依原题顺序著录第一个，其后加"等"字。

④多语种的出版者或发行者，应选择著录与正题名语种相同者，必要时可著录并列出版者、发行者，其前冠"＝"。

⑤既无出版者又无发行者，并无法查考时，可著录"〔出版者不详〕"字样。

（3）出版发行日期

①以公元纪年著录。非公元纪年应按原题著录，在其后注明公元纪年，并加"〔〕"。常见的纪年换算方法如下：

民国年数＋1911 年＝公元纪年

例如：民国 35 年＋1911 年＝公元 1946 年

大正年数＋1911 年＝公元纪年

例如：大正元年＋1911 年＝公元 1912 年

昭和年数＋1925 年＝公元纪年

例如：昭和 50 年＋1925 年＝公元 1975 年

②出版发行日期有误，仍需照录，但要在其后注明正确日期，加"〔〕"。

例如：1907〔1970〕~1976

③无出版发行日期时，可著录版权日期或印刷日期。

例如：1945（版权）~

1988（印刷）~

④既无出版发行日期，又无版权、印刷日期，可著录推算日期，并加"〔 〕"或"〔?〕"。

例如：〔1988〕　　（推算是 1988 年）

〔1989?〕　　（可能是 1989 年）

〔197?〕　　（可能是 70 年代）

10.5　载体形态项

（一）名词简释

（1）具体资料标识：是指期刊的"卷"、"期"、"册"等计量单位，统一以"V."（卷）或"no."（期）标识。

（2）文献总数：是指被著录文献第一册至最后一册的总数量，即总卷数或总期（册）数。

（3）附件：是指独立于文献载体主要部分的附加材料，包括印刷品，缩微制品，录音、录像制品等。

（二）著录项目结构形式及标识符号

（1）卷数：插图；尺寸

（2）卷数（或期数或册数）：插图；尺寸＋附件

（三）著录细则说明

（1）文献总数是指期刊出版的总卷数或总期（册）数，而非馆藏期刊的数量。仍在出版的期刊，此项无具体数量，在"V."或"no."前空二格，待出版完毕后再补充总数。

例如：. —12V.42no.

（2）插图

①该项为选择项目，是否著录应由插图的作用、性质来决定。若是科普期刊等知识性、趣味性读物，一般都有插图，但无多大学

术参考价值,著录时可从略。若为每期均有图片、插图,但无多大学术参考价值,著录也可从略。若为每期均有图片、插图的期刊,或为图文并茂而题名上未予反映者,应著录并说明插图类型。

例1: :插图

例2: :乐谱

②若整本期刊是图片或主要是图片时,应加以说明。

例如:全部图片(部分彩色)

③题名已明确载明系图时,如"图册""画册",不再重复著录。

(3)尺寸

①一般指期刊的高度,计量单位 cm(厘米),不足 1cm 者按 1cm 计算,也可用开本计算。

例如: ;25cm

;16 开

②期刊的宽度超过其高度时,应同时著录高与宽的尺寸,两者间用"×"。

例如:19 × 27cm

(4)附件

①该项只著录每期都有的附件,其前用"+";非每期都有的,著录于附注项。

例如: :插图;29cm + 地图

②附件的外形特征可著录在附件名称之后,并加"()"。

例如: :插图;27cm + 幻灯片(彩色;5 × 5cm)

10.6 丛刊项

(一)著录项目结构形式及标识符号

(1).—(丛刊正刊名,丛刊 ISSN)

(2).—(丛刊正刊名,丛刊 ISSN;丛刊内部编号)

(3).—(丛刊正刊名 = 丛刊并列刊名,丛刊 ISSN;丛刊内部编号)

（4）．—（丛刊名·分丛刊名，分丛刊 ISSN；分丛刊内部编号）

（5）．—（丛刊名，丛刊 ISSN；丛刊内部编号·分丛刊刊名，分丛刊 ISSN；分丛刊内部编号）

（二）著录细则说明

（1）丛刊正刊名按原题名著录，刊名中的标点符号，为避免与著录项目标识符号相混淆，著录时可以省略。丛刊并列刊名，原则上按原题次序著，其前冠"＝"。若为多文种并列刊名，可根据需要选择其主要文种的刊名著录。

（2）当既有主丛刊的 ISSN，又有分丛刊的 ISSN 时，可省略著录主丛刊的 ISSN，只需著录分丛刊的 ISSN。

（3）丛刊内部编号是指丛刊组内每一种期刊的各期（册）的同一编号，而不是卷期号。当期刊各期均载有丛刊内部编号时，应著录之。在出版过程中，丛刊内部编号若有改变，应在附注项说明。

（4）一种期刊同时属于两种以上丛刊时，应将每一种丛刊说明分别著录于圆括号"（ ）"内。

例如：

正刊名 ···

V. ; 30cm. —（Video manel；no，333）

（Educational Progress Senies；no. 3

···

···

10.7　附注项

附注项是对期刊的形式特征的补充说明。凡 10.1 至 10.6 的各大项中内容复杂,不便或不能在原著录单元上著录,又具有识别文献作用的信息,均可在附注项说明。

(一)名词简释

(1)翻译本期刊:是指某一编辑机构将另一编辑机构的某文种期刊翻译为另一文种出版的期刊,其内容、编号系统一致。

(2)主要版本、辅助版本:一种期刊分别以多种文字同时出版,其中为主的那一文种的版本称为主要版本,其余文种的版本称为辅助版本。

(3)副刊:具有独立的题名及独立的卷、期、年、月标识系统,或具有独立的题名而无卷、期标识系统,随主刊刊行的出版物统称为副刊。

(4)附刊:凡随某一期刊刊行,无独立题名,而有独立的卷、期标识系统的出版物称为附刊。

(5)特刊:凡随某一期刊刊行,各期题名不一,不定期出版,无卷、期号而有当期的附加号(如特刊 1)的出版物称为特刊。

(6)试刊:是指期刊在正式编号出刊之前,试行出版若干期的出版物。其编号一般不计入正式标识系统内。

(7)休刊:是指期刊在出版过程中,中途停止刊行后,又恢复出版的出版物。停刊期间称为休刊。

(二)标识符号

(1)每一个附注之前用".—"。

(2)每一个附注另起段落时可省略".—"。

(三)著录细则说明

(1)出版率(刊期)无论是否在题名中反映,均应如实著录。

例如:半月刊

期刊的出版频率有变化,若变动在三次以内,应按其先后次序著录,并在"()"内注明起讫年月,第二个及第三个出版频率前用

"；"。

例如：季刊（1950～1956）；双月刊（1957～1962）；月刊（1963～）

若出版频率变动在三次以上，只著录首册的刊期，其余著录为"出版频率有变化"。

（2）题名与责任者附注

①对于翻译本期刊的著录，应注明原刊题名及其 ISSN。

例如：

美国科学新闻 ……………………………
………………………………
周刊．—本刊为：Science Nens，
ISSN ×××× － ××××的中译本

②期刊的题名与正文语种不同时，必须予以说明。

例如："正文为英文"

若正文为多文种对照，应注明："×文和×文对照本"。

目次或提要除有与正文相同的语种外，还有其他语种时，应注明："目次还有××文""有××文的目次与提要"。

③当期刊除正题名外，还有别名时，应予注明。如封面题名、刊脊题名、页头题名、目次题名等与正题名不同，应分别注明："封面题名：××××"；"刊脊题名××××"。…………

④并列题名、副题名有变化，原并列题名、副题名仍著录在题

名与责任者项,在附注项注明变化情况。

例如:"副题名有变化"

⑤责任者变动时,应予注明。责任者为简称或是对期刊有重大影响的个人时,应注明其全称或个人姓名。

(3)期刊沿革附注

①继承与改名　继承与改名是一对用于附注的导语,表示新、旧期刊之间的连续关系。"继承"用于改名后的新题名款目上的附注;"改名"用于原题名款目上的附注。

A.期刊改名后,应在新刊款目上注明改名前的刊名及其ISSN。

例如:　中国妇女/ ……………………………………………
　　　　　……………………………
　　　　×刊.—本刊继承:新中国妇女 = ISSN 0000—0000

B.期刊改名后对原刊著录时,应注明改名后的刊名及其ISSN。

例如:　新中国妇女/ …………………………………………
　　　　　……………………………
　　　　×刊.—本刊改名:中国妇女 = ISSN 0000—0000

C.若某种期刊多次改名,应在第一次和第二次或第三次等改名后的款目上,同时著录".—本刊继承:×××× ;改名:××××",若有ISSN也应注明。

②合并、改出

A.两种以上刊物合并为新刊后,应注明被合并的各刊题名及其ISSN。

例如:　中国工人/ ……………………………………………
　　　　　……………………………
　　　　×刊.—本刊由:学文化与工人半月刊合并而成

B.两种以上刊物合并为新刊后,原刊附注应注明与其合并的各刊题名和新刊题名及其 ISSN。

例如： 学文化/ ………………………………………………
………………………………

×刊 . —与:工人半月刊合并,改出:中国工人

③分出

A. 某刊从另一刊中分出时,应注明原刊题名及其 ISSN。

例如： 石油炼制译丛/ ………………………………………
………………………………

×刊 . —本刊由:石油译丛中分出

B. 一刊分出多刊时,应注明分出的所有刊名及其 ISSN。

例如:计算机应用与应用数学/ ×刊 . —本刊分出:计算机科学、应用数学与计算机数学

C. 一刊分出另一种新刊而原刊名不变时,两刊的刊名及 ISSN 均应著录。

例如： 中文科技资料目录·林业/ …………………………………
………………………………

×刊 . —本刊由:中文科技资料目录·农林分出

中文科技资料目录·农林/ ………………………………………
………………………………

×刊 . —1979 年 3 月分出:中文科技资料目录·林业

④吸收、并入

A. 一刊吸收它刊后仍以原题名继续出版时,应著录吸收的期刊题名及其 ISSN。

例如:仪器制造/ …………………………………………………
………………………………

×刊 . —本刊吸收:国外仪器制造

B. 一刊被它刊吸收后,应注明所并入的期刊题名及其 ISSN。

例如:国外仪器制造/ ………………………………………………

212

....

　　×刊 . —本刊并入:仪器制造

　　C. 一刊吸收它刊后改变题名,但卷期号仍继续,应著录所吸收的期刊题名与新题名及其 ISSN。

　　例如:中国电影/ ....

　　......................................

　　×刊 . —本刊吸收:国际电影,改名:电影艺术

　　(4) 版本附注

　　①一种期刊是另一种期刊的复制品(静电复制、照相复制等),其版本说明未在版本项中著录者,应予以注明。

　　若版本说明已著录于版本项,亦应在附注项补充说明原版本的出版地、出版者和出版频率。

　　例如:

> **拓荒者**/蒋光慈编 . —影印版 . —V. 1, no. 1(1930,
> 1,) ~ V. 1, no. 4/5(1930,5). —上海:文艺
> 出版社,1960,4
> 4no. ;21cm. —(中国现代文艺史资料丛书;乙种)
> 月刊 . —上海:太阳社, no. 4/5 为拓荒者月刊社
> 印行

　　②一种期刊既有主要版本,又有辅助版本,应在辅助版本款目的附注中注明其主要版本题名。

　　例如:本刊系:《人民画报》的英文版

　　期刊的主要版本或辅助版本题名不详,可作一般性说明。

例如:尚有蒙文版、朝文版等十九种版本

③有四种以上版本者,可作简要说明。

例如:有多种版本

④凡独立编目的副刊,应注明主刊题名。

例如： 产销信息/ ······················

······················

×刊.—本刊系:辽宁经济的副刊

凡主刊有副刊者,应予注明。

例如： 辽宁经济/ ·······················

······················

×月.—有副刊:产销信息

附刊可作一般性说明。

例如:本刊有附刊。

若特刊很有参考价值,应在主刊款目的附注项中注明特刊题名。

例如： 安徽财贸学院学报/ ··············

······················

×刊.—总10(1983,12)增刊:纪念毛泽东诞辰九十周年,纪念列宁逝世六十周年

特刊很多又不重要,可作一般性说明。

(5)卷、期附注

①凡卷、期变化未在卷、期、年、月或其它标识项中著录者,应予以注明。

例如： .—1976年起改用卷期号

.—1992年起无卷号

.—4卷和5卷各出16期,6卷出9期

②卷期编号过于复杂或不规则,未在卷、期、年、月或其它标识项中著录者,应予以注明。

例如： .—每年从第 1 卷开始编号

.—"V.3 重号""no.8 遗漏"

.—编号无规律

③若期刊跨年度出版或出版频率很长(如年刊、年度报告等),为准确反映该期刊的卷期情况,可在附注项作补充说明。

例如： .—每册包括每年 5 月 1 日至次年 4 月 1 日

.—1983 年以来每两年出 1 册

④期刊体刊后又复刊,应注明休刊和复刊情况。

例如： .—第 12 卷起休刊

.—1972 年休刊 1985 年 1 月复刊

⑤试刊应加以说明： 试刊×期。

(6)出版变化附注 主要说明出版不规则等变化情况。

例如： 1982～1988 由上海人民出版社出版

1989 年改由中国科学院出版

(7)载体形态附注

①未在载体形态项中反映的情况,应予以说明。

例如： 自 3 卷 7 期起,为 40cm

第 8 期有插图

报纸型

②出版无规律的附件,如地图、图表、录音带、唱片、幻灯片等,如重要应著录其名称。有规律出版的附件,还应说明其出版频率。

例如： 每年 5 期有统计图表

第 2 期附有"渤海湾地区图"

(8)丛刊附注 若期刊的内部编号有变化,可作必要的补充说明。

(9)索引附注 凡单独出版的索引,后期附有前期的索引或多年累积索引,均应予以说明。附于本卷或本期上的即期索引,可不予说明。

索引附注内容包括:索引的种类、册数;索引的卷、期号;刊载索引的卷、期号或年月。

例如:　　索引:著者索引 V.1—V.3,在 V.6 出版

索引:V.1－V.8,在 V.9 no.1 出版

索引:每年 12 月单独出版。每 4 卷有一总索引。

(10)著录依据附注　凡不是根据期刊本题名下第一册著录者,均应予以注明。

例如:根据:V.1,no.4(1988,4)著录

10.8　国际标准连续出版物号(ISSN)与获得方式项

(一)名词简释

(1)国际标准连续出版物号(ISSN):ISSN 全称为 International Standard Serial Number。它是由国际连续出版物数据系统(ISDS)国际中心负责管理和分配。其结构为语言或地区号—出版物号、校对号,共 8 位数字。为便于识别,每四位数为一组,用"—"联接,如:ISSN 10000—4246。ISSN 具有使文献个别化的作用,可用于连续出版物采购、目录控制、索引与文摘的编制等,也可用作文献上架、流通、索取、编制联合目录以及开展馆际互借的根据,是文献工作社会化的一项措施。

(2)识别题名:是国际连续出版物数据系统(ISDS)对每一种登记 ISSN 的连续出版物指定的一个特有的、区别于其它题名的关键题名,该题名与其 ISSN 不可分离。

(3)获得方式:是指期刊的补充方式,包括购入(订购)方式和交换、赠送等非购入方式两种。

(4)价格:是指期刊的全年定价。包括人民币(￥)或外币,如美元(＄)、英镑(￡)、港币(HK)、日元(円)等。

(二)项目结构形式及标识符号

(1)ISSN＝识别题名

(2)价格

（3）ISSN＝识别题名：价格（年份）

（4）ISSN＝识别题名：获得方式：价格（年份）

（三）著录细则说明

（1）ISSN在一般情况下是可靠的，如有个别错误，应在验算纠正后著录正确的 ISSN，并在其后注明"改正"字样。

例如：ISSN 0512—9710（改正）

（2）在国家目录和 ISDS 数据系统中，识别题名与其 ISSN 不可分离，著录时两者间用标识符"＝"。一般目录，著录时可根据需要予以选择。

（3）凡非购入的交换品、赠送品等，应予以说明。

例如：ISSN 0000—0000＝中国图书馆学会信息：赠送品

（4）价格应注于 ISSN 或识别题名后，其前用"："标识，其后用"（）"将年份括起。无 ISSN 时，可将价格著录于 ISSN 位置。

例如：ISSN：￥60（1988）

ISSN＝识别题名：￥9 元（1988）

￥5．00（1988）

（5）无 ISSN 的出版物，可著录邮局刊号"POSN"或中国图书进出口公司的刊号代码等。

例如：POSN 38—71：3.20（1983）

CBSN 580B0052：$25 Per year（1989）

10.9　馆藏项

馆藏项的记录方法目前国内还没有统一的规定，在此我们介绍一种较简单的馆藏记录法。

馆藏项在卡片式目录或书本式目录中均应另起段著录，并标明"馆藏"字样，独占一行，首字比题名首字缩进一格。标识符号及结构形式原则上与卷、期、年、月或其它标识项相同。

馆藏记录法：

①以卷（期、年）为记录单位，馆藏收藏完整的只记录起讫卷、

期、年。

例如：馆藏

V.1,no.1～V.10,no.12　　　1964～1984

②当卷(期、年)残缺时，应分行记录，残卷(期、年)不作说明。

例如：馆藏

V.1～V.14　　　　1976～1989

V.16～　　　　　　1991

③只有总期号，应先著录总期号，再著录年份。

例如：馆藏

no.10～～no.20　　1987～1988

④既有卷、期号又有总期号，依次著录，并将总期号置于"( )"内。

例如：馆藏

V.1,no.1(总1)～no.12(总12),1991

⑤只有一卷(年)或几期，依次著录之。

例如：馆藏

卷 V.2　　　　1992

　V.2,no.1,3　　　1992

1992 年

　1992,no.2,5,8

⑥卷、期标识系统改变不作说明。

例如：馆藏

V.1～3　　　　1983～1985

no.6～　　　　　1986～

⑦休刊、停刊后复刊，若卷、期号连续，应取消其最后的年份及起讫号(～)。若卷、期号不连续，应另起行著录。

例如：原款目的馆藏著录为：

V.7,no.1(总73)～V.8,no.10(总94),1985～1986

218

复刊后,若卷、期号连续,馆藏应著录为:

V. 7 , no. 1（总 73）~ , 1985

复刊后,若卷、期号不连续,馆藏应著录为:

V. 7 , no. 1（总 73）~ V. 8 , no. 10（总 94）, 1985 ~ 1986

V. 10 , no. 1（总 96）~ , 1988

6.2.3.3 标准著录法与传统著录法比较

（1）著录项目及其组织方式不同

标准著录法在著录项目方面,增加了版本项,卷、期、年、月或其他标识项,丛刊项,国际标准连续出版物号等;在组织方式上将传统著录法的刊名项和编者项合并为一大项——题名与责任者项,将传统著录法归入出版项的出版频率（刊期）归入附注项,将传统著录法归入稽核项的期刊获得方式与定价汇同 ISSN 一起作为一大项设立,还取消了传统著录法的提要项等内容。

（2）著录项目的表达方式不同

①标准著录格式的著录项目前都有相应的前置标识符。而传统著录格式则没有,它是采用段落空格的方式去分隔著录内容,不能起到识别某一著录项目的作用。这是两者间最显著的区别。

②标准著录格式虽然采用段落式,但并不十分强调段落区分。尤其是书本式目录的著录,除馆藏项外,其它大项可以连续著录。而传统著录格式则要求较为严格的段落。

（3）标准著录法更加强调著录依据的科学性,严格规定了各个著录项目的信息来源,有利于著录内容的统一。对于从非指定的信息源获得的材料,必须在其外加上方括号。

总之,与传统著录法相比较,标准著录法有显著的优点。由于标准著录法的著录项目、标识符号及排列顺序等与已为世界各国普遍接受的《国际标准书目著录（连续出版物）》相一致,有利于中外期刊目录交流,使期刊目录具有了更广泛的实用性。标准著录格式适应电脑一次输入和读者多次多途径检索的要求,完全符合文献编目工作现代化的需要。

6.3 期刊目录的组织

6.3.1 期刊目录的种类

6.3.1.1 按使用对象分

读者目录 专门供读者查找期刊用的目录。通常分为现刊读者目录与过刊读者目录,主要包括刊名目录与分类目录。

公务目录 专门供报刊工作人员使用的目录,是期刊管理的必不可少的工具。一般包括现刊记到目录、预订目录、过刊目录和排架目录。馆藏期刊较少的图书馆,一般是一套目录多种用途,这要根据实际需要而定。

6.3.1.2 按检索方法分

分类目录 按期刊分类号顺序编排而成的目录,可供读者从一定的学科门类入手查找期刊。

刊名目录 按刊名字顺编排而成的目录,可供读者从期刊题名入手查找期刊。

主题目录 按照期刊所属主题,依主题词表中的有关主题词字顺编排而成的目录,供读者从主题入手查找期刊。

责任者目录 按期刊责任者名称字顺编排而成的目录,供读者从责任者名称入手查找期刊。

6.3.1.3 按目录载体形态分

卡片式目录 是目前被我国图书情报界普遍采用的一种目录形式。其优点是可随编随排,组织灵活,登记、更新、改动、查找均很方便。其缺点是:体积庞大,不易保管,容量较小,不便于进行馆际交流。

书本式目录　　其优点是便于长期使用交流,用户在自家或本单位就可借助书本式目录了解图书情报单位馆藏报刊情况。借助书本式馆藏目录可以编制期刊联合目录、期刊论文索引、文摘和专题目录等。缺点是:不能及时反映最新期刊,更新时间往往需要一年以上。

机读目录　　又称为电子计算机磁带型目录。国外称作"MARC"——Machine Readable Catalogue。这种目录的优点是:可进行多元检索,速度快,质量高,有利于实现集中统一编目和联机检索。

6.3.1.4　按文种分

有中文期刊目录、西文期刊目录、俄文期刊目录、日文期刊目录等。

6.3.2　期刊目录的编制

6.3.2.1　卡片式目录编制法

这里主要介绍刊名字顺目录编制法与分类目录编制法。

1)刊名字顺目录的编制

(1)中文期刊刊名字顺目录一般有以下四种编制方法:

①按刊名的笔画笔顺排列。先按刊名首字笔画数从小到大排列,同笔画的再按一定的顺序排,如按点、横、竖、撇(寒来暑往法)排,或按点、竖、撇、横(江山千古法)排,或按横、点、撇、竖(元亨利贞法)排。第一个字相同再按第二个字的笔画笔顺排列。这种排列方法,由于简化字与非简化字的笔画笔顺不尽相同,因而排列时会带来一定的问题。应统一规定按简化字字体排列。

②按刊名首字的部首排列,如部首相同时,再按笔画排。

③按刊名的四角码排列。这种方法对于熟悉四角号码的人来说比较方便。

④按刊名的汉语拼音音序排列。这种排列方法不受简化汉

字、异体字的限制,编排和查找都比较方便,而且汉语拼音字母在电子计算机上的输入和输出较简单。从长远观点看,采用汉语拼音音序法排检中文期刊目录,可以为期刊目录检索的现代化创造一定的有利条件。因此,这种方法是被认为刊名目录排列的便捷的途径。

(2)西文期刊刊名字顺目录一般按照拉丁字母顺序编制,通常有以下两种排列方法:

①按字、词的顺序排列(Word by Word)。刊名中第一个字母相同者,再按照第二个字母、第三个字母顺次排列。

例如:Education Today

Education Week

Educational Studies

②按字母的顺序排列(Letter by Letter)。从首字的第一个字母开始到最后一个字母一直连贯地进行比较排列。

例如:Educational Studies

Education Today

Education Week

西文期刊刊名字顺目录的排列比较复杂,在排列中会出现多种情况。因此,在编排时应作统一规定。

①刊名中的冠词、介词和连词的排列方法有两种:一是刊名最前面的冠词不排,刊名中其它虚词照排;二是刊名中虚词全部著录,但不参加排列。

②刊名中缩写或略词的排列方法有以下几种:一是缩写或略词直接照原样排列;二是将缩写或略词换成全称后进行排列。还有一种是根据不同情况采用不同的排列方法。如对于刊名中常见的人名缩写"M,Mc"常用字的缩写"Mr, Dr"等,按全部音节排列;对于一些学科协会名称缩写如:"IEEE"(美国电气工程师协会)、"AMM"(美国医学协会)等,直接按照字母顺序排列。也可将这

类缩写的期刊刊名按字首集中起来,并分别排列在相同字头的所有期刊之前。

（3）俄文期刊刊名字顺目录编制法与西文相同。

（4）日文期刊刊名字顺目录一般有以下三种排列方法：

①分别不同情况进行排列。凡是刊名首字为日文当用汉字者,按汉字笔画顺序排;首字为日文者,按五十音图排;首字为英文者,按拉丁字母顺序排。这是我国图书馆和情报所普遍采用的一种方法。

②一律按五十音图排列。刊名无论是汉字、日文或英文,都按五十音图排列。此法不太适合我国读者的查找习惯,通常在日本本国采用较多。

③按汉语拼音排列。将日文刊名中的汉字按汉语拼音音序排列。此法不符合日文的字义语法,一些在汉字中找不到相应字的日文当用汉字,如"畑"、"灿"等也无法按汉字来读音。因而这种排列法的采用不太普遍。

2）期刊分类目录的编制　编制期刊分类目录,首先要按照期刊分类号的大小顺序排列,相同分类号的再按照复分号加以区分。同类期刊有以下几种编排方法：

（1）按分类编目的先后次序给种次号,再按种次号顺序排列。

（2）按刊名字顺排列(包括汉语拼音法、笔画笔顺法、四角号码法和部首法等)。

（3）按编辑单位名称字顺排列。

（4）按编辑单位所在地区号码(该号码多采用《中刊法》后面的辅助表——中国地域区分表中的地区号)排列,同地区号的,再以种次号区分。

为提高期刊分类目录的查准率和查全率,可编制期刊主题索引或在分类目录中设立"参见项"来辅助检索。

6.3.2.2 书本式期刊目录编制法

书本式中文期刊目录通常以分类目录为主,后附有刊名索引或主题索引。我国传统的书本式期刊目录著录事项比较简单,一般只包括索刊号、刊名、编辑或出版单位等。也有些目录著录项目较详细。例如1975年出版、上海科技图书馆所编辑的《中文报刊目录(1950—1974年)》,其著录项目包括:①刊名,②刊名汉语拼音,③编辑者,④编辑地,⑤创刊年,⑥期刊变更情况,⑦馆藏情况,⑧索刊号。

鉴于国家标准《连续出版物著录规则》已经颁行,现在各情报所和图书馆的书本式期刊目录的著录均应按照该规则,并根据各馆情况,选定著录级次,确定著录项目。

书本式外文期刊目录大多也是按分类排列的,同一类再按所使用文字(西文、俄文和日文)字顺排列,或按出版国别排列,并辅以刊名字顺索引。

编制书本式期刊目录时,一般先要编制一套卡片式目录,作为排版的根据,并以此来编制各种索引。

6.3.2.3 期刊联合目录编制法

期刊联合目录是揭示和报道两个以上收藏单位的部分或全部馆藏期刊的目录。它对于协调期刊采购、节约订购经费以及文献资源的合理布局都起着举足轻重的作用,并为实现期刊资源共享提供了极大方便。

我国已编制出各种类型和规模的期刊联合目录。1977年以前编制的多数属于回溯性目录,1977年以来出现了期刊预订目录这一新形式,例如:《1982年全国预订外文报刊联合目录》。同时,随着电子计算机在图书馆的应用,还编制出了期刊机读联合目录,如:《中国科学院成都地区西文期刊机读及书本式联合目录》。

1949年以后,我国所编制的全国性期刊联合目录如表6.1所示。

国外编制的期刊联合目录中较著名的有：

1)《全国公共图书馆逐次刊行物总合目录》 由日本国立国会图书馆编。

2)《学术杂志总合目录》 由日本文部省大学学术局编。

3)《British Union Catalogue of Periodicals》（英国期刊联合目录）

4)《World list of Scientific Periodicals》（世界科学期刊目录）

5)《Union list of Serials in libraries of the UNited States and Canada》（美、加图书馆馆藏期刊联合目录）

6)《Verzeichris auslandischer Zeitschriften in Schweizerischen Bibliotheke》（瑞士图书馆馆藏外文期刊联合目录）

表6.1 我国的全国性期刊联合目录举要

名　　称	编制单位	参加单位数(个)	所收期刊种类	时限
全国中文期刊联合目录（1833—1949）	全国图书联合目录编辑组	50	20000	1833—1949
全国西文期刊联合目录	同上	168	20000	—1957
全国西文期刊联合目录续编	同上	142	8692	1958—1961
全国西文期刊联合目录科技部分	北京图书馆联合目录编辑组	105	18900	1962—1978
全国俄文期刊联合目录	北京图书馆	143	2485	—1958
全国日文期刊联合目录	辽宁、吉林、黑龙江地区中心图书馆委员会	86	6602	—1959

（续表）

名　　　称	编制单位	参加单位数(个)	所收期刊种类	时限
1978年全国预订外文科技期刊联合目录	北京图书馆联合目录组	462	12016	1978
1979年全国预订外文科技期刊联合目录(补编本)	同上	448	2462	1979
1982年全国预订外文报刊联合目录	全国预订外文报刊联合目录编辑组	706	18000	1982

对于利用联合目录进行情报检索的介绍,本书第8章将作详细阐述。

编制期刊联合目录,首先应制定编制计划。计划的内容有以下几方面:

(1)确定编制的体例和方法。编制原则包括参加单位、收录范围(学科范围、时间范围、期刊种类等)、目录形式等。编制方法有三种:一是以一馆为主编目,其它馆进行校补;二是各馆分别编目,由一馆进行汇总;三是各馆分别编目,再进行集中校补。

(2)确定著录规则及目录规则。由于是多个收藏单位的联合目录,因此各参加单位应遵循统一的著录规则,即各单位的著录项目及格式必须一致。今后编制期刊联合目录须严格依据国家标准《连续出版物著录规则》,选择适当的著录级次进行著录。期刊联合目录一般均采用书本式著录格式。目录规则包括目录的编排方式及索引的编制方法。期刊联合目录的编排方式通常有以下几种:①先类别,后文种,再拼音;②先类别,后文种,再字顺;③先类别,后文种,再代号(适用于有代号期刊);④先文种,后类别,再拼音;⑤先文种,后类别,再字顺;⑥先文种,后类别,再代号(适用于有代号期刊)。

(3)确定联合目录今后继续修订、补充的办法。

(4)应制定某一地区或全国范围的协调计划,以避免编制联合目录时发生缺漏现象以及所造成的时间、经费的重复浪费。

6.4 报纸的分类编目

6.4.1 报纸分类的必要性

图书情报单位对于报纸的管理,过去由于报纸种类不多,其目录组织一般是按照邮发代号或按报名字顺排列的。近年来,随着科学文化事业的飞速发展,报纸的种类大大增加。1987 年的《中国报刊大全》已收录邮发报纸和非邮发报纸共 1600 余种。同时各种专业报纸也因需要而大量产生。随着商品经济的不断发展,人们获得"信息"的要求日益迫切,于是各种经济报、信息报、广告报大量出现。据《中国报刊大全》记载,其邮发部分所收录的有关经济方面的报纸有 61 种,1985 年以后创刊的就有 31 种。其收录的信息、广告报有 59 种,1985 年以后创刊的就有 34 种。报纸种数的增多,各类专业报的大量创刊,都要求对报纸进行分类,编制分类目录,以便更好地进行管理,并为读者按类索报提供方便。对报纸进行分类编目,主要适用于报纸收藏量大、报纸种类较多的大型图书馆和情报所。

报纸分类的特点与期刊相似,可归纳为以下几方面:

(1)宜粗分。这是相对于期刊来说的。从总体上看,报纸的内容是比较广泛、庞杂的。例如:《人民日报》、《北京日报》、《新华日报》等,内容包括经济、政治、文化、教育、体育、文艺、历史、科技和社会生活等各个方面。即使是专业性报纸，其内容也很丰富。如《经济新闻报》、《经济信息时报》，提供经济、科技、贸易、金融、劳务等各方面的信息，同时还宣传经济区的名胜古迹。因此，报纸不适合细分，而宜粗分。

（2）由于报纸是连续出版物，因此应从整体上来确定其究竟应归属于何类，而不应只根据其中的某一期或几期来确定其类属。

（3）报纸的题名，大多比较抽象，甚至不如期刊名称具体。因此，不能仅凭报名分类，而应视其内容进行分类。

6.4.2　报纸的分类方法

第一种：将报纸编辑单位分为中央级、省（市、自治区）级、县级。这种分类方法在出版部门居多，但该法并不科学。

第二种：将报纸从内容上划分为综合性和专门性两种，这是一种较粗略的方法。《中文期刊管理知识》（张德芳著）中对报纸的分类就是采用的这种方法。它将内容为刊登国内外重要的政治、经济、文化、科技新闻的报纸归入综合性大类中，例如《人民日报》、《北京日报》、《拂晓报》、《羊城晚报》、《新民晚报》等。将专门性报纸划分为四种类型：①为特定的读者编辑、出版的，如《中国青年报》、《工人日报》等；②按专门内容编辑、出版的，如《中国河运报》、《中国法制报》、《经济日报》、《海南农垦报》、《体育报》等；③用图像形式编辑、出版的，如《新闻照片》、《讽刺与幽默》等；④内容、形式方面均有独特的特点，如报导新书出版消息，而又用条目形式编排的《科技新书目》，报导广播消息的《广播节目报》等。

第三种：依照《中国图书馆图书分类法》或《科图法》、《人大法》等其他分类法体系，结合报纸特点，进行较为详细的分类，《中国报刊大全》就是采用的这种方法。1985 年出版的《中国邮发报刊大全》将报纸分为 27 类 39 项。1987 年出版的《中国报刊大全》

（邮发部分）对部分类目进行了调整,分为 28 类 52 项,28 大类为:

"中央、省、市、自治区中共机关报

地(市)、县中共机关报

早、晚报

人口、家庭、社会生活报

工人报

农民、农业、农垦报

青年报

妇女报

老年报

政协、侨乡报及其他

法制报

军队、公安、民兵报

经济、商业、财贸报

信息、广告报

邮电报

文化艺术报

教育、教学报

中小学、少年儿童报

书讯报

广播电视报

体育报

科技报

医药卫生报

专业报

电子、计算机报

交通、航运报

环境市容报

综合文摘报"

1988 年出版的《当代中国报纸大全》对报纸的分类也较详细、全面。它以各家报纸的社会功能作为分类的主要标准,将报纸分为28 类:"(1)共产党机关报;(2)民主党派机关报;(3)非政党机关报的综合报;(4)工人报;(5)农民报;(6)军报;(7)妇女报;(8)华侨报;(9)少年儿童报;(10)青年报;(11)老年报;(12)经济报;(13)科技报;(14)政法报;(15)文化报;(16)教育报;(17)体育报;(18)卫生报;(19)社会生活服务报;(20)新闻出版广播电视报;(21)行业报;(22)企业报;(23)院校报;(24)早报;(25)晚报;(26)文摘报;(27)画报;(28)其它报"。同类报纸再按出版地排列。

以上两种"大全"打破了以往将报纸分为综合类报纸和专业类报纸的笼统的两分法传统,为报纸的科学分类开了一个好头,也为研究报纸分类课题提出了一些新问题。但若严格地从分类学观点看,其类目的设置还存在着重复交叉的现象。这是因为其分类所依据的标准不统一,如《全国报刊大全》(邮发部分)中有依报纸内容性质划分的,类目有"法制报"、"医药卫生报"、"环境市容报"等。有依读者对象划分的,类目有"工人报"、"青年报"、"妇女报"等。还有依报纸出版发行时间划分的,如"早、晚报"等。这种标准不统一的分类方法必然造成类目设置的重复交叉。如"早、晚报"从内容上看都是综合性的,应设置一综合性类目。"中小学、少年儿童报"中许多报纸根据内容应归入"教育、教学报"内,如《中学生学习报》、《中学生语文报》等。其中还有一些报纸则应归入"文化艺术报"内,如《苗苗》、《哈哈画报》等。以上这些重复交叉现象的例子较多,这里就不一一列举了。另外,有些类目的标题词也不规范,含义模糊,如"院校报"等。

我们认为,要对报纸进行科学的分类,首先要确定一个统一的划分标准。报纸与期刊一样,应以其内容的科学属性作为划分的主要标准;报纸的形式、区域、文种、读者对象、出版时间等应作为划分的辅助标准。在标准确立后,可参考《中国图书馆图书分类法》或《科图法》、《人大法》等体系,结合报纸的具体特点,建立起报纸分类的科学体系。在具体分类时,还应对每种报纸的内容进行细致的分析,掌握其主旨和全部特征,对各种报纸进行恰当的归类。

6.4.3 报纸著录法

报纸的著录项目应以国家标准《连续出版物著录规则》作为依据,并结合报纸的特点来确定,下面对几个需要注意的著录项目予以说明。

报纸的题名有其特殊之处,应分辩清楚后再予著录。报纸的题名有"大报头"和"小报头"之分。各种报纸的每个版面上方都有一条栏线,栏线上的题名称为"报头",其中第1版上的题名称为"大报头",其他版面上的题名均称为"小报头"。我国过去出版的某些报纸,存在着"大报头"与"小报头"不一致的现象。遇到这种情况,应以"大报头"所题报名为准,将"小报头"报名作为副报名著录于"大报头"报名之后。如:《晨钟》报,其"大报头"题为《晨钟》,"小报头"题为《晨钟报》,应著录为:

晨钟:晨钟报/晨钟报社编辑部. —北京:编者,
　　1916,8,15～1918,9,24…………
　　月刊. ——本报自1918年12月1日起改名为《晨
报》

对于某些报纸题名前后附有的字体较小的说明文字,如"晚报"、"晨报"等,均按副题名处理。

一些同名报纸或不含地名的地方报纸,应在报名加注所在省(市)县名称。例如:大众日报〔山东〕。旧地名应加注现地名。

例如:朝报〔绥远〕/ ………

　　　归绥〔呼和浩特〕 ……………………………………………………………………………………………

载体形态项可只著录开本,如对开、四开等,省略总期数。

馆藏项可只著录年月,省略期号。

例如:

索取号　青年报(上海)/青年报编辑部编辑.—上海: 　　　编者,1999,6,10 创刊 　　　对开 　　　POSN 3—6:¥3.12(1988) 　　　周刊 　　　馆藏:1—12　1987 　　　　　　1—12　1988

主要参考文献

1　白国应.谈谈报刊资料分类工作.资料工作通讯,1987:(9)

2　焦贤能.期刊分类刍议.赣图通讯,1981(3)

3　卢中岳.报刊资料分类探讨.资料工作通讯,1982(2)

4 杨秀君,王玉祥.从期刊特点看类分期刊的标准.图学研究,1982(3)

5 何鼎富.浅谈期刊分类及其统一化的若干问题.图书馆学研究,1983
   (6)

6 李文.报刊资料分类的特点.图书馆杂志,1983(2)

7 李燚.试论期刊分类的特殊性——兼评"期刊分类表".湖北高校图
   书馆,1985(1)

8 黄亚民.期刊分类的思考.图书馆学刊,1985(1)

9 高桂芬.现代期刊分类体系结构及其发展趋势的探讨.山东图书馆季
   刊,1985(1)

10 凌建平.哲学、社会科学期刊分类之我见.图书馆研究与工作,1985
    (3)

11 杨秀君.期刊分类的辅助标准.图书馆研究与工作,1985(3)

12 高桂芬.现代科学技术期刊的分类体系——兼谈《中刊法》.武汉大
    学学报(社科),1985(5)

13 侯书英.期刊分类的约定原则.云南图书馆,1986(3-4)

14 余广和.中文期刊分类法研究现状评述.黑龙江图书馆,1987(3)

15 章琼林.对期刊分类的几点尝试.湖北教育学院学报(综合),1989
    (1)

16 吴龙涛,叶奋生.CB3792.3-85连续出版物著录规则.北京:中国
    标准出版社,1985

17 朱育培.《连续出版物著录规则》浅释.图书馆学刊,1986(4),1987
    (2)(3)

18 任毅军.浅谈西文期刊刊名字顺目录的排列.北图通讯,1980(3)

19 侯毓馥.日文期刊的目录组织及排列方法的探讨.冶图通讯.1982
    (2)

20 张厚生.国家书目概述.世界图书,1987(9)

21 卢子博.主题法基础知识.南京:江苏省图书馆学会,1985

22 戎胜芳.期刊目录探讨.图书馆学研究,1887(6)

23 俞曼莉.分类期刊的索引号编制法.图书馆研究与工作,1988(1)

24 朱崇阶.关于中文期刊刊次号的编制.图书馆理论与实践,1989(3)

25 陈阿琳.交叉科学与期刊分类的组配化.西北大学学报(哲社版),

1989(1)

26 胡文德.试谈报纸目录的著录.北图通讯,1982(2)

27 谢宗昭.文献编目概论.南京:南京大学出版社,1990

28 段明莲,关懿娴.西文文献编目.北京:北京大学出版社,1991

29 彭斐章.书目情报需求与服务研究、武昌:武汉大学出版社,1990

30 夏文正译;阎立中校.ISBD(S)国际标准书目著录(连续出版物).北京:书目文献出版社,1983

31　Chasing MARC:Cearching in Bibiiofile,Dialog,OCIC,and RLIN/Allan Ann//s. Acad. Librarianship. —1990,15(6).

32　Using DIALOG′s on—Line documentation:how to locale and search databases you Know nothing about/Plaker, G. R. ···//Database searcher. —1990.6(3).

7　报刊的组织管理

7.1　报刊组织管理概述

7.1.1　报刊组织管理的意义

文献机构的报刊组织管理是报刊建设的基本内容之一，也是报刊经过收集登记、整理加工等一系列过程的最后工序。报刊组织管理的内容，一般包括报刊文献资源的布局、报刊排架、报刊清点与剔除、报刊装订与保护等。报刊组织管理为报刊利用创造了有利条件，其工作品质，直接影响到报刊文献的利用率和利用效益。

报刊组织管理的意义有以下两个方面：

（1）做好报刊组织管理工作，使所藏报刊得到合理的布局和排列，便于读者检索，能够提高报刊业务工作效率和报刊资源的利用率。

（2）做好报刊组织管理工作，妥善地对报刊进行定期装订和精心保护，保证报刊收藏的完整性、系统性，使其整洁有序，便于查找。

7.1.2　报刊组织管理的要求

（1）做好报刊组织管理工作，要科学地处理好报刊保存与使用的关系。保存是为了更好地利用,利用是保存的目的,利用是第一位的。通常情况下,报刊利用愈频繁,破损率愈高,保存的完整性愈差;反之,报刊的利用愈少,保存的完整性愈好。因此,要处理好报刊的保存与使用的关系,在利用的前提下,做好报刊文献的保存工作,保持报刊的完整性(包括结构完整、卷期完整与文献载体完整),使报刊丢失与破损率达到较低限度。

(2)方便报刊文献的流通也是报刊管理的一个目标。要合理地安排报刊文献布局,馆内报刊的分编整理,编目部到报刊库之间,报刊库到报刊库之间,报刊库到外借处、阅览室、参考咨询室之间,尽量减少中间环节,保证报刊文献运转畅通。报刊存放的序列,要便于管理人员有效地排列、检索、清点、剔除和保护,深入系统地熟悉和研究报刊,要便于读者借阅利用。

(3)报刊组织管理要处理好报刊布局中各点、面之间的关系,使之形成一个合理的报刊资源系统,做到调剂余缺,资源共享,保障供求。

(4)报刊组织管理,要通过报刊整理和剔除工作,协同做好报刊收集工作,提高馆藏报刊的质量水准,以解决收藏数量与收藏品质的矛盾,提高报刊文献的利用率。

(5)报刊的组织管理,要注意将核心报刊放置到最容易索取、读者最容易获得的最佳位置,或用标示符号给以醒目的指引,给读者利用报刊提供方便。

7.2 报刊资源布局

报刊资源布局,又称为报刊资源划分,是将馆藏报刊文献区分为相对独立又相互联系的空间组合系统,建立起具有一定功能的报刊库,为各种报刊确定合理的存放位置,以便保存和利用。

报刊资源布局的核心是报刊库的划分。对报刊库划分的基本要求是：使报刊得到有效的利用；便于不同读者寻找到他们所需要的报刊资料；便于报刊业务工作人员熟悉和研究馆藏，提高服务工作水准；保证报刊体系的完整，避免丢失和损坏，延长报刊的使用寿命。

我国图书馆传统的报刊布局方式，一般是把全馆报刊库组合划分为三种类型：基本报刊库、辅助报刊库和专门报刊库，组建成以基本报刊库为中心、辅助报刊库和专门报刊库为分支的报刊馆藏体系。

基本报刊库收藏的报刊数量大，学科门类齐全，包括推荐性的常用报刊，供研究用的参考性报刊和不常用的报刊。基本报刊库一般都是采用闭架形式的典藏借阅制度，读者借阅时往往需要等候较长时间，拒借率也较高。

辅助报刊库是相对于基本报刊库而言的。它是指阅览室、借阅处、参考室、研究室等所设置的报刊库。它依附于服务机构，具有相对的独立性。

专门报刊库又称特藏报刊库。它所藏的报刊，一般是比较珍贵的，在一定的程度上可以反映出馆藏文献的特色。设置专门报刊库的目的，一方面是由于某一部分报刊需要特殊的保管条件，另一方面是为了满足特定读者群的特定需要。

这种传统的报刊文献布局方式存在着一定的弊端。其弊端集中表现在对报刊文献进行布局的过程中，没有能够根据报刊利用率高低来区分报刊，并且通常采用闭架式典藏借阅制度，使馆藏报刊文献与读者分离开来，滞架报刊较多，报刊利用率较低。

近些年来，有人提出报刊文献布局采用三线典藏制。所谓三线典藏制，就是按照报刊文献的利用率高低和新旧程度，结合服务方式，将馆藏报刊文献区分为利用率最高的、较高的、较低的三个部分，把利用率最高的报刊文献组织到一线报刊库，把利用率较高的报刊文献组织到二线报刊库,把利用率较低的文献组织到三线报刊库。

一线报刊库为开架辅助报刊库,包括开架外借处辅助报刊库和开架阅览室辅助报刊库。一线报刊库收藏具有现实性、推荐性、针对性很强的近期报刊文献。

二线报刊库为闭架或半开架辅助报刊库,包括闭架外借处辅助报刊库和闭架阅览室辅助报刊库。除收藏有一定数量的推荐性报刊外,还收藏参考性报刊,这是它的基本特征。

三线报刊库为基本报刊库,主要存放那些内容过时的、不常用的、流通率较低的滞架报刊文献,采取闭架形式借阅。

三线典藏制与传统的报刊文献布局主要区别在于:传统的报刊文献布局,基本报刊库是藏刊中心;三线典藏制藏刊的主体是辅助报刊库。传统的藏刊布局,基本报刊库藏对各个辅助库藏起着调节的作用。表现在辅助库藏需要的报刊,可以从基本库藏中得到补充,当辅助库藏中的一部分报刊,随着时间的推移而陈旧过时时,又可以回到基本库藏中去。三线典藏制的布局方式,这种调节作用虽未消失,但调节的功能已相对地减弱了。因为一、二线报刊库可以直接从采编部门接收报刊。所以,一线、二线和三线报刊库的联系主要侧重于剔除报刊的"出"与"归"。

实行三线典藏制的特点,是将报刊文献布局与馆藏报刊区分紧密地联系在一起,并反映了文献利用分布高度集中与相对分散的规律。按通常的说法,读者的80%的需要,集中在20%的报刊中,而其余20%的需要则分散在80%的报刊中。也就是说,在典藏时,要将能够满足读者80%需要的流通率高的报刊,集中于一、二线报刊库;把只能满足20%读者需求的滞架报刊,集中于三线报刊库。这种三线典藏制可以大大地提高报刊文献的利用率,方便了读者的借阅。由此可见,三线典藏制与传统的报刊文献布局相比,具有较大的优越性。图书馆和情报所应根据各自的具体情

238

况,逐步地实行馆藏报刊的三线典藏制度。

7.3 报刊排架方法

7.3.1 报刊排架的要求

为了更好地管理报刊,使报刊文献资源得到充分利用,需要对报刊进行科学、合理的排架。报刊科学排架的基本要求有如下几方面:

(1)报刊排架方式要有利于报刊检索效率的提高,让读者能够在最短的时间内找到自己所需报刊资料,并尽量减少报刊工作人员不必要的繁琐劳动,还应做到取刊归架简便、迅速、准确。

(2)排架系统应明确实用,便于报刊工作人员利用架位体系和熟悉馆藏,并有助于开展对馆藏报刊的研究,包括对报刊种类结构、语种比例、复本量等多方面的研究。

(3)排架号要简单明了,标识应准确清晰。

(4)排架方式要有利于节省库房空间。任何单位的库房建设不可能无限制地扩展下去,所以,报刊排架方式必须有利于节省库房空间。同时还应有利于减少倒架次数,以节省人力、物力。

7.3.2 期刊排架方法

根据期刊的特征,其排架方法可分为两类:第一类是内容排架法,以期刊的内容体系为标志,包括分类排架、主题排架和专题排架。第二类是形式排架法,以期刊的形式序列为标志,包括刊名字顺排架法、固定排架法、年代排架法、刊号排架法和出版机构排架法。其中固定排架法包括登录号排架法和架号排架法两种。

期刊排架体系结构是期刊的各种排架方法的有机组成及其相

互补充、联系的整体。可用图 7.1 表示。

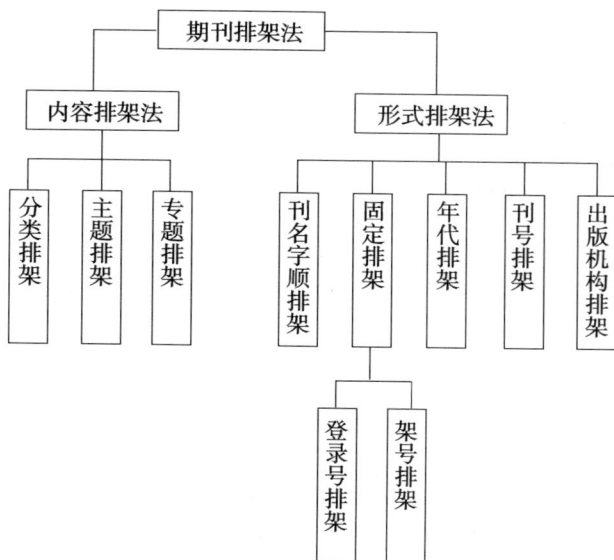

图 7.1　期刊排架体系

图 7.1 所述各种排架法,在实际应用中,除固定排架法与刊号排架法可以单独排列期刊外,其它任何一种排架法,都不能单独使用,通常要用两种以上的排架法,互相组配成复合排架法来排列期刊。在组配的复合排架法中,内容与形式的组配,总是以内容为主,形式为辅;形式与形式的组配,则以第一种形式标志为主,第二种形式标志为辅。例如,分类字顺排架法,先按分类,再按字顺排架;分类决定期刊排架的主要序列,字顺则是辅助性序列。字顺年代排架法,先字顺,后年代,字顺是主要序列,年代是辅助序列。下面分别介绍一下期刊的各种排架法。

7.3.2.1 分类排架法

分类排架法是按照某一分类表的体系,将期刊按其内容的学科属性进行类分,以类目在知识体系中的位置来确定先后次序的一种排架方法。

以分类为主的复合排架法通常有以下几种:①分类号+种次号;②分类号+刊名字顺;③分类号+期刊代号;④分类号+地区号;⑤分类号+克特氏号(指外刊排架)。

分类排架法的优点是:

(1)同类期刊集中排列,便于特性检索,可从学科的相互关系中了解有关学科的相邻或交叉学科、新兴或边缘学科期刊的收藏情况;

(2)便于管理人员系统地熟悉和研究馆藏,按类别宣传、推荐期刊,便于指导阅读;

(3)便于读者直接在架位上按类索取期刊,尤其是开架阅览室或开架期刊库,便于读者检索利用,因而对开架期刊的排列一般都采用此法。

分类排架法的缺点是:

(1)为了集中同类期刊,必须在架位上预留空位,以至于不能充分利用库房空间;

(2)因分类体系相对稳定,而新的学科、新的期刊不断产生,不断补充进库房,因而容易产生倒架的弊病;

(3)为了保证一刊一号,分类排架号一般较长,在排架和实际查检时,须逐一比号,以至于期刊的排刊、归架的速度均较慢,也容易出现差错。

7.3.2.2 主题排架法

主题排架法是按照期刊内容所属主题,依主题词表中的有关主题词来排列期刊的方法。

7.3.2.3　专题排架法

专题排架法是将期刊按一定的专题范围集中排列的方法,带有专题陈列、专架展览性质,向读者宣传推荐馆藏期刊。此种排架法与分类排架法的区别,可以在一个专题范围内,把所藏期刊中属于不同小类,甚至不同大类的期刊集中在一起。专题排架法范围比主题排架法的范围广,因为专题排架法也可按主题词排列。

专题排架法的优点是:排架机动灵活,适应性强,适合于期刊宣传推荐和开架服务。但它只是一种辅助性排架法,一般不用它来排列所有的馆藏期刊。

7.3.2.4　刊名字顺排架法

刊名字顺排架法是根据刊名字顺目录的排列原则对期刊进行排架的方法。

常见的中文期刊刊名字顺排架法有:①刊名汉语拼音字顺法;②刊名笔画笔顺法;③刊名起笔笔形代码法;④刊名四角号码法。

外文期刊刊名字顺排架可根据语种不同而选用不同的方法。西文和俄文分别按西文俄文的字顺排列。日文期刊刊名字顺排架一般有二种形式:一是当用汉字,按笔画笔顺法排列较为适宜;二是日文假名,应按五十音图顺序排列。

刊名字顺排架法的优点是:

(1)不需要分类;

(2)在已知刊名的情况下,查找起来简便。

其缺点是:

(1)同一学科同一主题的期刊往往因刊名不同而排在多处,使读者和管理人员难以从架位上直接了解某一学科或主题的期刊收藏的全面情况,也无法"按类求刊";

(2)期刊的改名现象较为普遍,改名但并不改变内容和编辑宗旨的期刊因名称不同而必须另置一处,这给管理和利用带来不便;

（3）仍存在倒架的问题。

7.3.2.5 固定排架法

固定排架法是按照期刊的固定编号顺序排架的方法,包括登录号排架法和架号排架法。

1）登录号排架法　是以每册期刊合订本的登录号为先后次序进行排架的方法,又称为"大流水排架法"。

登录号排架法的优点是：

（1）排架固定,可以不必倒架;

（2）排架号结构单纯、顺序明确、取号容易,便于理解和掌握,只凭"登录号"就可以准确地取刊或将期刊归架;

（3）不会出现重号现象;

（4）由于按年代编制登录号,书库中的期刊按年分成若干"段",便于按期刊的"半衰期"规律来进行管理。

登录号排架法的缺点是：

（1）不同时期入藏的同种期刊,不能集中排架,查找起来极其不便;

（2）无科学性和系统性,不便于直接从架位上查找期刊;

（3）同类期刊被分散在多处,不便于从分类角度掌握和查找馆藏。

2）架号排架法　按照期刊到馆先后顺序依次排列在固定的架位上并配以固定的排架号,亦称"固定排架法"。固定排架号一般由三组号码组成:刊架号、层号、刊位号（即同一层内序号）。

架号排架法的优点是：

（1）号码简单,给号方便;

（2）位置固定,能节省空间,不需倒架;

（3）易记、易排、易检。

其缺点是：

（1）同一种期刊由于到馆时间先后不同而被分散在多处;

（2）只知刊名，不知架号就无法取还；

（3）若要索取同种期刊的不同期（本）时，需多处找寻。

7.3.2.6　年代排架法

年代排架法就是将同一年出版的期刊合订本先行集中，然后再按分类，或按刊名字顺，或按种次号加以区分排架的方法。

年代排架法的优点是：

（1）一般不需倒架，能最大限度地利用空间，节约人力、物力；

（2）根据期刊"半衰期"规律，离现时越近的期刊使用价值越大，被检索的频率越高，因此按年代顺序排列期刊，便于管理人员将精力集中用在利用率较高年份的期刊上，以减轻工作人员的劳动强度；

（3）便于期刊剔除。

其主要缺点是，当读者需要不同年代的同种期刊时，管理人员需多处查寻，比较费时费力。

7.3.2.7　刊号排架法

中文期刊按邮发代号、统一刊号排架，原版外文期刊按原版刊号排架，影印外文期刊按影印刊号排架等。

刊号排架法的优点是：

（1）取号方便，不必重新编号；

（2）邮发代号可将同一地区的期刊集中在一起，原版外文期刊刊号可将同类中同一国家的期刊集中在一起，方便管理和使用。

刊号排架法的缺点是：

（1）对于无刊号的期刊，需自配代号或单独管理；

（2）按刊号查找期刊不太符合读者的查检习惯；

（3）同一地区或国家内的各种期刊，其排列的先后次序无规律可循；

（4）一旦出现改刊号情况，图书馆和情报所就需随之去做大量工作。

需要说明的是,刊号排架法一般多用于现刊排架。有些刊号的组成含有分类号,期刊按某些刊号排架,表面上看属于"形式排架法",实际上,因有许多刊号是按类配编的,所以,也可以说它仍属"内容排架法"。

7.3.2.8 出版机构排架法

出版机构排架法是按出版机构名称的字顺排列的方法。它可集中某一出版机构出版的全部期刊。这种排架法在各文献管理单位中采用得较少。

从以上介绍的几种排架法来看,无论是内容排架法,还是形式排架法都有其各自的优缺点。各文献管理单位应根据所藏期刊和读者对象的具体情况来选择符合本单位情况的期刊排架体系,并注意所选择的排架法应尽量满足以下几个条件:

(1)编号简单,易于识别;

(2)存取迅速,便于利用;

(3)尽量避免倒架;

(4)最大限度地提高报刊库房利用率。

一个文献管理单位一旦选定了某一排架体系,就应尽量保持其相对稳定。无论选用哪种排架方法,其排架号都应反映在目录卡片上,使所藏期刊与目录建立起直接的联系。

7.3.3 报纸排架法

常见的报纸排架法有报名排架法、地区排架法、代号排架法和年代排架法四种。

7.3.3.1 报名排架法

与刊名排架法完全相同。中、外文报纸均要先按报名字顺排架,同一种报纸再按年代顺次排架;同一年按月份顺次排;同一月者按日期顺次排架。

7.3.3.2 地区排架法

地区排架法是按报纸出版地自然顺序排架的方法。

国内中文报纸按地区排架顺序有：一是按北京、东北、华北、西北、华东、中南、西南大区顺序编排；二是按《中图法》、《科图法》或《人大法》中的"中国地域区分表"和《中图法·期刊分类表》的"地区表"顺序编排；三是按邮发代号的地区顺序排列等。同一地区的再按刊名字顺编排，同一种报纸再按出版时间先后顺次排架。

外文报纸地区排架一般先按《中图法》、《科图法》等"世界地域区分表"排列，然后再按报名、出版时间先后进一步细分排架。

7.3.3.3 代号排架法

代号排架法要严格按照统一刊号、邮发代号或中图公司编的原版刊号等排架。即中文报纸先按统一刊号和邮发代号中的地区号排，次按报纸种别号排，同种报纸再按出版时间先后排架。外文报纸先按中图公司编的原版刊号的分类号排，其次按国别号排，再次按种别号排，同种报纸按出版时间先后排架。

7.3.3.4 年代排架法

将报纸先按年代顺序编排，同年异种报纸集中在一起，然后再按报名或地区进行排列。

上述几种报纸排架法，比较而言，前三种优点是便于同种报纸的管理，缺点是浪费报架空间，需要经常倒架。第四种排架法的优缺点恰恰与前三种相反。

在收藏报纸种类较多，并对报纸实行分类编目的大型图书馆和情报所，也可对报纸进行分类排架，以便于读者直接在报架上按类查找和索取报纸。

7.4 报刊装订

7.4.1 报刊装订的意义

现期报刊累积到一定程度,如半年、一年,便要装订成册,其目的是为了更好地保管和利用报刊。具体地说,报刊装订工作的意义有以下几方面:

(1)通过报刊装订,对馆藏报刊进行一次全面的、系统的整理、清点,发现缺漏现象,有针对性地采取措施进行补缺,可以提高馆藏报刊收藏的系统性和完整性。

(2)通过定期的报刊装订,使现刊库中的报刊不断地有规律地进入过刊库,也为新到报刊腾出了架位;报刊阅览室的报刊装订,能使同一品种报刊汇集成册,使报刊信息经常处于新颖状态中,可以提高读者利用报刊的实际效果。

(3)散本报刊装订成册后,报刊不易散失,便于保管,方便上架,节省库房空间,也可以减少报刊污损,延长使用寿命。此外,报刊合订本的刊脊处印有年、月或年、期数及索刊号,便于管理人员上架和查找,也便于读者检索利用。

7.4.2 报刊装订规范

报刊装订时,要有统一的规格,一般有以下几项要求:

1)装订单位及厚度 期刊装订一般以"卷"或"年"为单位;日报装订一般以"月"为单位。但在具体装订时还应从使用的角度出发,确定装订的厚度。其基本原则应为"厚者分订,薄者合订"。期刊装订厚度以 3.5cm 到 5cm 左右为宜。若装订过厚,则利用不便,易损坏,也会因过多地将若干期集中在一起而影响其利用率;

太薄,则会造成装订工本的增加。报纸为日报,一般应以一月为单位进行装订,若为周报或半月报,可视情况将几个月的报纸装订成一册。

2)烫、印字 装订成册的报刊,应在册脊上顺次烫印报刊名、卷、期号、年号、索刊号、收藏单位名称及其他特殊情况说明文字(如增刊、缺期、索引等)的字样,以备排架与检索。烫印字的规格要统一,要求对烫字的顺序、字体、位置、大小与其代表的意义内容等作出具体的前后一致的规定。如刊名可用适当的大一号字排在最上面,外文报刊烫印上原文刊名后,可加注译名并加上括号,或烫上中文刊名后再加注原来文种,如:"科学(英)"。

3)高度 在装订切边时要注意使每册报刊高度以及烫印字的高度保持一致,不得任意多切或少切,以免高低不齐,影响报刊排架的整齐、美观。

4)颜色 报刊合订本封皮颜色的选用要注意与整个库房及其报刊的色彩统一和谐。同种报刊的封皮和烫印字的颜色应保持前后一致。

5)材料 同一文献管理单位报刊装订用封皮应尽量使用同种材料。目前国内使用较多的硬纸壳外加漆布或漆纸是较为理想的期刊装订材料。报纸装订材料,使用牛皮纸较多。

总之,报刊装订规格应保持统一,这样才能使报刊库既美观整齐,又便于管理和流通。

7.4.3 报刊装订需注意的问题

7.4.3.1 品种问题

报刊装订,对其品种要有所选择。装订成册的报刊应为本单位核心报刊、专业报刊和具有保存价值的报刊。不需长期保存的报刊,可以不装订,这样做既可节省装订费用,又可节省库房空间和人力。

7.4.3.2　复本问题

报刊的复本量应根据报刊本身的价值、读者的需求量、使用频率及本单位的条件等因素确定。通常认为复本量宜少不宜多,期刊一般装订1—3套为宜,报纸一般装订1套为宜。

7.4.3.3　时间问题

报刊装订时间的选择,取决于同种报刊的到齐情况、读者阅览报刊规律、报刊工作的周期性和装订单位的业务情况等多方面的因素。一般来讲,报刊收集齐全(以一定的时期为限,报纸为一月或数月,期刊为半年或一年)后即可装订。有些报刊借阅人多,使用频繁,为保证读者利用,可将这类报刊装订时间推迟,避开使用高峰。如期刊装订时间可定在期刊出版后的1—2年。当然,对于有一定复本量的报刊,可以分批分期装订,或者留一份供读者利用,其余的可及时装订。报刊批量装订时间的选择,还应考虑到期刊工作的周期性和装订单位的事务忙、闲等情况而定。报刊装订时间应尽量缩短,使报刊尽早为读者使用。

7.4.3.4　报刊装订时对有关附件的处理办法

1)期刊的副刊、增刊、特刊　若副刊、增刊、特刊占用了正刊的某一卷次号或年度中的某一期号,版本式样和原刊物相一致,则应该将它们插入相应的位置进行装订。若副刊、增刊、特刊不占有正刊的某一卷次号或年度中的某一期号,而是另外编有自己的标识系统时,则应单独装订。若无卷期号,在版式上接近图书,并具有图书的一些主要特征(如发表的是一部完整的著作等),那就可以作为图书处理,必要时可在目录上注明。

2)期刊的封皮　期刊的封皮在装订时应保留,即使是各期页次相连贯、所装订成册的首期到末期的页数通排的,也没有必要将封皮撕掉。因为读者在查找文章时,往往从期刊的期次查阅期刊文献的较多,也习惯于一期一期地阅读,期刊封皮上的图案和文字信息往往也是读者需求的情报,期刊装订时保持原貌更加有利于读者查阅报刊文献。

3）全卷、全年度的总目录　若是单独编印的,直接放入在合订本之首装订。若是刊在某卷(或某年)的最后一期,或是刊在下卷的首期中,则应在装订时拆下放在该合订本的最前面。这样比较符合读者的查找习惯。

4）期刊的索引　对于单独编印的年度索引,一般应装订在合订本的前面,便于读者先利用索引查找文献线索;如果是附在某一期上,可以不必另作处理,但应在刊脊上加以说明。

5）广告　若与报刊内容有密切联系,并对本单位读者有参考价值的,应随报刊装订。反之亦可处理不装订。但从目前情况来看,国内报刊上广告较少,要将其拆除掉往往既费时间,又易造成对报刊整体的破坏,所以一般不必拆去,以保持原貌为宜。

7.4.4　报刊装订的一般工序

7.4.4.1　准备工作

为了保证报刊整理装订工作正常进行,必须预先做好各方面的准备工作,包括了解报刊的收到情况、出借情况、破损或遗失情况等。对应到而未到之报刊应进行催补;对借出报刊要及时催还;对破损程度不太严重的报刊应进行修补;对有价值的遗失报刊要通过各种途径将其补全等。在做准备工作的过程中,尤其要做好具有较高学术价值的核心期刊的装订准备工作。此外,还要做好一些必要的物质准备,如打捆的绳子、包装纸、标签、人力组织等。

7.4.4.2　整理工作

报刊整理包括报刊下架,按"种"集中,依出版时间顺序排列,压平,制作装订登记表和装订工作单,打捆及转交给装订部门等内容。报刊装订清单是文献管理单位与装订单位之间进行装订报刊交接清点的凭据,因此在制作和填写清单时要做到项目完整、数据准确、手续完备、保存完好。

报刊装订登记表一般包括下列主要项目:①序号或排架号;②刊名(外文报刊包括刊名原文和刊名的中文译名);③编辑出版者;④年,卷(期);⑤装订份数(指同种报刊共装订的份数)和册数;⑥装订要求;⑦送装数量合计(或册、本页合计);⑧制表人;⑨审核人、送装时间等。见表7.1所示。

表7.1　报刊装订登记表

NO.
×××　图书馆报刊装订登记表

序号或排架号	刊名 (刊名原文和中文译名)	编辑出版者	年　月 年(卷)期	装　订 册(份)数	装订要求

本页合计　　　　　　　种　　　　　　　册

制表人　　　　　审核人　　　　送装日期　　　年　月　日

报刊装订工作单的主要内容有：①刊名；②文种说明；③年（卷）期；④装订要求；⑤烫印字要求和格式；⑥送装时间；⑦送装者；⑧要求完成的时间等。报刊装订工作单是报刊装订者对报刊进行不同技术处理的基本依据，一般要求每个装订单元制作一张报刊装订工作单，夹（贴）在待装订报刊的第一单册（张）中的扉页和封面之间或第一张报头上方，见表7.2。

表7.2　报刊装订工作单

×××图书馆报刊装订工作单

刊　　　　　名＿＿＿＿＿＿＿＿＿＿＿＿＿

文　　　　　种＿＿＿＿＿＿＿＿＿＿＿＿＿

年（卷）期、年月＿＿＿＿＿＿＿＿＿＿＿＿＿

份　　　　　数＿＿＿＿＿＿＿＿＿＿＿＿＿

册　　　　　数＿＿＿＿＿＿＿＿＿＿＿＿＿

装　订　要　求＿＿＿＿＿＿＿＿＿＿＿＿＿

烫　印　字　要　求＿＿＿＿＿＿＿＿＿＿＿

送　装　时　间＿＿＿＿＿＿＿＿＿＿＿＿＿

送　　装　　者＿＿＿＿＿＿＿＿＿＿＿＿＿

需　用　时　间＿＿＿＿＿＿＿＿＿＿＿＿＿

报刊装订工作单中的份数是指一种报刊同时装订成合订本的套数，册数是指某一报刊装订成合订本的总册数。若一报刊同时装订两套，每一套又要分别装订成两册，那么报刊的册数应为 $2 \times 2 = 4$（册）。

7.4.4.3　送装工作

将报刊装订登记表、报刊装订工作单（每种报刊一份，也可夹在每一个装订单元中）和已经打捆标号的报刊送到装订单位。在交接的过程中应与对方当面清点交接，装订要当面交待清楚，明确责任范围。若本单位附设有报刊装订组,可以直接进入报刊装订阶段。

7.4.4.4　装订工作

报刊装订工作内容大致包括拆捆,按装订单元的不同装订要求进行分类,对报刊进行技术处理(压紧、锯槽、上线、涂胶等),烫印刊脊标识、粘贴封面、压平,以及清点检查、打捆移交等。

7.5　报刊清点与剔除

7.5.1　报刊清点

7.5.1.1　报刊清点的意义和要求

报刊清点是报刊管理工作中的一个环节,也是一项业务量大、技术性强的工作。报刊清点的目的是为了保证报刊完整妥善地保存,以供充分有效地利用。具体地说,报刊清点主要的意义有三个方面:一是通过清点,可以对报刊的入藏、注销和现存报刊的数量进行准确的统计,掌握报刊馆藏情况,做到心中有数;二是通过清点,可以检查报刊的齐备与否,总结收集、分编、典藏和流通借阅等业务工作中的经验和问题,及时改进报刊工作;三是通过清点,可以发现哪些报刊已经失效或者减效,哪些报刊已经丧失保存价值,为报刊剔除作好准备,以提高馆藏报刊质量。

报刊清点的要求,是通过清点,达到报刊、目录与财产账三者相一致。在清点时,要制定报刊清点计划。报刊清点计划的内容,包括清点的目的、原则、范围、方法、要求、时间安排、人力组织和人员分工等。另外,为使清点工作顺利进行,还应作一些必要的准备工作,如催还报刊、整理报刊架位和排架目录,以及汇集分散的报刊等。在报刊清点过程中,应将报刊清点与报刊整理结合起来,进行报刊的剔除、破损报刊的修补以及改正分编中的差错等。在清点后期,还可进行调整各类报刊的数量比例,调拨不符合需要的报刊等。

7.5.1.2 报刊清点的方法

报刊清点方法一般有以下三种:

1)排架目录清点法　这是一种常用的方法。清点时,先以排架目录卡与架位上的报刊进行核对(若无排架目录,可采用与报刊排架相对应的分类目录或刊名目录等进行核对),如果有卡而无报刊,则将卡片立起;如果有报刊而无卡,则将报刊倒放在架位上或做上其他标记,然后根据不同情况,作出相应的处理。核对后,再用目录卡与个别财产登录簿进行核对,查清实际馆藏报刊数量,注销损毁报刊,做到报刊、目录卡、财产账三者一致。这种方法的优点是:速度快、准确性高,可以分组、分类同时进行,比较方便。

2)登录簿清点法　是利用个别财产登录簿直接核对架位上每一册报刊合订本,然后再用登录簿核对排架目录,达到报刊、目录卡、财产账三者统一。这种方法只适用于按登录号排架的报刊清点。

3)检查卡清点法　该法是在进行清点工作之前,对所清点的每一册报刊合订本都要制一张检查卡,并在检查卡上填写报刊合订本的基本事项,例如索取号、刊名、年、卷、期和登录号,然后按登录号顺序排列,再将检查卡与登录簿核对,达到报刊、卡片、财产账三者一致。检查卡用过后应保存起来,排好备用。这种清点方法比较准确,但费时,适用于无排架目录的小型图书馆。

7.5.2 报刊剔除

报刊剔除,是对馆藏报刊文献的再选择过程。它与图书剔除一样,是图书馆和情报所的一项经常性的业务工作。报刊剔除的内容包括剔旧、剔破、剔赘、剔复和提存五个方面。报刊剔旧是指将内容上陈旧过时,已失去使用价值的报刊从库中剔除出去;报刊剔破是要剔除那些因本身"残、破、污、损"而不能继续使用的报刊;剔赘是在报刊装订成合订本之前进行的,剔赘的对象大致有三种:一是已留有保存本的多余复本,二是用过后已无保存价值的报刊,三是零星赠阅而又残缺不全、无保存价值的报刊;报刊剔复是指剔除多余的合订本复本;报刊提存是指将一时难以确定是否马上剔除的报刊暂时剔出存放在提存库房中等待处理。

7.5.2.1 报刊剔除的必要性

新陈代谢是一切事物生存和发展的客观规律之一,也是馆藏建设的客观规律之一。实用性报刊馆藏的产生,系统性报刊馆藏的形成,都是通过不断汇集新报刊,又不断剔除失去使用价值的旧报刊来实现的。只有馆藏报刊的收进与剔除相适应,方能使馆藏资源具有生命力,也才能有效地组织读者利用报刊。报刊剔除的必要性主要体现在以下几方面:

1)报刊剔除可解决"库房危机" 随着报刊出版量的不断增加,报刊入藏量也与日俱增,库房的空间却是有限的。因此,报刊入藏的数量与库房空间的矛盾日益尖锐。解决这一矛盾的途径之一就是利用缩微技术将所有报刊制成缩微胶卷或缩微平片,这可以大大节省储存空间。目前,我国具备这种条件的图书情报单位还不多,解决报刊数量与库房空间的矛盾,通常是定期地进行报刊剔除工作。

2)报刊剔除可以提高馆藏报刊质量 报刊的特点之一是时效性强。已失去使用价值的陈旧过时的报刊,如果继续保存在报刊库,就会影响到整个收藏质量。因此,必须及时进行报刊剔除工作,以保持馆藏报刊的水准。报刊剔除还可以为修订采购方针提供第一手资料,提高报刊采购质量。由此可见,报刊剔除是保证馆藏质量的有效途径之一。

3)报刊剔除有利于提高报刊工作的效率 报刊读者服务工

作效率与馆藏报刊的品质有很大关系。从精炼的馆藏中查找所需报刊,比从庞杂的包括常用的、不常用的和无用的馆藏中查找特定报刊,速度要快得多。从提高工作效率着眼,也应积极开展报刊剔除工作。

总之,报刊剔除工作的根本目的在于控制馆藏报刊的无限增长,保证馆藏报刊品质和提高服务水准。

7.5.2.2 报刊剔除的原则

报刊剔除应遵守一定的原则,保证剔除工作的质量,避免失误,防止剔错。报刊剔除的基本原则主要有以下几点:

（1）内容陈旧,失去使用价值的报刊应及时剔除。报刊内容的老化一般是随时间的推移而逐步明显的,如知识性刊物,在其出版后1—2年保存2—3套,到3—5年可保存1—2套,5年后保存1套即可。在剔除时,要注意到社会科学报刊和自然科学报刊的区别。一般地说,社会科学报刊的半衰期要比自然科学报刊的半衰期长得多,在剔除过程中,要根据具体情况灵活掌握。

（2）流通率很低,长期无人问津或很少有人借阅的报刊应予剔除;因学术水准不高而很少被利用的报刊可适当留一个保存本;因订购错误与本单位性质无关的报刊,可通过调拨、赠送等方式转给其他有关单位;复本较多而影响了流通率的,可剔除其多余的复本。

（3）主管机关、出版机构明文规定的、内容有问题的,应及时停止借阅的报刊,可保留1—2套,其余复本全部剔除。

（4）经长期借阅,已残破不全,无法再修复的报刊应予剔除。核心报刊应在补配齐全后,方可将破损或多余的剔除。

7.5.2.3 报刊剔除的方法

报刊剔除关系到馆藏品质,必须有计划、有组织地进行,采用切实可行的剔除方法,对报刊逐类审查、逐种鉴别,并做好善后处理工作。

国外一些图书馆很重视书刊剔除工作,他们的一些藏刊剔除方法也是值得我们借鉴和参考的。

1)美国图书馆的藏刊剔除方法简介

美国图书馆界认为,一本有待剔除的期刊,必须使用一种以上的标准和方法去处理,并要用专业知识去补充一些机械方法的不足。美国图书馆界有代表性的期刊剔除方法有如下几种模式:

(1)核心/非核心(期刊)剔除模式 这是一种二段式的处理方法,即将期刊分为二部分:①核心期刊,这部分期刊将能满足目前 90%—95% 的利用要求;②可剔除的期刊,它包括大部分馆藏,但只能满足 10% 左右的利用要求。

斯坦福大学科技图书馆曾利用这种方法对期刊进行剔除。首先,选择一批基本的核心期刊,这些期刊在任何情况下都是必备的;其次,用同样的方法,在剩下的期刊中找出最没有价值的期刊将其剔除。至于其余的期刊,可以将年代久远的卷、期剔除。

(2)资源共享的方针 这种做法有两层含义:一是在期刊剔除时,要着重考虑资源共享的馆藏发展协调规划,避免剔除本馆所分工收藏的重点期刊;二是将剔除的期刊进行协调,把对整个联合体有较大用途的期刊贮存起来。

(3)征询读者的意见 采用在期刊中放置征询意见表的办法来征询读者意见,以确定期刊的贮存、报废或继续流通。

(4)使用统计法 指利用以前期刊的使用情况统计,来预测未来期刊的去留。

a.外借流通统计 检查一个长时间内,如三年、五年、七年中外借期刊的流通记录,如长期无人借阅或从未流通过,可以剔除。随着电子计算机在流通管理中的应用,为统计数据的收集、计算,提供了方便的条件。

b.刊龄或滞架统计 刊龄统计是按照刊龄增长而利用衰退的原理,确定期刊以出版日期、版权日期、进馆日期、编目日期为起点,在规定的年限内流通的次数为标准,低于流通标准次数的期刊作为剔除对象。

滞架统计是按照期刊老化而利用衰退的原理,确定期刊在两次利用的间隔时间超过规定指标时间的作为剔除对象。

c.馆内阅览统计　馆内阅览的利用率大大高于外借流通的利用率。据有关专家估计,它们的比例高达5∶1。统计期刊在馆内阅览的利用情况,通常采用的方法是,找一些重点读者,统计他们使用期刊的次数。或通过对取阅期刊的归架统计,或在期刊中贴上表格由读者利用期刊时填写表格来了解期刊的利用情况,作为剔除期刊的参考数据。

此外,还可统计馆际互借记录,进行引文统计分析,作为期刊剔除的参考指标。

2)俄罗斯图书馆的藏刊剔除方法简介

(1)目录学方法　首先要研究馆藏期刊的分类目录,以此分析藏刊是否符合本馆特色和任务,然后再将期刊目录与有关的期刊索引进行比较。通过研究即可确定哪些专题和哪些期刊应该补充或应该从藏刊中剔除。

(2)社会调查方法　主要通过对读者进行调查研究,作为期刊剔除的依据,其方法有直接调查与间接调查两种方式。

直接调查读者的方式有:填发调查表,访问,谈话,研究读者来信等。还可以通过"定题情报服务",如定期将有关期刊的题录卡片送给有关读者,而读者要送回卡片,并对所得情报做出评价,由此判定期刊的品质。

间接调查读者的方式主要有两种:一是分析读者借阅记录,核定最受欢迎和不受欢迎的期刊;二是分析读者索书单,确定读者需求期刊的学科、类型、年代和文别等结构。

(3)数量的方法

a.测算藏刊的物质寿命　这要经过大量统计后才能得出结

论。如通过破损期刊的统计得出:在一般情况下平装期刊流通 20 次,精装期刊流通 100 次之后,就无法再使用了。

b. 利用时间因素测算藏刊老化的速度 一般情况下,读者对于一种期刊的需要是随着该刊出版时间的推移而削弱。文献利用时间的标准之一是文献的半衰期。研究证明,几类自然科学期刊的情报文献半衰期是:物理学 4.6 年,生理学 7.2 年,植物学 10 年,数学 10.5 年。这就意味着这几类相应在五、七或十年前出版的期刊可以考虑从常用藏刊中剔除。

c. 研究专类藏刊的周转率 首先要根据某专类期刊的周转情况,预先计算好当时周转率的合理数值 $O\delta Pt$,然后再计算该类期刊中每一种期刊的具体周转率 $O\delta k$。计算方法是总流通次数 BK 除以刊龄 T :$O\delta K = BK/T$。最后将计算出的具体周转率 $O\delta K$ 与合理值 $O\delta Pt$ 相比较。如果 $O\delta K$ 等于 $O\delta Pt$,或上下相差不过一倍,则可认为该刊物在积极利用中;如果 $O\delta K$ 高于 $O\delta Pt$ 一倍或更多,则说明该刊物的利用率是特别高的;当 $O\delta K$ 低于 $O\delta Pt$ 一半或更低,那么该刊物就是不常用的。

比较而言,报纸馆藏量少,一般都无复本,报纸剔除都比较慎重,特别是有收藏任务的图书馆。

我国图书馆和情报所在报刊工作中,对报刊剔除也积累了较丰富的经验,创造了多种剔除报刊的方法。常用的报刊剔除方法有以下几种:

1) 调查法 即在广泛收集读者及有关管理人员意见的基础上,确定需要剔除的报刊。通常的做法是,将要剔除的报刊打印成清单,由有关人员仔细审阅,提出具体意见。在条件允许的情况下,将要剔除的报刊集中陈列出来,请读者和有关人员审查,再决定其取舍。

2) 统计法 主要根据报刊外借和阅览的情况统计,来确定报刊的去留。通常是统计一个时期内(如五年)报刊借阅的情况,对于流通率很低,或从未流通过的报刊,经审查,再将那些价值确实不大的报刊,予以剔除。

3)主观剔除法 即由报刊管理人员根据自己对馆藏报刊和读者对象的了解,对报刊作出剔除判断、这一方法内含一系列供管理人员在进行主观判断时需用的剔除规则。在实施主观剔除时,报刊的出版时间等数据常常被用来帮助判断。如出版年代久远的报刊往往被认为价值不大而被剔除。这种剔除方法主观性很强,往往因人而异,有一定的局限性。

4)综合法 这是上述几种报刊剔除方法的综合运用。运用综合法剔除报刊,一般是采用两种或两种以上的方法,对馆藏报刊进行审查、衡量,决定去留。单独采取一种报刊剔除方法比较少见。在剔除方法的选择上,要分主次,注意搭配,既要保证质量,又要简便易行,以免过分繁琐,造成浪费。

以上介绍了国内外进行报刊剔除的一些方法,各报刊文献管理单位可根据自己的具体情况选择使用。同时还应注意到报刊剔除工作要有计划、分批、分年代进行,选派一些业务水准较高的人员专门从事这项工作,使报刊剔除工作做得更好。

7.5.2.4 被剔除报刊的处理。

对于被剔除的报刊,应根据具体情况分别加以处理。

(1)对于不符合本馆性质任务和读者要求的报刊,倘若对于其他馆还有使用价值,可以通过交换、调拨、赠送的方法,转交给有关单位入藏和流通,发挥它们的使用价值。

(2)复本过多的报刊,在报请主管人员批准后,可折价卖给读者或其它单位。

(3)在高校图书馆中,与教学、科研相关的专业报刊,即使比较陈旧,也不能轻易剔除。可以考虑建立简易报刊库、密集报刊库或几个单位联合建立储存报刊库,专门放置这类报刊。

(4)对于已经失去时效,且没有保存价值的和破旧不能继续使用的报刊,可作废品处理,可以出售给旧书店、废品收购部门,也可以直接送造纸厂化浆处理。

7.6 报刊保护

7.6.1 报刊保护的任务和要求

7.6.1.1 报刊保护的任务

馆藏报刊是国家和社会的知识财富,是经过长期收集、整理、系统组织的文化遗产,它不仅要为当代人阅读参考,发挥应有的现实作用,而且,具有长久使用价值的报刊,还要为后代人继续参考查阅,还具有潜在的使用价值。因此,图书馆和情报所要做好报刊保护工作,积极采取有效措施,使之免遭不应有的损失。

报刊保护的主要任务,就是要保持收藏的报刊文献的系统完整,保证馆藏报刊的安全,延长寿命,尽可能长久地为读者利用。馆藏报刊文献遭受损失的原因,有自然因素和社会因素两个方面。

造成报刊文献人为的破坏、损失的社会因素,是管理不善,不爱护报刊,以及偷窃破坏行为。积极保护报刊文献完美无缺,管理人员和读者都有不可推卸的责任。其中,管理人员的责任是主要的。由于管理人员的失责和疏忽,管理不善,规章制度不健全或执行不严,造成漏洞,对读者爱护报刊的宣传教育不够,部分报刊文献被少数素质不高的读者撕毁、涂画,甚至偷窃报刊的现象时有发生,使国家财富遭受到不应有的损失。

造成报刊文献损耗的自然因素,主要是目前有些报刊文献管理单位条件较差,自然环境中有害物质的侵袭,以致造成报刊的提前老化损耗,缩短使用寿命,过早地产生脆裂、发黄、折卷、霉烂、虫蛀等现象,无法继续利用。水、火、虫,鼠、细菌、强光等,都是破坏报刊文献的天敌。延长报刊的使用寿命,依赖于报刊文献管理单位和管理人员为它创造必要的保护条件,包括适当的温度、湿度、光度、通风度、清洁度等。

7.6.1.2　报刊保护的要求

首先要重视报刊保护,报刊管理人员要增强保护报刊的责任感,加强对读者爱护报刊的宣传教育,帮助读者养成文明阅读的习惯。

其次要建立健全保护报刊的规章制度,严格执行各项规定,防止并惩处任何蓄意损坏和偷窃报刊的行为。

第三要加强馆藏报刊的管理,尽可能改善报刊库房内外环境条件,清除一切危害报刊的污染源,经常检查报刊的安全与完整。

7.6.2　报刊保护的内容与方法

为了长久而完整地保管和利用报刊,就应加强报刊的防护工作,改善保管报刊的自然条件,并且采取一系列的安全保护措施,延长报刊文献的使用寿命。

7.6.2.1　防火

报刊文献是易燃品。报刊库房内要严禁吸烟、烤火及存放易燃易爆品,要制订切实可行的消防制度,定期检查供电设备及灭火器材等。有条件的单位,应配备自动报警和灭火装置。

7.6.2.2　防潮与防高温

潮湿多水和高温干燥对于报刊文献的保存十分不利。库房内若温度过低,湿度过高,报刊文献会因大量吸水而发霉腐烂,潮湿粘连;库房内若温度过高,湿度过低,报刊资料会因大量失水而脆裂、变形、失去弹性。因此要经常保持库房内的恒温和恒湿,控制和调节温差与湿差的变化。一般说来,库房内的理想温度,夏天以 $(22—28)±3℃$,冬天以 $(18—22)±2℃$ 较为适宜;库房内的相对湿度一般应控制在 50% 。有条件的单位,可安装隔热和防潮设备,配备密闭空调、通风吸潮设施、以保持恒温恒湿度。

7.6.2.3　防晒

太阳光的辐射会使纸发黄退色,降低强度。因此,要尽量减少阳光的照射强度和照射时间。库房内可安装毛玻璃、百叶窗、窗帘、遮阳板及散光结构。尽量使用人工采光,将照明度、照明时间和照射方向控制在馆藏报刊文献的各种载体所能承受的限度内。

7.6.2.4　防尘、防菌、防腐

灰尘、病菌、废气、废渣等空气污染物质,对所藏报刊威胁很大。空气污染源来自室外的灰尘、废气、燃料、烟尘,也来自读者流的携带和传递。现在各种报刊的利用率比较高,极易成为病毒流行传染的媒体。所以要搞好库房内外的清洁卫生,防止各种空气污染物质侵入报刊库房。有条件的图书馆最好安装空气调节设备,并用吸尘器清除灰尘,设置紫外线消毒室,对归还入库的报刊进行消毒,以防止病菌传染。国内外对报刊消毒防腐方法的研究已取得了一定的成就,现在对报刊消毒防腐采用的较先进方法有:微波消毒法、远红外辐照消毒法、钴60－Ⅴ射线辐照消毒法、甲醛(熏蒸)消毒法等。

7.6.2.5　防虫、防鼠

伤害报刊的有害生物有细菌、霉菌、蠹鱼、白蚂蚁及其它昆虫与老鼠。防虫灭鼠,要以防为主,以治为辅,防治结合。首先要保持报刊库房环境清洁,空气流通,使各种害虫无法存身与繁殖。堵塞大的漏洞,防止老鼠进入库房。一旦发现老鼠,应采用化学毒饵和机械装置,及时加以捕捉和消灭。防治害虫还有一种新的有效方法——冷冻保藏法。实验证明,放在低温箱里的期刊内各部位上的害虫经－16℃冷冻48小时,全部致死,此方法安全简便,适合于各类文献保管单位使用。

7.6.2.6　订补、整修

对报刊进行订补、整修、加固工作,是保护报刊载体材料性能,

延长使用寿命的有效措施。因此,对报刊应定期装订成册,以保持完整性;对于磨损、撕页、脱线的报刊,应及时修补、裱糊,配备保护性外壳,以增加强度,延长使用时限。

7.6.2.7 建立保安制度

为防止报刊失窃与破损,要建立报刊库管理制度,明确保护报刊的岗位责任。拟订借还制度,加强借阅流通报刊的催还工作。建立健全读者遗失、损毁、盗窃报刊的赔偿罚款制度和处理条例,对于违反规章制度的,要严格执行处理条例。有条件的单位,可以安装防窃装置和闭路电视监视台。尤其要做好重点报刊的安全保卫工作。

报刊保护措施与方法很多,许多国家的科技情报机构和图书馆都进行了大量的研究,取得了许多新成果。捷克布拉格图书馆采用书刊装订皮革的新保护方法,可使书刊寿命延长 50 余年;还有的采用纸张冷层压法保护旧报纸等。北京图书馆应用低温干燥技术抢救水浸文献获得成功,并于 1991 年 10 月 12 日通过专家鉴定。这种方法具有效果好、文献变形小、不粘连、不霉变、纸张强度损失小等优点。

主要参考文献

1　孙谷秀. 高校图书馆期刊的科学管理. 湖南师范大学社会科学学报,1986(3)

2　吴慰慈. 论大型图书馆藏书布局的改革. 图书馆工作与研究,1984(2)

3　朱宁. 期刊实行三线典藏制的可行性探讨. 图书馆员,1988(3)

4　郭素鲜,王金祥,刊名代号在中文期刊管理中的应用. 图书情报工作,1981(1)

5　李冲. 谈谈外文期刊的排架方法. 河南图书馆季刊,1983(1)

6　杨秀君. 常见中文报刊排架方法. 图书馆学刊,1983(1)

7　王锋. 浅谈中文期刊排架. 图书馆学研究,1987(2)

8 陈阿珠.同类期刊的排架剖析——几种刊次号的对比.西北大学学报（哲社版）,1987(1)

9 刘振西.期刊装订与期刊拒措率.高校图书馆工作,1985(1)

10 于鸣镝.期刊装订诸问题.赣图通讯,1986(1)

11 李波,田宏.报刊管理基础知识,图书馆工作与研究,1987(3)

12 蔡显沛.我们是怎样对馆藏国内期刊进行清点剔旧工作的.贵图学刊,1983(3)

13 于鸣镝.期刊剔除.图书情报工作,1985(4)

14 吴晞.藏书剔除概说.图书馆工作与研究,1987(2,3)

15 汪华明,彭金菊.图书消毒防腐方法初探.四川图书馆学报,1987(3);图书保护研究中的新技术新成就.图书馆研究与工作,1988(1)

16 (美)韦尔伯·斯拉姆.报刊的四种理论.北京:新华出版社,1980

17 谢灼华.中国图书和图书馆史.武昌:武汉大学出版社,1987

18 倪波.文献学概论.南京:江苏教育出版社,1990

19 (捷克)J.汉兹洛娃.捷克布拉格国家图书馆保护馆藏的新方法及其成效.国际图书馆协会联合会第51届至53届大会论文选译,北京:书目文献出版社,1991,12

20 梁玲勋.中文期刊的管理现状与发展趋向.图书情报工作,1992(3)

21 成敏.过刊盒装与装订.图书馆工作与研究,1992(1)

22 (美)阿瑟·柯利.剔除、贮藏与保护.见:图书馆藏书建设.北京:书目文献出版社,1991

8 报刊文献情报的检索

8.1 报刊的检索

8.1.1 概述

要利用报刊,首先需要了解报刊的基本事项和大致情况,如报刊的编辑、出版、发行情况,报刊的收藏、分布情况,等等。要订购报刊,也得先要查询当前报刊的学科分布、刊期、价格及订阅途径。所以,报刊的检索,无论对于一般用户,还是对于图书馆、情报机构、邮局、书店等单位都是日常的业务工作。善于查检报刊基本事项,可以为有效利用报刊文献提供必要的线索。

报刊目录是检索报刊时常用的工具。它是按照一定的体例和方式编排,根据一定的编制目的、用途,著录一批相关的报刊,作为供查检、揭示和报道报刊信息的检索工具。一般的报刊目录著录项目有:报刊名称、编辑者、出版地、创刊年、报刊变更情况、馆藏情况、索取号等。报刊目录有的按分类编排,有的按报刊名称的笔画笔顺编排;外文报刊目录除了按分类编排外,多按报刊名称的文字字顺排列;为了便于人们查检,不少目录的正文后面附有辅助索引。

8.1.2　报刊分类表

编制报刊目录时,若从分类途径着手,则在编制目录时应先拟订一个报刊分类表。使用报刊目录时则应先熟悉、掌握该目录所用的分类表。

依据报刊目录所收录的报刊内容、品种、数量等不同,各种报刊目录的报刊分类体系也各不相同。1987 年,由中国图书馆图书分类法编委会编辑的《中国图书馆图书分类法·期刊分类表》是我国第一部为编制期刊目录,整理、保管、使用期刊而颁布、出版的期刊分类表。该表在本书第 6 章第一节中已作详细介绍。

8.1.3　中国报刊的检索

8.1.3.1　近期出版发行的报刊的查检

查找近期出版发行的报刊,可利用各种报刊征订目录、报刊大全、报刊简介、报刊总览等,常用的主要目录工具有:

《中国当代期刊总览》　由《中国当代期刊总览》编辑组编,黑龙江人民出版社 1987 年 11 月出版,16 开,精装。本"总览"收录了中国政府出版管理机关正式注册的 1986 年出版的各类期刊,共计 5217 种。全部期刊按地区排列。每个地区再分为哲学社会科学总论与文科高校学报、政治、法律、经济、文化、教育、体育、语言、文学、艺术、历史、地理、自然科学总论与理科高校学报、自然科学基础科学、医学、农业科学、工业技术、交通运输与环境科学、检索类期刊、少数民族文字期刊、国内出版的外文期刊等类目。每种期刊著录项目有:刊名、办刊宗旨、特点栏目、期刊演变、读者对象、主办单位、主管单位、出版单位、创刊日期、登记证号、国内代号、国外代号、ISSN、刊期定价、开本印张、发行方式、发行数量、负责人,电话、地址等,共 20 个项目。正文后附有分类索引和笔画索引。分类索引基本按《中国图书馆图书分类法·期刊分类表》的类目与次序排列。笔画索引按《辞海》的排序规则,笔画笔形相同的字,按《辞海》检字表的次序排列。编者在本书后记中说:"编辑此书的目的,意在推动期刊的出版、发行、管理和研究工作,便于读者订阅、检索和利用。"

《当代中国报纸大全》 中国社科院、首都新闻学会读者调查组合编,宁夏人民出版社 1988 年出版。"大全"收录我国 1987 年 1 月以前创刊的定期出版、公开或内部发行的报纸 2578 家,书末附有全国报纸基本情况调查报告和台湾、港澳地区的报纸名录。

《中国报刊大全》(1991 年版) 《中国报刊大全》编辑部编辑,人民邮电出版社 1991 年 7 月出版。本书原名《中国邮发报刊大全》,1986 年改为现名。从 1985 年开始,每年修订一次。1991 年版,收录 1991 年度出版发行的报纸 1100 种,杂志 3100 种。正文部分是分类目录,按报纸部分、杂志部分再进行细分。本书还附有刊名汉字笔画索引、邮发代号索引、分类索引。

《中国报刊名录》 《中国报刊名录》编辑部编辑,新华出版社 1985 年 3 月出版。该名录介绍了我国 1984 年 6 月底以前出版的报刊共 3880 种,其中报纸 765 种,期刊 3115 种。正文部分按地区划分,同一地区出版的报刊再按内容的学科编排。书末附台湾、香港、澳门地区的报纸和期刊名录。

8.1.3.2 报刊介绍

了解中文报刊的基本概貌,探寻近、现代我国报刊情况,可用以下几种检索工具:

《中文报刊目录(1815—1890)》 (美)范约翰编,见载于《复旦大学学报》1992 年 1 期。本目录是 1890 年 5 月范约翰在上海召开的在华新传教士大会上提出的,记载了 1815—1890 年间在中国境内外出版过的 76 种中文报刊。著录项目有报刊名称、主编者、出版地、创刊年月、发行份数、报刊性质、售价、形制和报刊变动情况等有关内容。

《辛亥革命时期期刊总目》 上海图书馆编,1961 年印。本书收录辛亥革命时期我国留学生在日本编印的期刊篇目,所收期刊都注明收入卷期及起讫年月,按期刊创刊先后顺序排列。

《五四时期期刊介绍》 中共中央马恩列斯著作编译局研究室编,人民出版社 1958 年出版。全书分三集,介绍了"五四"时期的期刊 157 种。每集分两部分:正文部分,介绍期刊内容;附录部分,介绍各种刊物的发刊词,分类索引、篇目。

《1919—1927 年全国杂志简目》 见载于《中国现代出版史料(甲编)》,中华书局 1954 年出版。本简目记录了 1919—1927 年间国内出版的杂志,分为周刊、旬刊、半月刊、月刊、双月刊、季刊等,每刊下记创刊年月及出版地,目录最后附列创刊日期、出版日期或地址不详的杂志。

《1946 年各解放区出版的报纸》 见载于《中国出版史料补编》,中华书局 1957 年 5 月出版。本目录编列 1946 年有关地区出版的报纸,分成八个部分:苏皖区、晋察冀区、山东区、晋冀鲁豫区、东北区、晋绥区、中原区、陕甘宁区。报纸名称下注出版地。本目录原载 1946 年 9 月 1 日《解放日报》。

《中国现代文学期刊目录》(初稿) 现代文学期刊联合调查小组编,上海文艺出版社 1961 年出版。收录 1902—1949 年出版的文学期刊 1594 种,按时期与地区划分为 8 部分。

《中文报纸目录》 上海市报刊图书馆编,1958 年印。收录 1861—1958 年出版发行的中文报纸 2085 种,包括少数民族文字的报纸。1949 年以后,香港地区、台湾省及国外华侨出版的报纸附录于后。

《国内中文报刊简介》 吉林省图书馆采编部、报刊部编,吉林省图书馆学会 1984 年 9 月出版。该简介收编了 1984 年 5 月前我国大陆公开发行的中文报刊 3500 余种,其中报纸 198 种,期刊 2302 种,包括非邮发的期刊 953 种。著录项目有:报刊号、报刊名、刊期、主办者、编辑者、出版者、定价、沿革、刊物性质、内容范围等。

《1600 种中文内部期刊内容简介》 林国威编,上海交通大学出版社 1985 年 2 月出版。收录中央和地方科研机构、学术团体、科技情报部门、军队、厂矿企业、高等学校等单位在 1980—1984 年间内部出版发行的刊物。专业范围包括社会科学、经济学、文化教育、自然科学、医学、卫生、工业技术、交通运输、航空、航天、环境科学等。介绍的项目有:刊物的创刊年、刊期、停刊复刊情况、改名等。

《中文科技期刊指南》 中国科技情报研究所编,科学技术文献出版社 1989 年 6 月出版。本书分前言、体例说明、期刊指南正文、索引等四部分。收录 1949 年以后到 1985 年底出版的一万多种期刊,台港出版的杂志也包括在内。正文基本条目的著录格式是按国际标准、国家标准进行设计的。有英译刊名、内容简介、主题词、《中图法》分类号等。书后刊有主题、分类、ISSN 号、CN 号、邮局刊号、出口刊号等 6 种索引。

《港、澳、台报刊目录》 中国图书进出口总公司编印。1989 年版收入港、澳、台三个地区报刊 960 种,其编辑体例与《外国报刊目录》基本相同(见 8.1.4.2 中介绍)。

《全国杂志指南》 台湾省台北市郑恒雄编,1977 年 6 月出版。本书收录台湾出版的中文期刊 1600 余种,分为:"总类、哲学、宗教、自然科学、史地、语文、美术"等 16 大类。重要期刊在刊号前加星号,以供用户参考。书后附有 154 种影印期刊目录、218 种停刊期刊目录和按刊名笔画笔顺编排的全书总索引。

此外,还可查检北京市邮政局、光明日报社合编的《全国报刊内容汇编》,该书从 1985 年起每年都有汇编出版;中国科技情报研究所编辑的,由科学技术文献出版社出版的《中文科技期刊简介》及《中文科技期刊简介(续集)》,也基本上反映了国内主要科技期刊的概貌。如要了解台湾报刊情况,还可查阅台湾国际关系研究中心资料组 1983 年编印的《中外期刊总目录》,台湾政治大学社会科学资料中心 1972 年编辑出版的《中外期刊及报纸目录》,新竹工业技术研究院技术经济资料室 1974 年编印的《科学技术期刊目录》等。

8.1.3.3 馆藏目录

检索报刊的收藏情况,首先,可利用文献收藏单位编制的该馆馆藏目录。有时,我们也称之为一馆目录。常用的馆藏目录有:

《上海市报刊图书馆中文期刊目录》(1881—1949) 上海市报刊图书馆编,1957 年印。所收录的期刊以 1949 年以前出版的中文期刊为限,1949 年以前创刊,1949 年以后仍继续出版的期刊也予收录,共计 8037 种。目录依刊名笔画排列,笔画相同的再依笔形为序。刊名相同时,则按刊期和出版地区之笔画排。每种刊物著录刊名、刊期、出版地、出版者、馆藏卷期、出版年月、刊名刊期变化情况等。

《中文期刊目录》 上海市报刊图书馆编印。1956 年编印的一册,收录该馆馆藏中文期刊 1700 余种,年限是 1949 年 10 月—1956 年间出版的杂志。

《徐家汇藏书楼报纸目录初稿》 上海图书馆编,1957 年印。收录清代至 1949 年以前的中文报纸 225 种,多为清朝同治、光绪、宣统年间和民国初年出版的报纸。

《北京大学图书馆中文旧期刊目录》 北京大学图书馆编,1956 年印。收录该馆馆藏中文旧刊 9000 余种,按期刊首字笔画为序排列。本目录分为上、中、下三册。

《上海图书馆馆藏建国前中文报纸目录》 上海图书馆编,1984 年印。收录上海图书馆馆藏 1862—1949 年国内外出版的中文报纸约 3500 种。

《北京图书馆馆藏建国前中文报纸目录》 北京图书馆报纸期刊编目组编,书目文献出版社 1981 年出版。本目录包括北京图书馆馆藏中文、外文报纸两部分。中文报纸部分收录 1949 年以前边区发行的报纸、各省报纸和 1949 年以后出版的报纸,以及香港、澳门和海外华侨办的报纸。按报纸名称、出版地、收藏年月、创刊与停刊年月、变动情况等项目著录。

《南京大学图书馆馆藏中文报刊目录》 南京大学图书馆编,1989 年印。本目录收编南京大学馆藏的 1876—1987 年间的中文期刊和报纸共 15000 余种,正文按报刊题名首字笔画顺序排列,正文后附有分类索引。

馆藏目录较多,如北京师范大学图书馆 1982 年编印的《中文期刊目录》,收录馆藏中文期刊 9300 余种;东北师范大学图书馆 1983 年编印的《东北师范大学图书馆中文期刊目录》,该目录收编该馆馆藏 1889 至 1979 年出版的中文期刊 6105 种,等。台湾"国立中央图书馆"1977 年编印的《"国立中央图书馆"期刊目录》,台湾"国立中央图书馆"台湾分馆 1975 年编印的《"国立中央图书馆"台湾分馆馆藏期刊报纸目录(清末至民国三十八年)》是供查阅台湾馆藏报刊的工具书。

8.1.3.4 联合目录

了解报刊的收藏单位,检索报刊,查找中文报刊的收藏处所,主要利用联合目录,也可以说是利用多馆馆藏目录。

《(1833—1949)全国中文期刊联合目录》(增订本) 全国图书联合目录编辑组编,书目文献出版社 1981 年出版。本书收录我国 50 余个省、市级以上图书馆收藏的 1833 年至 1949 年 9 月的中文期刊近两万种,按刊名首字笔画排列。同时注明各种期刊的收藏单位及收藏卷期。每种期刊著录的项目有:刊名、刊期、编辑者、出版地、出版者、创刊与停刊卷期、创刊与停刊时间、注释、总藏、馆藏卷期及馆名代号,但在排版时,为了节约篇幅,根据各项的性质,又归并为以下五大项:(1)刊名刊期,(2)编辑出版,(3)创刊停刊,(4)注释,(5)馆藏。本书 1961 年初版。1981 年增订本补充了部分期刊。凡后来增加的期刊,刊名前加五星标记。

《上海各图书馆藏报调查表》 上海新闻图书馆编,1951 年印。本表以馆为序,分报纸名称、藏报年月、存报日期、备注四项,记录上海市 112 家图书馆馆藏报纸的情况。

《建国前山东旧期刊目录》 山东大学历史系资料室洛洋编辑,1983 年印。收录 56 个省、市级以上图书馆收藏的清末至 1949 年以前山东地区所出版的各类刊物 650 多种。附有刊名笔画索引、分类索引、刊物出版时间索引、出版地区索引。通过这些途径都能查找到刊物及收藏单位。

《欧洲图书馆馆藏中文报刊联合目录》 英国伦敦大学东方与非洲研究学院当代中国研究所编辑,1975 年出版。收录欧洲 102 个图书馆收藏的中文报纸、期刊 6000 余种。目录按罗马拼音文字字顺排列,每条内容包括:中文刊名、出版地、出版者、创刊年、刊期以及收藏单位等。

《中文科技期刊联合目录》 中国科技情报研究所编,科学技术文献出版社 1989 年 6 月出版。本目录收编了我国 56 个科技情报机构收藏的中文期刊一万余种,其时限为 1949 年以后至 1985 年底。台港期刊均有收录,但检索类期刊暂未收入。目录正文基本条目的著录格式是按国际标准和国家标准进行设计的。著录项目有英译刊名、主题词、中图法分类号、馆藏情况等。书后附有主题分类、ISSN 号、CN 号、邮局刊号、出口刊号等 6 种索引。

此外,还有国家海洋局科技情报研究所 1977 年编印的《联合目录(中文期刊)》,四川省图书馆界编印的《四川省各图书馆藏中文旧期刊联合目录》,台湾“国立中央图书馆”1982 年编印的《中文期刊联合目录》等。

8.1.4 国外报刊查检

查检国外报刊的出版、发行、学科分布等情况,了解国外报刊的订购、馆藏情况,可以利用各种预订目录、出版商目录、馆藏目录和联合目录。

8.1.4.1　预订目录

《1978 年全国预订外文科技期刊联合目录》　北京图书馆联合目录组编,科技文献出版社 1978 年 9 月出版。本目录收录 462 个文献机构向国外预订及交换来的外文期刊计 12016 种。正文部分的期刊按类编排,另附刊名索引。目录著录内容有:中图公司期刊代号、刊名、刊名中译名、订购单位代号。

《1982 年全国预订外文报刊联合目录》　书目文献出版社 1982 年 6 月出版。收录全国 706 个单位订购的外文报刊 18000 余种。正文部分的期刊按类编列,附有西文、日文、俄文的刊名字顺索引和补遗。

《高等学校 1989 年进口报刊征订目录》　中国教育图书进出口公司编,西北工业大学出版社 1988 年出版。分为"西文部分"、"日文部分"、"俄文部分"3 个分册。西文部分收录 2 万多种西文报刊,但不包括日本、原苏联等地出版的西文报刊;日文部分收录 3900 种日本出版的日文报刊;俄文部分收录 1600 多种原苏联出版的报刊。目录正文按《中图法·期刊分类表》的体系分类编排。著录项目有:教图公司期刊订购号、中图公司期刊订购号、期刊名称、创刊年、国际标准连续出版物号、出版社及其地址、国家、年期、参考页数及开本。正文后面附有刊名索引。

《(1991)外文现期期刊征订目录》　上海市 020—060 邮政信箱期刊部编,1990 年印。本目录收入 1991 年连续征订期刊 2248 种,新增 25 种,恢复 14 种,共计 2287 种。正文部分按类编排,分为自然科学综合性刊物、数学、力学、物理学、化学、天文学、地质、地理、气象科学、工程技术综合性刊物、力能学、电技术、矿业工程、冶金学、金属学、金属工艺学、金属加工、机械工程、化学工业、食品工业、土木建筑工程、运输工程等大类。正文后附西文期刊刊名索

274

引、日文期刊刊名索引。

《(1991)外文现期期刊征订目录》(生物科学、医药卫生、农业科学) 西安市 34 号信箱编,1990 年印。本目录收编了 1991 年度的生物科学、医药卫生、农业科学期刊共 679 种。

《(1991)外文现期期刊征订目录》(社会科学、军事科学)(供内部参考) 北京 608 邮政信箱编,1990 年印。本目录收录外文社会科学期刊 124 种、军事科学期刊 26 种,共计 150 种。正文部分分类编排,后附刊名索引。

《(1991)俄文现期期刊征订目录》 世界图书出版公司编,1990 年 4 月印。本目录收编征订的 1991 年原苏联科技期刊 239 种,按学科分类编排。

8.1.4.2 报刊指南、名录

要了解国外报刊一般状况,可以利用报刊指南、总览、报刊介绍方面的工具书。如方积根等编著,新华出版社 1989 年出版的《海外华文报刊的历史与现状》;姜克安编著,人民邮电出版社 1989 年出版的《世界报刊总览》等可作为参考用书。比较重要的工具书有以下数种:

《乌里希国际期刊指南》(Ulrich's International Periodicals Directory) 美国鲍克(Bowker)公司编辑出版,创刊于 1932 年,原名为《期刊指南》(Periodicals Directory),后改名为《乌里希期刊指南》(Ulrich's Periodicals Directory)。1965 年第 11 版改为现名。1980 年以前每两年出版一次,1981 年 19 版起每年出版、更新一次。它是比较全面提供各种类型连续出版物的目录,也是最具有权威性的国际期刊目录。1979—1980 年度《乌里希期刊指南》第 18 版报道的期刊有 6.2 万种;1987—1988 年度的《乌里希国际期刊指南》第 26 版,收录现期期刊 70730 种。条目著录按专题排列,附刊名字顺索引。1977 年 3 月起,鲍克公司又创刊了《乌里希季刊》(Ulrich's Quarterly),作为"指南"的补编,每年 3、6、9、12 月末出版,报道新出版的期刊,每期约收 2500 种,刊物更名、停刊等均作及时反映。

《国际不定期连续出版物与年刊指南》(Irregular Serials and Annuals:an International Directory) 美国鲍克公司编辑出版。收编各种连续出版物,如会议录、年刊、学报、年鉴、手册、会刊、年度评论、专题论文、丛书等。每年报道量约在 3—4 万条。

《日本杂志总览》 日本ニュース社出版,每 3 年出版一次。收编日本出版的期刊 15000 余种。

《外国著名报纸概略》 王泰玄编著,新华出版社 1985 年 1 月出版。本书编录了当前世界各国包括朝鲜、日本、印度、新加坡、以色列、埃及、南非、原苏联、罗马尼亚、南斯拉夫、英国、法国、德国、意大利、西班牙、奥地利、瑞士、挪威、芬兰、瑞典、丹麦、美国、加拿大、巴西、澳大利亚等国的著名报纸,对这些报纸的历史背景、基本立场、政治态度、专业性质、报道内容、版面形式等作了扼要的介绍。

《新连续出版物名录》(New serial title) 1953 年创刊。美国国会图书馆编辑出版,每年出版月刊 8 期、季刊 4 期,年报道量约为 15000 种期刊。

《外国报刊目录》 中国图书进出口总公司编辑出版,1961 年 5 月第 1 版,以后大致是每 5 年修订再版一次。1988 年 2 月出第七版,分为"分类本"、"索引本"二册。编制的主要目的是供国内订户了解外国报刊出版发行行情。每一次新版,对过去编入的目录都做清理,删除停刊、多年订不到和其他变化了的品种,增加近期创刊和新选编的品种。如第七版共计收录外国和地区出版的报刊 27550 种(其中,报纸 560 种,期刊 26990 种),比第六版增加了近 3000 种。本目录收录范围是:①限于以固定刊期、定期或不定期出版,每年至少出版一期以上,每期印有卷、期编号和出版日期的报刊;②绝大多数为公开发行的,但也包括少数经过多年连续订购的属于行业或团体内部发行的报刊;③在我国公开征订发行的进步团体出版的报刊，以及原苏联、罗马尼亚、朝鲜等国用中文出版的画报，本目录不作收录。目录在编排上，以《中国科学院图书馆图书分类法》体系为基础，根据报刊的特点，改编为 42 个大类，188 个小类。报刊按类集中编排。同类报刊，按其出版国别排列。每种报刊都有一个代号，每个代号由 6 个数字和两个字母组成：这两个字母为出版国代号，如果用 1 个字母作为出版国代号，在这个字母后面用"0"补足两位；出版国代号前 3 位数字为分类号，后 3 位数字为收入该目录某类的顺序号。"/"为载体分隔符，分隔符后面字母"T"为磁带版、"M"为缩微版；"（ ）"内的数字为计算机校验号。目录正文后有索引和附录。索引有数字起始的、拉丁字母起始的、日文假名起始的、汉字起始的、斯拉夫文字母起始的报刊名称索引 5 种。

在 5 年中，每年编印补充目录，反映每年出现的新报刊和原有报刊停刊、合并等变动情况。1989 年 4 月，中图公司又编印了《外国报刊目录》（第七版）的《补充目录》，收录截自第七版以后新编目的外国报刊约 2000 种左右，分为正文和索引两大部分。另附附录一则，提供《外国报刊目录》（第七版）中原苏、保两国期刊的拉丁字母与斯拉夫文字母拼写刊名对照索引。

《PCT 专利查新必需期刊目录》（1989 年 1 月 1 日生效）　魏常友等编，《世界图书》1992 年第 1 期起连载。1992 年第 6 期仍在连载、待续。PCT 专利查新必需期刊目录，是指世界知识产权组织（XXIPO）公布的专利申请新颖性检索的最低量非专利文献期刊目录，即判断专利新颖性必须检索的期刊范围。这些期刊是国际专利和科技界公认的报道世界各地知识产品、新材料、新技术、新工艺的国际性权威刊物。本目录根据《专利合作公约组织公报》（713LD063）1989 年 19 期公布的 Minimum Pocumentation Zist of Periodicals（简称 PCT 期刊目录）编译。著录为：①PCT 序号；②期刊原文名称；③ISSN；④文种；⑤期刊中文译名；⑥中图刊号；⑦说明项( )或〔 〕。

《国外科技核心期刊专辑》——《世界图书》B 辑 1981 年第 6 期　《世界图书》编辑部,1981 年。本辑共编入 90 篇综述性文章,专门介绍国外科技核心期刊,计大、小专业 88 个,为方便检索,所有核心期刊的著录采用表格式。

《国外主要二次文献期刊指南》　李光的、刘向新、程永芳编译,中国科学院图书馆 1978 年出版。本书收录外国二次文献期刊 1200 种,社会科学部分按刊名字顺排列,自然科学部分按类编排,书后附有刊名字顺索引。

8.1.4.3　馆藏目录

《北京图书馆国外现期期刊目录》　北京图书馆期刊组编印,分为“哲学、社会科学”和“自然、技术科学”两个分册。收编 1973—1974 年该馆收藏的外文期刊 7835 种。1977 年又出版了“1975—1977 年的自然、技术科学部分”续编,收录期刊 2010 种。目录按学科分类编排,列出馆藏号。目录正文之后附有刊名字顺索引。

《中国科学院图书馆馆藏外文期刊目录》　中国科学院图书馆期刊组编,1981 年 7 月印。本目录收编该馆 30 年来入藏的近 80 个国家和地区出版的自然科学与社会科学期刊 11300 余种(不包括俄文、日文期刊),由刊名目录和参见目录组成,二者均按期刊名称字顺混合排列。刊名目录包括期刊名称、出版地、出版年及馆藏卷期号等;参见目录包括期刊名称、出版地、被参见的期刊名称及年卷等。

《南京大学图书馆馆藏西文报刊目录》　南京大学图书馆编,1985 年 6 月印。收录 1984 年底以前入藏的近 80 个国家和地区的自然科学和社会科学西文报刊 9000 余种。分刊名字顺目录和索引两部分。

《重庆大学图书馆馆藏科技期刊目录》　重庆大学图书馆编,

278

1986 年印。编录馆藏 1979—1986 年中外文科技期刊 2593 种,其中西文期刊 1372 种,日文期刊 220 种,俄文期刊 170 种,检索性期刊 289 种。本目录由刊名字顺目录及分类索引两部分组成。

《中国矿业学院图书馆馆藏外文期刊目录》 中国矿业学院图书馆编,1987 年 7 月印。目录资料截至 1983 年。收编西文期刊 916 种,俄文期刊 407 种,日文期刊 136 种,检索类期刊 79 种。著录项目:①刊名,②刊期,③出版地,④创刊年,⑤出版情况,⑥收藏年代和卷期,⑦原版期刊用"冒号"表示,⑧分类号和刊号,⑨刊名改名,新旧刊名分别排列,且互有参见项说明改名情况。

《同济大学图书馆馆藏外文期刊目录》 同济大学图书馆期刊部编,1989 年 1 月印。收录该馆建馆至 1987 年底入藏的近 40 个国家和地区出版的自然科学和社会科学期刊 4463 种,其中,西文期刊 3400 种,日文期刊 435 种,俄文期刊 628 种。

《东南大学图书馆馆藏外文期刊目录》 东南大学图书馆编,1991 年 4 月印。本目录收编东南大学 1902 建校后 90 年来入藏的国外出版的自然科学和社会科学期刊 4000 余种。目录正文按刊名实词字顺排列。后附分类索引。

《国外期刊目录》 中国科学技术情报研究所编辑,科学技术文献出版社出版,每 2 年出版一册。专门介绍中国科学技术情报研究所入藏的国外科技期刊,正文部分按类编排,另附刊名字顺索引。

8.1.4.4 联合目录

《全国西文期刊联合目录》 全国第一中心图书馆委员会全国图书联合目录编辑组编,北京图书馆 1959 年 9 月出版。所收期刊以 1957 年底以前入藏者为限,总计收入 20270 种,包括 168 个图书馆馆藏。全部期刊按刊名字顺排列,每种期刊再按以下七项依次著录:①刊名,②编辑机构,③出版地,④创刊年,⑤附注,⑥收藏馆代号,⑦收藏卷期。1964 年又出版了续编,收录时间截止于 1961 年底,收录内容范围与正编相同。

《(1962—1978)全国西文期刊联合目录》 北京图书馆联合目录编辑组编,书目文献出版社 1982 年 2 月出版。汇录全国 105 个单位收藏的 1962—1978 年西文科技期刊 18900 余种。编排体例:采用刊名实词字顺排列,包括正文、索引两部分,正文部分分三个分册出版,采用最新刊名集中著录,刊名按实词(首字母大写)字母顺序,字字相比,依次排列。

《全国俄文期刊联合目录》 北京图书馆主编,全国图书联合目录编辑组 1961 年 2 月出版。本目录分说明、缩写字母、参加馆代号表、刊名目录四部分。所收期刊,截止于 1958 年年底,除定期期刊外,并将一部分连续出版物包括在内,共收入 2485 种刊物,参加图书馆有 143 家。目录按期刊名称俄文字母顺序排列。在编制体例上,采取以年为序,次著卷期,后附馆代号。著录项目有:期刊名称、刊期、出版地、出版者、创刊或停刊、刊名或刊期,出版地的变更、休刊复刊等情况也作了反映。

《47 所高等学校图书馆馆藏外文期刊联合目录》 教育部高等教育第一、二司编,高等教育出版社 1958 年 8 月出版。按文字编列俄文期刊和西文期刊两部分,共 12094 种,其中俄文期刊 958 种,西文期刊 11086 种。著录项目:刊名、刊期、刊物性质、机关名称、出版地、创刊年、出版变动情况、收藏单位代号、收藏卷期和年份。期刊名称按首字字母顺序排列。

《全国日文期刊联合目录》 辽宁、吉林、黑龙江地区中心图书馆委员会编,全国图书联合目录编辑组 1962 年出版。收录截止于 1959 年的全国 86 个图书馆收藏的日文期刊,共计 6602 种。本目录分为四部分:"①中华人民共和国出版的日文期刊;②日本共产党出版的期刊;③日本出版的进步期刊;④一般期刊"。目录按刊名笔画编排。

《科学期刊联合目录》 台湾科学委员会科学技术资料中心编。1970 年第 1 版,收编 85 个学术及研究机构所藏的西文科学及学术期刊6000余种;1974年出第2版,参加单位120个,收录西文期刊7200多种,收集的资料截至1972年底;第3版于1975年出版,利用电脑排版印刷,共10册,分理工农医四篇,参加单位继有增加,依刊名字母顺序排列;该书第10版收录大专院校和研究机构191个单位收藏的理工农医期刊13649种。每种期刊著录项目有:刊名、刊期、创刊年、出版地、出版者、价格、ISSN、所藏机构代号及典藏卷期和年代等。本书按分类排列,书后附有刊名索引。

我国编制的反映地区、系统范围的联合目录也可利用来查检国外报刊线索。如:《南京三大系统图书馆外文科技期刊联合目录》、《上海科学院沪区、上海科学院图书馆馆藏西文科技期刊联合目录》、《中国医学科学院图书期刊联合目录》、《江苏省预订外国和港台报刊联合目录》等。

国外编制的报刊联合目录,常用的有:

《英国期刊联合目录》(British Union—Catalogue of Periodicals) 英国巴特沃公司出版,1964年创刊,季刊。报道英国图书馆界440所图书馆收藏的新入藏的期刊,按刊名字顺编排,对期刊以后改变的名称作参见。编有主办团体名称字顺索引、年度累积索引。

《美国与加拿大图书馆收藏期刊联合目录》(Union List of Serials is Libraries of the United States and Canada,3d ed,New York:The H. W. Wilson Company,1965,5Vols.) 本目录的第1版记录美国与加拿大225所图书馆藏7500种期刊;第2版收录美国、加拿大650所图书馆所藏11500种期刊;第3版收录至1949年止美国、加拿大956所图书馆所藏期刊、会议录、年度报告共156000种,按刊名字顺排列。著录项目有:期刊名称、出版地、出版者、创刊年月、停刊年月、各馆藏期刊卷期年份。本目录从1950年起,《由新刊联合目录》(New Serial Titles)所继续。《新刊联合目录》每年出8期,有年度累积本,也有21年的累积本,如1950—1970

年累积本。利用这些目录,可以了解美加一些主要图书馆收藏期刊的情况,查阅了解出版商的名称、地址,以及了解期刊变化情况等。

《全国公共图书馆报刊联合目录》 日本国立国会图书馆编,共6卷,收录1963—1968年间日本公共图书馆入藏的报刊。

8.2　报刊索引、文摘的利用

8.2.1　概述

以报刊为载体的各类论文、资料,往往是人们经常要查阅、参考的文献情报。在当今浩如烟海的文献情报中,报刊索引是利用报刊,检索报刊文献的必备工具之一。

《辞海》(修订本)对"索引"的条目解释云:"将图书、报刊资料中的各种事物名称(如字、词、人名、书名、刊名、篇名、内容主题名等)分别摘录,或加注释,记明出处页数,按字顺或分类排列,附在一书之后,或单独编辑成册,称为索引。"索引在我国也有称为"通检"、"备检"、"韵编"、"检目"。报刊索引是以报纸、杂志为媒体的文章、资料等篇目索引。它在编制时,将报刊上发表的文献篇目,以一定的目的,按特定的顺序编排起来,提供读者查找所需的文章资料线索。报刊索引的作用有二:一是指向和示址,即指示报刊文章资料的方向和位置;二是揭示和报导,即揭示报刊上发表哪些文章资料,或那些文章资料刊载在哪些报刊上等等。

利用索引,可以及时了解报刊文献动态,从中探知前人研究成果和今人研究动向,避免重复课题的研究;可以及时掌握资料线索,全面搜集资料或提供资料。报刊索引可以说是打开报刊文献资料宝库大门的钥匙。

8.2.2　报刊索引的种类

按其收录资料的内容范围,报刊索引可分为综合性和专题性两种;按其取材的来源可分为多种报刊索引和单种报刊索引;按其出版形式,可分为累积索引、单卷式书本索引、附载于报刊内的附录索引、期刊式索引;按其编制体例,可分为字顺索引,分类索引,按时序、地区编排的索引等。有的报刊索引因其编制目的和用途,与书目、单篇文献篇目等统一编制排列,亦常为研究者案头必备的工具。如沈鹏年编,上海文艺出版社 1958 年出版的《鲁迅研究资料编目》,全书分为三辑:上辑收录图书、报刊 623 种,辑录有关鲁迅著译及书刊内容介绍;中辑是有关鲁迅著译的一些原始资料目录;下辑是 1922—1957 年间关于鲁迅研究资料系年目录,共收研究鲁迅的专著、专集、文集等书籍 558 种,散见于各种报刊的文章篇目 2300 余种。

8.2.3　中文报刊索引的利用

8.2.3.1　检索一种报刊刊载资料的索引

专供查检某一种报刊刊载的文章资料的索引,其收录范围较专一,针对性强。利用这类索引,能较便捷地检索到所需资料。常用的索引有的是以单行本出书或出刊,也有相当多的期刊篇目索引是附录在该期刊的某一期上,单卷本索引有:

《申报索引》 《申报索引》编委会编,上海书店出版。全套索引共 30 册,收录文献 300 余万条,打算用 10 多年时间完成编撰工作。从 1987 年 10 月开始,到目前为止,已出版 1919—1928 年共五册。其编排方法是根据《中国图书资料分类法》和《申报》的特点,编制专用的《申报索引分类表》,设有"政治、军事、国际、经济、文化、历史、地理、社会生活、地方社会新闻、言论、副刊、广告、启事"。其特点,一是上粗下细,即部类粗放,覆盖面尽可能扩大,子目求细,力求靠近《中国图书资料分类法》;二是留有余地,二、三级子目都留有空号;三是列有专目,使某些史料相对集中。书后附有人名索引、《自由谈》篇名目录和作者索引。

《人民日报索引》 人民日报国内资料组编,人民日报出版社出版。该索引是一种月刊,以分类编排资料,将一个月内的《人民日报》刊载的文献资料系统地报道给读者。如1990年第6期"索引"(总474期)将这年6月份发表的文章按"马克思主义、列宁主义、毛泽东思想"、"中国"、"国际"、"国家与地区"、"报刊言论"等大类编列,每一资料著录题名、责任者、日期、版面等项目。《人民日报索引》从1951年开始每月出版一本。1951年以前该报的索引,人民日报社于1960年曾补编过该索引的1948年《人民日报》下半年本、1949年本、1950年本,共3册。

《人民日报社论索引》(1949—1958) 人民日报国内资料组编,人民日报社1959年出版。

《(晋冀鲁豫)人民日报索引》 人民日报图书馆编,人民日报出版社1960年出版。本索引收录该报1946年5月25日—1948年6月14日刊载的资料,分上、中、下三册,按类编排,各册后均附人名索引,按姓氏笔画编排。

《解放日报索引》(1941年5月—1947年3月) 人民日报图书馆资料组编,人民出版社1956年出版。本索引共6册,各册收录报载资料时间:第一册:1941年5月—12月;第二册:1942年1月—12月;第三册:1943年1月—12月;第四册:1944年1月—12月;第五册:1945年1月—12月;第六册:1946年1月—1973年3月。各册均按类编排。

《新中华报索引》(1939年2月7日—1941年5月15日) 人民日报图书馆编,人民日报出版社1965年出版。按类编排,书后附人名索引,按首字汉语拼音音序排列。

《新华日报索引》(1938年1月11日—1947年2月28日)

新华日报索引编辑组编,1963—1964年北京图书馆出版。本索引共九册,按类编排。书后附人名索引,按姓氏笔画排列。

《新华月报总目录》(第1期至第194期) 新华月报社编,1963年出版。本书收录了《新华月报》1949年11月创刊号至1960年各期的篇目,分为上下两篇,按类编排。新华月报现每年编一册《新华月报总目录》,一般随每年《新华月报》最后一期发行。

《(1958—1978年)红旗杂志索引》(总第1期至328期) 北京大学图书馆编,1979年10月出版。分上、下篇,收录《红旗》杂志创刊号至1978年第12期共计文章3300多篇。上篇为分类索引和总目录部分,下篇为著者索引部分。《红旗》杂志每年还分上半年索引、下半年索引,刊登在上半年最后一期或下半年最后一期上。如1986年12月16日出版的第24期上,刊载了《一九八六年第十三期——第二十四期目录》,按类编排。

《东方杂志总目》 三联书店编辑,1957年出版。本目录编辑了从1904年《东方杂志》创刊号至1948年12月该刊终止的全部题录。

《小说月报索引》 书目文献出版社编辑,1984年出版。收录了《小说月报》1921年至1931年间刊载的论文资料。

查阅一种报刊资料的索引,还有:民国十四年度《时报》索引,《时报》社编印;《国闻周报总目》,三联书店编辑,1957年出版;《北洋画报索引》,北京图书馆期刊部社科期刊组编,书目文献出版社1986年出版;《新中华总目》,三联书店编辑,1957年出版,收录《新中华》杂志1933年1月创刊号至1949年5月停刊共42卷的全部篇目;《申报·自由谈目录》,上海鲁迅纪念馆编,1982年印;《民报索引》,(日)小野川秀美编,日本京都大学人文科学研究所发行,1972年出版。直接利用专门报刊索引查检报刊论文资料,还有:《光明日报索引》、《文汇报索引》等;《求是》杂志、《中国图书馆学报》等刊物在每年末期上刊载的该年度各期的总目录可供查阅该刊论文资料用。

8.2.3.2 检索多种报刊刊载资料的索引

《全国报刊索引》 上海图书馆编辑出版,月刊,分为"哲学社会科学版"、"自然科学技术版"二册出版发行。将当月报刊中的重要资料编辑成册,分类编排。每年该刊的一月号和七月号附有"引用报刊一览表",各报刊按报刊名称的笔画排列。如 1991 年第 6 期,该刊的"哲学、社会科学版"收国内公开和内部发行的全国中文报纸 145 种,中文期刊 2273 种,资料共计 11461 条。该刊的"自然科学技术版",1991 年第 7 期收国内公开和内部发行的全国省、市、自治区以上及部分地方的中文报刊 3324 种,共录编资料 9976 条。《全国报刊索引》的著录,自 1991 年第一期(总 208 期)起,参照国家标准局颁发的《检索期刊条目著录规则》(GB3793—83),结合报刊文献的特点,施行标准著录。著录基本格式为:文献题名/著译者//报刊名 . —版本 . —年 . —卷(期)、起页 ~ 止页 . —附注。从 1991 年第 1 期开始,每期后面附有"作者索引"和"题中人名索引。"

《全国报刊索引》最初刊名为《全国主要期刊资料索引》,创刊于 1955 年 3 月,由上海市报刊图书馆编印,双月刊。1956 年增收报纸资料后改刊名为《全国主要报刊资料索引》,从 7 月起改为月刊,由上海图书馆编印。1966 年 9 月停刊。1973 年 10 月复刊,改为现名,按月出版。1980 年开始按"哲学、社会科学版"、"自然科学技术版"两个分册编辑出版。

《全国主要期刊重要资料索引》 1951 年至 1955 年山东省图书馆编,季刊。它算是上海市报刊图书馆编印《全国主要期刊资料索引》的前身。

《教学参考资料索引》 山东师范学院政史系编印,共 14 册,收录 1966 年 6 月至 1979 年国内主要报刊发表的文章篇目。本索引可供查阅《全国报刊索引》1966 年 10 月—1973 年 9 月停刊期间国内报刊资料。

《复印报刊资料索引》 中国人民大学书报资料社编印。从1980 年起,编印年度索引。1980 年收录连续出版或公开发行的500 多种报刊中的复印资料,1981 年该索引收录 600 多种报刊中的复印资料,1982 年收录的报刊有 700 多种。著录项目有篇名、著者、原载报刊、复印资料的页码。从 1983 年起,本索引更名为《复印报刊资料索引》,将复印资料的各专题分编为多个分册单独出版,收录 1400 多种报刊的论文资料 10 万多条。索引后附著者索引和人名索引。

《中国近代期刊篇目汇录》 上海图书馆编,上海人民出版社出版。1965 年出版第一卷,到 1985 年出齐。全书收录分三卷六册,包括 1857—1918 年间出版的 495 种期刊一万多期中的文章资料篇目。

《全国高等院校社会科学学报 1906—1949 年总目录》 刘万全编,吉林大学出版社 1989 年出版。收录 1906—1949 年间全国78 所高校 158 种社会科学学报上的论文篇目 13000 多条。

《全国高等院校社会科学学报(年度)总目录》 吉林大学社会科学学报编辑部出版,从 1980 年起,每年编辑出版一本。

《中文科技资料目录》 按不同分册分别由有关专业情报机构编辑,科学技术文献出版社出版。这套目录从 1979 年起出版,分学科报道国内科技期刊上发表的论文、资料、译文等。分册名称分为:综合科技;基础科学;地质;中草药;农业;农业机械;林业;冶金;机械仪表;电力;电工、原子能;石油工业;化学工业;轻工纺织;建筑材料;水利;水电;船舶工程;铁路;水路运输;环境科学;导弹与航天;医药卫生;测绘;等等。

《中文报纸文史哲论文索引》(1936—1971) 张锦朗编,台北正中书局 1973 年出版。著录 20 种中文报纸 1936—1971 年间的有关文史哲论文 12000 余篇,按类编排,分 2 册出版。第一册收录中央日报论文资料 6593 篇,第 2 册收录台湾新生报、台湾新闻报、中华日报、联合报、自立晚报、公论报、国语日报、中报、东南日报、大众报、益世报、商报、新闻报、全民日报、前线日报、正言报、和平日报、金融日报等报纸论文资料 5534 篇。

《台湾期刊论文索引》 台湾"国立中央图书馆"采访组期刊股编辑,1970 年 1 月创刊,1970 年 1 月—1983 年 11 月为月刊,1984 年改为季刊,自 1987 年开始出版年累积本,台湾"国立中央图书馆"出版。正文按分类编排,分为:总类、哲学类、宗教类、自然科学类、社会科学类、中国史地类、世界史地与传记类、语文类、艺术类、中共苏俄研究。著录项目:篇名、著者、刊名、刊期、页次、出版期、篇号、内容注释。收录期刊 725 种,每期报道量达 5300 篇左右。正文后附有作者索引。

供查找多种报刊资料的索引还有:中国社会科学院文献情报中心编辑,社会科学文献出版社出版的双月刊《中国社会科学文献题录》;人民日报图书馆编辑,人民出版社出版的《十九种影印革命期刊索引》;台湾省文献委员会编印的年刊《台湾文献分类索引》等。查检多种报刊中的某一专题文献索引则更多,如,哲学方面的有《全国主要报刊哲学资料索引》,山东大学哲学系资料室 1981 年编印。史学方面的有《中国史学论文索引》,北京大学历史系、中国科学院历史研究所合编,科学出版社 1957 年出版,收录了 1900—1937 年 7 月间的 1300 多种期刊上的三万多篇资料;台湾"中央图书馆"编辑的《中国近二十年文史哲论文分类索引》,1976 年 3 月第 2 版。语言文字方面的有《中国语言学论文索引》(甲编、乙编增订本),中国科学院语言研究所编,商务印书馆 1978 年出版。图书馆学方面的有《图书馆论文索引》,第一辑由李钟履编,第二辑由南京图书馆编;《图书馆学、情报学、档案学论著目录(1949—1980)》,华东师范大学图书馆学系、图书馆编,上海人民出版社 1984 年 2 月出版;《图书馆学情报学论文索引(1981—1986)》,河南大学图书馆编,《河南高校图书情报工作》编辑部1988年4月出版;《中文图书馆学暨目录学论著索引》,方仁编,台北1975年刊行;《图书馆学期刊论文索引》(1975—1983),宋建成主编,台北世界新专夜间部1984年印行。文学方面的有《中国古典文学研究论文索引》(1905—1979),北京师范学院1981年编印,等。台湾地区编印的自然科学方面的报刊论文索引有:《中文报章杂志科技论文索引》、《电子资料总索引》、《台湾农业文献索引》、《台湾林业文献索引》、《台湾香蕉文献索引》、《重要科技文献指南》等。专题索引较多,在查找报刊资料方面,起着指南的作用。

8.2.4　中文报刊文摘的利用

文摘是以简要文字摘录文献内容要点的原始数据的信息工具。文摘较索引含有的信息量多。读者利用文摘,能检索和了解到文献的主要事项。可利用的中文报刊文摘有:

《高等学校文科学报文摘》　高等学校文科学报文摘编辑部编,上海师范大学印,1984年创刊,季刊,1986年改为双月刊。

《社会科学文摘》　河南省社会科学院情报研究所编,1983年创刊。原名《学术资料(文摘版)》,内部发行。1985年更名《学术文摘》,1985年7月改为现名,月刊,公开发行。

《图书馆学文摘》　图书馆学文摘编辑部编,山西省图书馆学会出版。1983年创刊,季刊。

《科学学文摘、索引》　中国科学院图书馆编印,创刊于1980年,原名《科学学文献索引》,自第4期起增加文摘,改为现名。

《中药研究文献摘要》　刘寿山主编,科学出版社出版,1983年起分"编"出书。

检索国内报刊论文和科技资料的文摘有表8.1例举的各类检索刊物。

表8.1 中文文摘类主要检索期刊一览表

学科	文摘刊物名称与刊期,创刊年	主编(办)单位
综合类	《新华文摘》月刊,1979 年创刊	人民出版社
	《管理科学文摘》月刊,1981 年 1 月创刊	中国科技情报所
	《中国国土资源文摘》双月刊,1987 年 2 月创刊	中国科学院、国家计委自然资源综合考察委员会
	《标准化文摘》季刊,1989 年 7 月创刊	河北省标准情报研究所
数学、物理、化学、天文	《中国数学文摘》季刊,1987 年创刊	中国科学院文献情报中心
	《中国力学文摘》季刊,1987 年 1 月创刊	中国科学院文献情报中心、力学研究所
	《中国物理文摘》双月刊,1986 年 3 月创刊	中国科学院物理情报网
	《中国无机分析化学文摘》季刊,1983 年 8 月创刊	北京矿冶研究总院
	《分析化学文摘》月刊,1960 年 4 月创刊	中国科技情报所重庆分所
	《中国天文学文摘》季刊,1987 年创刊	中国科学院北京天文台
地质、地理、海洋、矿业	《中国地质文摘》月刊,1986 年 1 月创刊	中国地质矿产信息研究所
	《地震文摘》双月刊,1980 年创刊	国家地震局情报中心
	《矿业文摘》月刊,1958 年 10 月创刊 原名《科技资料目录—矿业分册》,1981 年改为现名	煤炭部情报所
	《海洋文摘》月刊,1962 年 10 月创刊	国家海洋局海洋情报所
	《地理文摘》双月刊,1982 年 9 月创刊	上海教育学院、上海市地理学会
	《中国地理科学文摘》季刊	中国科学院成都山地灰岩与环境研究所
	《硅酸盐文摘》双月刊,1983 年 1 月创刊	中国科技情报所重庆分所
	《物探化探遥感地质文摘》双月刊,1984 年创刊	地矿部地球物理地球化学勘查研究所

医学、卫生	《中国医学文摘—卫生学》双月刊，1984年2月创刊	中国预防医学科学院营养与食品卫生研究所
	《中国医学—耳鼻咽喉科学》季刊，1986年3月创刊	北京市耳鼻咽喉研究所
	《中国医学文摘—眼科学》双月刊，1984年1月创刊	北京市眼科研究所
	《中国医学文摘—儿科学》双月刊，1982年1月创刊	辽宁省医学情报所
	《中国药学文摘》双月刊，1984年1月创刊	国家医药管理局医药技术情报所
	《中国医学文摘—基础医学》双月刊，1984年3月创刊	上海医大基础医学研究所
	《中国医学文摘—口腔科学》季刊，1984年3月创刊	南京医学院
	《中国医学文摘—外科学》双月刊，1982年2月创刊	江苏省医学情报研究所
	《中国医学文摘—护理学》季刊，1986年2月创刊	该刊编辑部、武汉市医学科学研究所出刊
	《中国医学文摘—肿瘤学类》双月刊，1982年1月创刊	广西医学院附属医院
	《中国医学文摘—计划生育、妇产科学》季刊，1982年2月创刊	四川省医学情报所
	《中国医学文摘—皮肤科学》季刊，1984年6月创刊	西安医科大学、陕西省医药卫生科技情报站
	《新医学文摘（卡片）》内科等15个分册	重庆市医学情报所
生物	《古生物学文摘》季刊，1986年3月创刊	中国科学院古生物研究所、古脊椎研究所
	《中国生物学文摘》月刊，1987年创刊	中国科学院文献情报中心

（续表）

农业、林业	《中国农业文摘—土壤肥料》双月刊，1984 年 8 月创刊	中国农业科学院情报研究所
	《中国农业文摘—植物保护》双月刊，1985 年创刊	中国农业科学院情报研究所
	《中国农业文摘—粮食与经济作物》双月刊，1984 年 2 月创刊	中国农业科学院情报研究所
	《中国农业文摘—园艺》双月刊，1985 年 2 月创刊	中国农业科学院情报研究所
	《中国农业文摘—畜牧》双月刊，1985 年 1 月创刊	中国农业科学院情报研究所
	《中国农业文摘—兽医》双月刊，1985 年 2 月创刊	中国农业科学院情报研究所
	《中国农业文摘—农业工程》双月刊，1989 年创刊	北京农业工程大学
	《中国农业文摘—水产》双月刊，1985 年 1 月创刊	中国水产科学研究院
	《水产文摘》月刊，1963 年创刊。	南海水产研究所
	《中国林业文摘》双月刊，1985 年创刊	林业部科技情报中心
	《大豆文摘》季刊，1983 年 2 月创刊	吉林省农科院
	《食用菌文摘》季刊，1984 年创刊	上海农科院情报所
	《兽医学文摘—寄生虫病》季刊，1985 年 3 季度创刊	中国农科院上海家畜血吸虫病研究所
	《蚕业文摘》季刊，1980 年 1 月创刊	中国农科院蚕业研究所
	《茶叶文摘》双月刊，1986 年 10 月创刊	中国农科院茶叶所

冶金、机械	《中国机械工程文摘》月刊,1966 年创刊	冶金部情报研究所
	《中国冶金文摘》月刊,1986 年 7 月创刊	天津工程机械研究所
	《工程机械文摘》双月刊,1983 年 5 月创刊	中国农业机械化科学研究院
	《农业机械文摘》双月刊,1963 年创刊	机电部情报研究所
	《机械工程自动化与计算机应用文摘》双月刊,1983 年创刊	机电部自动化研究所
	《通用机械文摘》双月刊,1973 年 1 创刊	沈阳水泵研究所
	《造船文摘》双月刊,1965 年创刊	中国船舶总公司 714 所
	《汽车文摘》月刊,1963 年创刊	长春汽车研究所
	《动力机械文摘》双月刊,1982 年创刊	机电部哈尔滨电路设备成套设计所
	《内燃机文摘》双月刊,1984 年 1 月创刊	机械委,上海内燃机研究所
	《机械制造文摘—材料保护分册》双月刊,1981 年创刊	武汉材料保护研究所
	《机械制造文摘—机床与工具分册》月刊,1957 年创刊	中国科技情报所重庆分所
	《机械制造文摘—材料和热处理分册》双月刊,1957 年创刊	中国科技情报所重庆分所
	《机械制造文摘—铸造分册》双月刊,1957 年创刊	中国科技情报所重庆分所
	《机械制造文摘—锻压分册》双月刊,1957 年创刊	中国科技情报所重庆分所
仪表、兵工	《仪器仪表文摘》月刊,1985 年 1 月创刊	机电部仪器仪表综合技术研究所
	《国内光学仪器文摘》季刊,1981 年创刊	南京光学仪器学会等
	《分析仪器文摘》双月刊,1963 年创刊	北京分析仪器研究所
	《兵工文摘》月刊,1964 年创刊	中国兵器工业总公司第 210 研究所

（续表）

电子学	《中国电子科技文摘》双月刊,1981 年创刊	机电部科技情报所
	《中国无线电电子学文摘》双月刊,1985 年创刊	中国科学院电子学研究所等
	《电工文摘》月刊,1981 年 1 月创刊	机电部北京电工综合技术经济研究中心
	《实用电子文摘》双月刊,1985 年 6 月创刊	成都市电子研究所
	《半导体文摘》月刊,1958 年创刊	中国科技情报所重庆分所
化工	《精细石油化工文摘》月刊,1986 年创刊	金陵石化公司
	《中国化工文摘》月刊,1983 年创刊	化工部情报所
	《化肥工业文摘》季刊,1977 年创刊	上海化工研究院
	《涂料文摘》双月刊,1962 年创刊	化工部涂料工业研究所
能源	《中国石油文摘》双月刊,1985 年 5 月创刊	中国石油天然气总公司情报所
	《新能源文摘》月刊,1983 年创刊	中国科技情报所重庆分所
轻工、纺织	《化纤文摘》双月刊,1978 年创刊	上海合成纤维研究所
	《皮革文摘》双月刊,1978 年创刊	轻工业部毛皮制革研究所等
	《中国轻工业文摘》季刊,1984 年复刊	轻工业部科技情报所
	《造纸文摘》双月刊,1978 年创刊	全国造纸工业科技情报站
	《印刷文摘》双月刊,1983 年创刊	机电部北京印刷机械研究所
	《纺织文摘》双月刊,1978 年创刊	上海市纺织科学研究院
	《中国纺织文摘》双月刊,1978 年创刊	纺织部科技情报所
食品	《食品文摘》季刊,1983 年 5 月创刊	北京市食品研究所、全国食品科技情报中心站
	《中国粮油科技文摘》双月刊,1985 年 1 月创刊	商业部科技情报研究所
核科技	《中国核科技文摘》季刊,1985 年 3 月创刊 原名《核科技中文文献索引》,1985 年 8 月改为现名	核科技情报所

294

电脑	《微电脑应用文摘》月刊,1983 年创刊 《计算机硬件文摘》月刊,1985 年创刊 《计算机应用文摘》月刊,1985 年创刊	湖南省株洲电子研究所 中国科技情报所重庆分所 中国科技情报所重庆分所
交通运输	《铁道文摘》月刊,1959 年创刊 《公路运输文摘》月刊,1963 年创刊 《水路运输文摘》月刊,1978 年 1 月创刊 《中国航空文摘》月刊,1985 年创刊	铁道部科技情报所 交通部科技情报所 交通部科技情报所 航空工业部第 628 所
环境科学	《环境科学文摘》双月刊,1982 年 1 月创刊	中国环境科学研究院情报所

我国台湾地区也编出一些报刊资料文摘,较著名的有:台湾师范大学图书馆编的《教育论文摘要》,台湾学术资料中心编印的《科技研究摘要》、《科技简讯》、《技术资料》、《科学技术资料选粹——进行中之研究专题报导》等都是以文摘形式出版发行的期刊。

8.2.5　国外报刊索引、文摘的利用

8.2.5.1　中文索引、文摘

为便于我国广大读者利用国外报刊资料,为了及时报道国外报刊的情报信息,我国编印发行一批中文索引、文摘、题录,见表8.2 所示。

表8.2　我国出版的常用国外报刊索引、文摘一览

学科	检索刊物名称、刊期及创刊年	主编(办)单位
综合类	《海外文摘》月刊,1984年创刊 原名《台港与海外文摘》,1986年改为现名。	中国记协
社会科学	《国外社会科学论文索引》双月刊,1979年创刊	中国社会科学院文献情报中心
	《国外科技资料目录—商业分册》季刊,1982年1月创刊	商业部科技情报所
	《警察科学文献题录》月刊,1982年3月创刊	公安部科技情报所
	《体育科技文摘》双月刊,1985年创刊	国家体委情报所
	《现代外国哲学社会科学文摘》月刊,1958年创刊	上海社会科学院情报所
经济	《工业经济文摘》月刊,1982年创刊	该刊编辑部
	《国外经济文献摘要》双月刊,1981年创刊	中国科技情报研究所
自然科学	《国外科技资料目录—光学和应用光学》季刊,1984年12月创刊	中国科学院长春光机研究所
	《国外地理文摘》季刊,1985年1创刊	中国科学院地理科学情报网等
	《国外科技资料目录—地质》月刊,1977年4月创刊	全国地质图书馆
	《国外科技资料目录—测绘学》季刊,1978年创刊	全国测绘科技情报网
	《国外科技资料目录—气象学》双月刊,1978年1月创刊	国家气象局情报研究所

农业、林业	《国外科技资料目录—林业》双月刊，1983年创刊	林业部科技情报中心
	《国外科技资料目录—（农业科学）》月刊，1979年创刊	中国农业科学院文献情报中心主办
	《园艺学文摘》双月刊，1962年创刊	中国科技情报所重庆分所
	《植物病理学文摘》双月刊，1960年4月创刊	中国科技情报所重庆分所
	《麦类文摘》双月刊，1981年1月创刊	河南省农业科学院
	《国外林业文摘》双月刊，1960年创刊，原名《林业文摘》，1989年改为现名。	中国林科院情报所
	《国外森林科学文摘》，双月刊，1958年创刊，原名为《森林工业文摘》，1989年改为现名。	中国林科院情报所
	《棉花文摘》双月刊，1985年创刊	中国农科院棉花研究所
	《水产文摘》月刊，1960年创刊	南海水产研究所，本刊编辑部
	《竹类文摘》（中文版）半年刊，1988年创刊	中国林科院科技情报所
	《畜牧学文摘—饲料饲养》，1985年8月创刊	中国农科院情报研究所
	《兽医文摘—普通病》双月刊，1987年2月创刊	中国农科院情报研究所
	《国外兽医学文摘》双月刊，1988年创刊	中国农科院科技文献信息中心
能源	《国外科技资料目录—石油工业》月刊，1987年创刊，自办国内发行	石油部科技情报所
	《国外科技资料目录—电力》双月刊，1981年1月创刊	能源部，水利电力部情报所
	《国外科技资料目录—水利水电》双月刊，1959年创刊，原名《期刊论文索引—水利工程》，1961年改为现名。	水利电力部情报所
	《石油与天然气文摘》月刊，1962年创刊	中国石油天然气总公司情报所

（续表）

核科技	《国外科技资料目录—核科学技术》月刊,1961 年创刊	核工业部情报所
电力、机械	《国外电子科技文摘》月刊,1981 年创刊,曾名《国外电子科技文献目录》,1991 年改为现名。	机电部电子科技情报所
	《机械制造文摘—零件和传动分册》月刊,1957 年创刊	中国科技情报所重庆分所
	《机械制造文摘—焊接分册》双月刊,1980 年 2 月创刊	中国科技情报所重庆分所
	《起重运输机械文摘》双月刊,1978 年 8 月创刊	机电部北京超重运输机械研究所
	《机械制造文摘—粉末冶金分册》季刊,1982 年 1 月创刊	北京市粉末冶金研究所
	《印刷机械文摘》双月刊,1981 年 6 月创刊	北京印刷机械研究所
化工、轻工	《日用化学文摘》双月刊,1978 年创刊	轻工业部情报所
	《国外森林工业文摘》双月刊,1960 年创刊,原名《森林工业文摘》,1989 年起更名为本名。	林业部科技情报中心
	《化肥工业文摘》季刊,1978 年 2 月创刊	化工部上海化工研究院
	《化纤文摘》双月刊	上海合成纤维研究所,全国合成纤维情报站
	《国外农药文摘》季刊,1973 年创刊	沈阳化工研究院
	《国外染料文摘》季刊,1973 年 2 月创刊	沈阳化工研究院
	《国外粮油科技文摘》双月刊,1982 年 4 月创刊	商业部科技情报研究所
建材	《国外科技资料目录—建筑材料》双月刊,1977 年创刊	国家建材局情报所

298

电脑	《机械工程自动化与计算机应用文摘》双月刊,1983 年创刊	机电部机械工业自动研究所主办
	《计算机数学与软件文摘》月刊,1985 年创刊	中国科技情报所重庆分所
交通、运输、航天	《造船文摘》双月刊,1965 年创刊	中国船舶工业总公司 714 研究所
	《国外航空文摘》月刊,1985 年 1 月创刊	航空工业部第 628 研究所
	《国外科技资料目录:导弹与航天》双月刊,1983 年初创刊	航天部航天情报所

　　我国还编制有一些二次文献检索工具书,这类检索工具有以英文出版的,如《竹类文摘》(英文版),1988 年创刊,中国林科院科技情报所主办;《中国科学文摘》(A、B 辑,英文版)双月刊,1982 年创刊,科学出版社主办;《中国机械工程文摘》(英文版)季刊,机电部机械科技情报所主办;《中国医学文摘》(内科分册,英文版),季刊,卫生部医学情报管理委员会主办等等。更多的是以中文出版的检索工具书,它们对于读者利用国外报刊起着指引和导向的作用。如由中国科学技术情报所编辑的《情报科学文摘》,双月刊,1984 年创刊,以文摘和简介形式报道国内外情报科学和图书科学的最新情报;中国科学院文献情报中心 1988 年 4 月编印的《常用文献检索工具目录》(自然科学部分),收录了中、英、法、日、俄五种文字的 491 种检索性期刊;北京图书馆科技文献检索室编著,书目文献出版社 1989 年 3 月出版的《科技检索期刊使用指南》一书,重点介绍了各种科技检索期刊,也总结了北京图书馆多年的科技文献检索工作经验;由李光的等编译,中国科学院文献情报中心 1987 年出版的《国外主要二次文献期刊指南》,共收录国外社会科学和自然科学各学科的具有固定名称、定期连续出版的文摘、索引(题录)等出版物 1200 多种,其中西文刊 900 多种,俄

文刊 200 多种,日文刊 100 多种。

8.2.5.2　国外编制的索引、题录

《国际期刊论文索引》(International Bibliographie der Zeitschyiften Literatur aus allen Gebieten des Wissens)　1965 年创刊。该刊由西德菲力克斯·提特利赫出版公司出版,通称为 IBZ,每年出版 2 期,收录 9000 余种德、美、英、法等国的科学刊物,约 30 万条篇目。

《纽约时报索引》(New York Times Index)　1913 年起出版第 1 卷,季刊,1930 年后改为月刊,1948 年改为半月刊。现以三种形式出版:半月刊、季刊、年度累积本。索引按主题字顺排列。

《泰晤士报索引》(The Times Index)　伦敦 1907 年初版。1906 年前的《泰晤士报》曾编制有回溯性索引。现为月刊,每年累积出版。索引著录月、日、页码、专栏、书评、摘要等项。

《读者期刊论文指南》(Reader's Guide to Periodical Literature)简称 RG,由美国威尔逊公司出版,1905 年出第一期。该指南是以美国出版的一般性的期刊论文作为收录范围,所有条目按主题、责任者名称混合排列,每一条目下著录著者、篇名、页数、期刊出版年等。

《英国人文科学文献索引》(British Humanities Index)　1963 年用此名称,季刊。收录英国报刊中的论文资料。论文内容包括政治、经济、历史、地理、文学、艺术等方面。年度累积本有著者索引,索引的正文部分按主题编排。

《期刊论文题录》(летописъ жчрнальныф сатеч)　1956 年创刊。本题录由原苏联中央书局编辑出版,每年出版 52 期。这是一种综合性的检索期刊,按学科分类,每一类再按作者或篇名的字母顺序排列。

《新刊目次》(Current Contenrs)　周刊。美国科学情报研究所编辑出版。收录各国出版的社会科学、自然科学、工程技术方面的现刊目次,报道论文篇名,所收的期刊约 5000 种。本"目次"分七个分册出版,其内容分别为:①农业、生物学与环境科学;②临床实践;③工程技术与应用科学;④生命科学;⑤物理学、化学、地学;⑥艺术和人文科学;⑦社会科学和行为科学。其体例为分类编排,另附主题索引。

国外编辑出版的报刊索引、文摘种类极其繁多,较著名的还有《加拿大期刊索引》,日本的《杂志记事索引》,澳大利亚的《澳大利亚科技期刊论文索引》,荷兰的《医学文摘》,印度的《印度科学文摘》、英国的《图书馆学与情报科学文摘》、《英国教育学索引》,等等。

8.2.5.3 国外主要文摘期刊的利用

文摘和文摘期刊,是期刊的一种重要类型,属于二次文献。它们是以文摘的形式定期报道有关文献,并配以简介、索引或题录,提供多种检索途径。这类检索性期刊是我们查询、了解期刊文献情报的重要工具。国外编制的文摘和文摘性期刊品种数以千计。据中国科学院文献情报中心收藏情况来看,该中心有国外社会科学和自然科学各学科研究内容的具有固定名称、定期连续出版的文摘、索引、题录等出版物 1200 多种,其中西文者 900 多种,俄文者 200 多种,日文者 100 多种。这里,仅介绍几部主要的文摘期刊。利用这些文摘期刊,我们亦能够打开世界范围内期刊文献情报宝库的大门,也能获悉有关图书、专利、科技报告等类型的情报线索。

美国《生物学文摘》及其利用 《生物学文摘》(Biological Abstracts,简称 BA)现在的编辑出版机构是美国"生物科学情报服务社",它的前身是《细菌学文摘》(1917—1925)和《植物学文摘》(1918—1925),1926 年由这两家期刊合并改为《生物学文摘》。BA 发刊以来,刊名未再变动,但出版年、卷、期变化较多:从 1959年开始由月刊改为半月刊;从 1972 年第 53 卷开始,每年又分为两卷,每卷 12 期,年报道量由创刊时的 1 万多条增至近 20 万条。美国《生物学文摘》是世界上较有名望的专业性文摘刊物,该刊选收的文献来自 116 个国家和地区用 23 种文字出版的 9 千多种期刊,1 万多种专著和其它类型文献。该刊编辑部在许多国家雇有一批生物学家兼做文摘员,他们分别提供各自国家出版的生物学文献,进行再加工。BA 收录的文献内容包括:生物学、生物医学的理论及实验现场的原始资料;生物学研究的新技术与新方法;生物医学工程、农学、仪器等边缘学科和相关学科领域的文献。报道内容分为 84 个大类,470 个小类,文摘内容分别排在大小类目下面。本刊由文摘、索引和来源期刊目录等三大部分组成,其中,索引部分又分为著者、生物系统、生物种属、概念和主题五种索引。利用每期杂志后面附的这五种索引或利用每卷集附的累积索引,就可以从多种途径检索该文摘杂志所报道的情报资源。

英国《科学文摘》及其利用　查找有关物理学、电气工程和电子学、计算机与控制方面的文献情报往往以《科学文摘》作为主要检索工具。英国《科学文摘》(Science Abstracts),简称 SA,创刊于 1898 年,由英国电气工程师学会同英国物理学会及英国电气与电子工程学会合作创办。原名《科学文摘:物理与电工》,自 1903 年第 6 卷起用现名,并分为 A、B 两辑出版,A 辑《物理文摘》,B 辑《电工文摘》。1966 年起,英国电气工程师学会对该文摘杂志作进一步调整,将 B 辑刊名改为《电气与电子学文摘》,并与英国电子学与无线电工程师学会、美国电气与无线电工程师学会、国际自动控制联合会等单位联合出版 C 辑《控制文摘》。1969 年又将 C 辑改名为《计算机与控制文摘》。目前,该刊的三个分册分别为:

《科学文摘　A 辑　物理文摘》(Science Abstracts Series A Physics Abstracts),简称 PA,半月刊。

《科学文摘　B 辑　电气与电子学文摘》(Science Abstrats Series B Electrical & Electronics Abstracts),简称 EEA,月刊。

《科学文摘　C辑　计算机与控制文摘》(Science Abstracts Series C Conputer and Control Abstracts)，简称CCA，月刊。

《科学文摘》现由英国电气工程师学会下设的物理和工程情报服务部编辑出版，所收集的资料来源有期刊论文、会议文献、学位论文等，包括50多个国家的3000种以上的期刊和800多种会议录，年文摘量超过20万条，出版形式有书本式、缩微式和磁带版。SA有按月或半月出版的文摘本，还附有各种索引本，如主题索引、著者索引，索引则按半年或多年累积出刊。半年度的累积索引反映《科学文摘》摘用杂志的目录。每期文摘杂志之后还附有新入选杂志的补篇。利用SA，可以帮助读者了解世界上有关物理、电气与电子学、计算机与控制等学科领域中的专业期刊的情报。

美国《化学文摘》及其利用　《化学文摘》(Chemical Abstracts)，简称CA，1907年创刊，由美国化学会所属的化学文摘社编辑出版。其前身为《美国化学研究评论》(1897—1906)。1969年，CA兼并了德国的《化学文摘》，它摘录汇编了世界150个国家和地区用56种文字出版的1万8千余种期刊，还报道了约26个国家和地区的专利文献、会议文献、技术报告、图书著作、学位论文、档案资料等，年报道量在45—50万篇。CA收录了世界上98%的化学化工文献，因而该刊自称为是"世界化学化工文献的钥匙"。CA也被国际公认为是化学化工领域文献情报的权威性检索工具。

美国《化学文摘》有以下几个特点：

(1) 编辑发行的历史悠久，收集资料范围广，内容系统、全面。《化学文摘》创刊至今已有80多年，文摘总量已超过1千万篇。报道的内容，涉及化学、化工、冶金、生物、医农、材料、轻纺等方面。随着科学技术的发展，CA也在不断增加和充实新学科和交叉学科的内容。

（2）编辑加工自动化程度高,报道时差短。自 60 年代起,CA就着手把计算机技术用于文献的加工和处理工作,1966 年后正式用计算机对化合物进行登记,文摘与索引的编排也用计算机处理,CA 报道书刊文献的时差不超过 3 个月。

（3）检索途径完备,索引系统使用方便。CA 出版了十余种索引,多种索引提供了利用这一文摘期刊的多种途径。

（4）用英文做文摘,解决了语言障碍。CA 文摘的内容为原始论文的浓缩成果,它用英文作文摘。文摘的第一句话一般为原文的精华,这也替用户快捷利用 CA 提供了方便。

美国《工程索引》及其利用 《工程索引》(The Engineering Index)简称 EI,创办于 1884 年 10 月,最初以"Index Notes"名义发表在美国工程师学会联合会月刊上。当时的主编,华盛顿大学土木工程系教授 J. B. Johnson 在发刊号中说:在 1883 年我当上教授的时候,感到自己最大的不足是对文献一无所知,于是我下决心弥补这一缺陷,图书馆成了我每天必去的地方。现在我将摘录到的文献奉献给大家。本刊宗旨是:第一,只记录有永久保留价值的文献;第二,简明扼要地摘录原文,以保证读者能从中获得足够的信息,进而确定是否有必要参阅原文。1906 年,美国工程杂志公司承接了《工程索引》出刊业务,将 EI 脱离以前的汇刊单独出版,并改为年刊,刊名改为《工程索引年刊》(Engineering Index Annual)。1934 年,"工程索引公司"成立,专门负责 EI 的编辑出版事项,延续至今。

《工程索引》具有以下几个特点:

（1）报道的内容广泛。EI 收录文献的内容涉及到工程技术的各个领域,如:市政工程、军事工程、建筑设备与方法、桥梁与隧道、公路工程、结构设计、运输、材料特性与试验、水利、电子、电气、控制工程、机械、自动化、原子能、宇航工程、环境、地质、生物工程、化工、食品工业、纺织技术、管理、冶金等。

（2）报道文献数量大，覆盖面广。目前 EI 每年报道文献达 10 万多篇，该刊利用了美国、英国、德国、日本、法国、俄罗斯等 50 余个国家和地区的 15 种文字的 3500 种期刊和 1000 余种世界范围的会议录、学术报告、图书、标准等出版物。

（3）编排方式与其它检索刊物不同。EI 的编排体例是二级字顺主题索引，标题词由主标题词和副标题词两级组成，先排主标题词，然后在主标题词下，再按副标题词的字顺排列。1987 年起设辅助主题索引。文摘条文排在副标题词下。EI 的文摘一般为指示性文摘，文字精练简洁。

（4）出版形式多样。《工程索引》有五种出版形式：①《工程索引月刊》(The Engineering Index Monthly)，创刊于 1962 年，报道时差为 6—8 周；②《工程索引年刊》(The Engineering Index Annual)，创刊于 1906 年，③工程索引卡片(Card—A—lert)，创刊于 1928 年 1 月，把文摘制成文摘卡，按主题分组发行，由于联机检索的出现并取代，1975 年后停止出版；④缩微胶卷，1970 年春，工程索引公司以缩微胶卷形式制作出版了 1884—1970 年间的全部《工程索引》，同时还编制了缩微版的三套索引；⑤计算机磁带，1969 年 1 月创刊，每年提供《工程索引》磁带 12 盘，磁带上每条文献的著录项目与年刊和月刊完全相同。

俄罗斯《文摘杂志》及其利用　《文摘杂志》(Реферативный Журнал)简称 Р. Ж. ，是全俄科学技术情报所的出版物，创刊于 1953 年。最初只有 4 个分册，即数学、力学、天文学、化学分册，到 80 年代中期已发展到 28 种综合本（173 个分册）和 56 个单卷本。Р. Ж. 以"综合本"сводный том、"分册"выпуск 及"单卷本"отдельный Выпуск 三种形式出版。

Р. Ж. 主要有以下几个特点：

（1）学科门类比较齐全。《文摘杂志》基本上按专业分类，除建筑、医学、农业外，内容涉及到其它各个学科领域，以题录和文摘形式,报道全俄科技情报研究所新入藏的文献中最有价值部分。

（2）编制方法统一。为便于读者检索使用,俄罗斯《文摘杂志》各单卷本、综合本、分册均按统一的规格编写,具有统一的分类法和检索方法。同时, P. Ж. 按各个单卷本、综合本的不同需要,编制了主题索引、作者索引、专利号索引、化学分子式索引、地名索引等。

（3）资料丰富,摘录详尽。《文摘杂志》收录了世界上 130 余个国家和地区的 66 种文字的资料,每年摘编 2 万 2 千多种期刊,1 万多种图书,15 万件专利及大量的会议文献、科技报告、手稿、标准等,年报道量 110 万条左右。P. Ж. 中的文摘占 80%,简介与题录占 20%。文摘内容比较详细,篇幅较长,有的摘要阅读后,不必查找原文就可解决许多问题。

（4）有些文摘图文并茂,阅读便利。P. Ж. 非常注重文摘的编制水准,有些文摘条目内还附有图解。在所报道的俄罗斯以外的文献资料摘要时标有俄文译题。除日文资料外,其它文种的文献资料还附有原文名称、作者及原文出处。

（5）缺点:出版周期长,刊名变化多。《文摘杂志》出版周期较长,有的综合本和单卷本的年度主题索引时差长达 1 年,一般的也长达 4 个月左右。P. Ж. 的综合本、单卷本时有分合,刊名经常变更,这对订购、整理和使用都带来一定的麻烦。

法国《文摘通报》及其利用　由法国科学研究中心的文献中心编辑出版的《文摘通报》(Bulletin Signaletique) 于 1939 年创刊。月刊,当时名为《分析通报》(Bulletin Analytique),是综合本。发展到 1982 年,《文摘通报》分为 57 个分册出刊,年报道量不断增加。自 1982 年起每年出刊 10 期,目前的《文摘通报》多属题录型,其分册设置情况还在不断变化着。

《文摘通报》摘录 13000 余种期刊,以及会议资料、学位论文、专利文献、科技报告、专题论文和图书等,其各分册按主题分类编

306

排。报道内容有:数学分析、自动化、计算机技术、运筹学管理、经济、天文学、空间物理学、地球物理学、数学、物理、力学、电子学、化学、矿物学、工程地质学、动物学、植物学、心理学、环境科学、土木工程和运输、情报科学、文献学、机械工程、能源、冶金等。《文摘通报》收录报道的文献比较齐全,涉及自然科学和社会科学,各个学科每期附有主题索引、作者索引、专利索引、地理索引、植物索引、矿物索引等,检索比较方便。

日本《科学技术文献速报》及其利用 《科学技术文献速报》简称"速报",由日本科学技术情报中心编辑出版,创刊于1958年。现已出版了物理与应用物理、化学与化学工业(日本国外)、化学与化学工业(日本国内)、金属工程、矿山工程与地球科学、机械工程、电气工程、土木建筑工程、能源、原子能工程、环境公害、管理与系统技术、生命科学等12个分册。

"速报"收录了53个国家用20多种文字出版的9100余种期刊,还有科技报告、会议录等其它类型文献,但不包括专利文献。其特点为:

(1)报道理工类科学术文献资料多。由于日本科技情报中心服务重点放在工业上,因此,"速报"的报道范围侧重于理工科。基础数学、天文学、农业方面的资料未包括在内。

(2)选择资料精练,报道速度快。"速报"用日文做文摘索引,选择资料精练。文摘由各大学、研究所的专家4千多人参加撰写。该刊用计算机编排,报道时差约在1个半月左右。

(3)检索方面。《科学技术文献速报》是题录、简介、文摘相结合编制的检索期刊,有书本式、卡片式、缩微胶卷、缩微平片、磁带等五种形式。"速报"各分册的资料先按分类编排,每一类目下再按主题词字顺序编排。该刊每期编有关键词索引、著者索引,每年度还编有年度主题索引,便于检索和使用。

8.3 报刊文献的计算机检索

8.3.1 计算机检索系统的构成

计算机技术用于报刊文献资源的检索,可以大大减轻人们手检的劳动强度,使报刊资料的检索利用成为快速、高效的自动化过程。计算机检索系统包括情报资料的存贮和检索两部分,主要由计算机、通讯网络、检索终端及数据库构成。

8.3.2 报刊文献的检索系统

国外从60年代起开始使用电子计算机存贮和检索报刊资料。70年代,美国发行期刊机读目录,编制期刊联机联合目录;法国、瑞典等相继建立了期刊联合目录自动化系统。80年代,世界最大的国际连续出版物数据系统(ISDS)已将地球上大部分国家和地区的30余万种连续出版物录编成电脑文献数据库。至于用计算机存贮和检索报刊资源的事例更为广泛,如美国生物科学情报社编制的《生物学文摘》磁带版,美国的《化学文摘》、《工程索引》磁带版等都是。我国的北京图书馆、南京图书馆、山东省图书馆、清华大学图书馆、中国科学技术情报研究所等单位在建立中文报刊机读目录数据库,应用计算机开展报刊文献检索服务等方面做出了有益的探索和实践。

8.3.3 国际联机检索终端的利用

计算机情报检索从脱机检索发展到联机检索,再发展到国际联机检索。这样,对于报刊资源的利用和检索,已超出一个地区、一个国家的范围,进入国际信息空间领域。用户可以利用检索终端,查找网络中任意一个数据库存贮的报刊或其它有关情报。据德国《1986—1988 年发展规范》介绍:全世界目前可供联机检索服务的数据库已有 1851 个,有联机检索服务系统 100 多个。其中在国际上影响较大的有美国洛克希德导弹和空间公司的 DIALOG 系统(1988 年夏季,DIALOG 成为 Knight—Ridder 公司一员),美国系统发展公司的 ORBIT 系统(已合并到英国的 PERGAMON 公司),欧洲空间组织的 ESA—IRS 系统等。我国有 20 多个省市设置了 70 多个国际联机检索终端,与 DIALOG,ESA—IRS, ORBIT 等国际联机情报检索系统进行了联机。如东南大学图书馆在 1984 年 11 月建立了 DIALOG 国际联机终端,七年多来该终端在为校内外用户检索报刊及其它情报方面提供了大量有用的信息和资料。

　　DIALOG 系统到 1991 年底共建有 400 个数据库,新闻、化学化工、计算机、商业产品信息、人名及公司名录、石油开发等各专题普遍设置,期刊杂志、报纸等全文数据库以及图像存储、光盘数据库更便利用户检索使用。用户在使用联机终端检索资料时,首先要对自己的情报需求能有一个明确的剖析,这就应该先分析检索课题,弄明课题的学科范围、语种及年限的要求,以便有针对性地选择数据库,确定检索单元及查找途径。用户可以根据需要,指定主题、作者、刊名、出版年月、国别等情报属性作为检索途径,通过人机对话,扩大或缩小检索范围。如南京航空学院一位教师研制的太阳能点焊机,打算申请专利。这位教师通过联机终端追溯查询,得知这个项目在国外尚属空白,具备申请专利的条件。1984年,东南大学受江阴皮革厂委托,同外商谈判引进成套设备,他们通过联机终端,几分钟就查到了这家外国企业生产的设备性能和国际上同类设备性能的对比资料,为技术引进及时地提供了情报保障。

主要参考文献

1　李光的等. 国外主要二次文献期刊指南. 中国科学院文献情报中心，1987

2　北京图书馆科技文献检索室. 科技期刊使用指南. 北京：书目文献出版社，1989

3　(美)D. W. 金等著；马玉良等译. 美国科技期刊——生产、利用和经济状况. 北京：科学技术文献出版社，1988

4　(美)E. P. 希伊编；邵献图等译. 国外基本科技工具书指南. 北京：北京大学出版社，1990

5　张厚生，路小闽. 情报检索. 南京：南京工学院出版社，1987

6　南京大学图书馆. 南京大学图书馆馆藏西文报刊目录. 1985

7　同济大学图书馆期刊部. 同济大学图书馆藏外文报刊目录. 1989

8　南京大学图书馆. 南京大学图书馆藏中文报刊目录. 1989

9　南京工学院图书馆. 南京工学院图书馆馆藏西文科技期刊目录. 1963

10　全国高等学校图书馆期刊工作研究会，江苏省高等学校图书情报工作委员会. 期刊管理与研究纲要. 全国高等学校图书馆期刊工作研究会首届研修班专题讲座资料，1991

11　(美)Jo Ann Hanson 著；钟素明译. 期刊管理趋势. (台湾)"国立中央图书馆"馆刊，1985，18(1)

12　洪兆铖. 知识爆发与期刊在学术上的重要性——兼论期刊目录编制的观点和方法. (台湾)图书馆学与资讯科学，1985，10(1)

13　徐召勋. 中国目录学的世界地位. 见：目录学. 合肥：安徽教育出版社，1985

14　黄亚民等. 期刊工作论著索引(1901—1984). 长春：东北师范大学图书馆，1985

15　霍忠文，王宗孝. 国防科技情报源及获取技术. 北京：科学技术文献出版社，1991

16　(英)菲利普·勃朗特. 英国图书馆对连续出版物目录检索的研究.

见:国际图书馆协会联合会第 51 届到 53 届大会论文选译. 北京:书目文献出版社,1991

17 鲍国海. 中文科技期刊检索园地的并蒂莲:试评《中文科技期刊指南》与《中文科技期刊联合目录》. 科技情报工作,1992(5)

18 傅贤贞. 美国《工程索引》新变化对检索的影响——与李力同志商榷. 情报学刊,1992(2)

19 吴嘉敏. 中国期刊文献检索工具大全. 上海:复旦大学出版社,1991

20 戈鹤中. 光盘存储系统的应用——国内外的发展情况. 情报理论与实践. 1992(3)

21 张厚生. 中国环境科技情报及其检索. 高校图书馆工作,1992(1)

9 报刊利用

9.1 报刊利用原理

9.1.1 报刊利用概说

报刊利用是报刊工作直接面向社会,组织用户利用报刊文献资源的活动。报刊利用程度和水准,直接体现了报刊工作的性质、职能、方针、任务。它明确反映报刊工作的社会效果和经济效益,检验整个报刊工作的价值和质量,有力推动报刊各项业务工作环节的发展和提高,也在很大程度上反映报刊工作的发展水准。

报刊的利用是从报刊阅览开始的。报刊拥有众多的用户,受到人们的重视和欢迎,逐渐向社会化方向深入发展。在19世纪末20世纪初,许多图书馆开设了期刊阅览室、报纸阅览室(也叫新闻阅览室)等,也有的图书馆设立了多种阅报栏,接待了大量的读者,为用户提供了大量的信息,传递了知识,较好地发挥了报刊工作的教育职能和情报职能,收到了一定的社会效益。但是,由于当时历史条件的限制,这时报刊的利用还仅是单一的阅览方式。

进入本世纪中期以来,社会变革和科学技术革命进展迅速,生产和科学教育水准大为提高,报刊也成倍甚至几倍、几十倍增长,各种类型的报刊大量涌现,社会对报刊文献的需求迅速增加,对报刊文献的利用也愈来愈迫切。第二次世界大战以来,人们对报刊文献需求方面的特点,表现在需求数量大,范围广,针对性强,水准高。据联合国教科文组织统计,科研人员40%—60%的情报是通过期刊取得,而从图书和综述中只能获得10%。据美国对数以千计的科学家调查结果,他们所用的情报60%来自期刊论文。英国电气工程师所用情报源70%来自专业报刊。1992年见诸报端的《令人震惊的泄密事件》一文中说,美国一位前总统曾拍案大呼:"我们的秘密95%都被报纸和杂志发表了!"据日本的一次调查,有70%的人认为报刊是自己最重要的情报源。因此,世界上有许多国家纷纷制定计划,成立报刊开发和利用的专门机构,如美国的信息服务公司(UNIS)、法国的国立科学研究中心(CNRS)、西德的文献情报协会(GID)、日本的科技情报中心(JICST)等等。

报刊的利用,对促进经济、科学技术发展具有重大的现实意义。近十年来,我国的报刊利用工作有了较大的发展,取得了可喜的进步。主要表现在:

1)强化了教育职能和情报职能　报刊文献的利用,直接为经济建设、科学研究、文化教育和社会发展服务。社会对报刊文献需求迅速增加,促使报刊文献报道加强,也加速了报刊情报文献的传递。1985年,我国检索类期刊已有213种,年报道量已达142万余条;引进数据库30多种,已建数据库30多种。现在,许多报刊工作部门还自编了大量的检索工具。广大读者和报刊工作者情报意识有所加强。读者在科研、生产、教学中,大量地利用报刊文献,吸收大量的情报信息,学习和更新了知识,发挥了报刊的经济效益。

2)积极主动地为用户服务　报刊工作正在改变过去被动状态,现在已主动地深入实际,了解和研究用户需求,积极开展主动服务。中国科技情报学会、吉林省图书馆学会、武汉大学图书情报学院等曾分别于1981年、1983年和1986年先后开展了用户利用科技报刊情况的调查活动，探求读者利用报刊的规律，研究报刊工作对策。一些图书馆和情报部门通过调查研究，开展了多种形式、多种方法、多种层次的利用报刊的服务工作，受到读者的欢迎和好评。

3）进一步完善了报刊利用的业务系统 各个图书馆和情报部门改变了过去单一的报刊借阅服务，加强了报刊情报服务，开展了多层次报刊文献的情报服务，如从事情报调研、检索、报道、编译、复制等服务工作。

4）报刊利用工作的现代化开始起步 在一些有条件的图书馆和情报单位，改变了过去报刊利用的传统工作方法，采用了计算机以及复印、缩微、声像等现代化设备，加强了有关现代化技术研究和应用。中国科学院文献情报中心等还建立了有关报刊文献的数据库，逐步实现报刊利用工作的自动化、现代化。

5）加强了报刊文献利用协调，逐步实现报刊文献资源共享现在，我国图书馆或情报部门之间，已开始打破了各自为政、条块分割的状态，加强了横向联系，建立了馆际协作关系，初步形成了报刊文献资源共享的体制，进行较深入的报刊文献资源布局的网络化研究，并取得了一定的成果。

6）报刊利用工作向规范化、标准化和科学化方向发展 许多图书馆和科技情报单位的报刊服务工作都建立了岗位责任制，制定了工作规范，实行了目标管理、定额管理、质量和效益管理等，有了我国报刊文献著录标准，提高了报刊服务工作的质量和效益。

但是，也不可否认，我国报刊利用工作还存在不少问题。这些问题，归纳起来主要有以下几个方面：

（1）与外国相比，我国可供利用的报刊文献资源明显不足，学科比例还不合理。以科技期刊为例，见表9.1所示。

表9.1　中国与几个国家出版科技期刊状况比较

国别	年代	出版科技期刊数（种）	每千人占有期刊册数（1982）	出版科技期刊的学科比例（%）				备注
				自然科学基础学科	生物医学	农业科学	工业技术	
美国	1961	6200	8	13	23 56			
日本	1961	2800	2729	14	18	23	45	
法国	1961	2700	3621	12	21	18	49	
苏联	1961	2200	11756	15	17	16	49	
东、西德	1961	3000	4077（西德）	19	21	16	44	
中国	1986	2358	238（1985年）	29.1	16.3	13.4	41.2	引进报刊16403种

从表9.1中可以看出,我国可供利用的报刊文献明显不足。我国每千人占有期刊数很低,甚至还不如印度(1982年每千人占有期刊册数为704册,是我国的2.4倍);引进国外原版报刊也只有16403种。我国出版的科技期刊的学科比例也不合理,与我国国情不相符合。自然科学基础学科期刊比例太高,不利于发展应用型技术,忽视了科学技术水准的提高,影响社会生产力的发展。引进原版外国报刊也存在类似的问题。在16403种外国原版报刊中,自然科学基础学科占15.9%,生物医学占25.5%,农业科学约占8.4%,工业技术占50.2%;生物医学类偏高,难免会造成重复浪费;农业科学类偏低,与我国这样农业大国不相适应。调整报刊的学科比例,也是报刊利用研究与实践的重要内容之一。

（2）我国报刊文献资源的分布不合理,不利于建立合理的报刊文献资源布局和开发利用报刊文献资源的网络。以科技期刊和引进外国原版科技期刊为例,它们主要分布在北京、上海、辽宁、湖北、四川、江苏等经济、文化、科学技术比较发达的地区。见表9.2、表9.3所示。

表 9.2　我国出版科技期刊地区分布状况（1986 年）

省（市、自治区）	种数	比例（%）	省（市、自治区）	种数	比例（%）
北京	621	26.33	河北	52	2.21
上海	183	7.76	新疆	52	2.21
四川	155	6.57	山东	51	2.16
黑龙江	129	5.47	甘肃	48	2.04
辽宁	115	4.88	山西	41	1.74
江苏	106	4.50	安徽	32	1.36
湖北	105	4.45	福建	30	1.27
陕西	87	3.69	云南	30	1.27
天津	73	3.10	贵州	24	1.02
广东	71	3.01	广西	24	1.02
湖南	67	2.84	内蒙古	22	0.93
河南	63	2.67	西藏	4	0.17
江西	58	2.45	宁夏	3	0.13
浙江	57	2.42	青海	3	0.13
吉林	53	2.25	总计	2358	100

注：台湾、港澳地区暂未统计。

表9.3　我国公共图书馆系统

引进原版国外科技期刊分布状况(1986年)

地区(公共图书馆数)	订阅外国原版科技期刊(种)	占总订数比例(%)
华北(9)	5752	53.5
华东(8)	3541	33.0
中南(5)	682	6.3
东北(7)	409	3.8
西北(6)	202	1.9
西南(4)	156	1.5
总计(39)	10742	100

注:台湾、港澳地区暂未统计。

　　研究和规划报刊文献资源的合理布局,建立开发和利用报刊文献资源的网络,不可能脱离上述这一现实。要改变这一不合理状况,还须有一个较长的过程。

　　(3)报刊的利用能力较低。检索类出版物和数据库是利用报刊的重要工具。世界上现有各种检索类报刊9000多种,我国只编辑、出版有200余种,仅占全世界检索类报刊总数的5%左右,且存在学科分布面不够合理,文献收录不全,报道重复,检全率和检准率不高等问题。1985年,我国报刊文献报道量约为142万条,其中外国科技报刊文献约82万条,仅占该年发表的科技文献400万篇的20.5%;国内科技文献约25万条,占该年国内发表40万篇科技论文的62.5%。世界上可供检索的数据库2509种,我国引进30多种,建立数据库30多种,只占世界数据库总数的2.4%,且"低水平重复,试验性成果多,实用性成果少,队伍素质低"。目前,我国善于使用报刊文献检索工具的科研人员、专业人员较少,有人统计结果仅占科研、专业人员总数的1%—2%,其中有90%的人难以阅读外文报刊;科技论文平均引文数量只有6—7篇,而国外为16—17篇。报刊情报文献使用率较低,中文报刊利用率在40%左右,外文报刊利用率不足30%。

(4)报刊文献利用缺少现代化手段。我国报刊利用,从总体上来说,仍处在传统的手工劳动的落后状态。较先进的复印、复制技术,在一部分大型图书馆的报刊工作中得到了较为普遍的应用,一些中型图书馆,特别是小型和基层图书馆,仍然没有普及。报刊情报文献信息检索,处于低水准的落后状态,揭示层次低,检索困难,检准率、检全率极低;报刊文献计算机检索,只是在部分科技情报机构和少数有条件的大、中型图书馆才能得到应用。

从某种层次上来说,我国报刊资源还比较贫乏,生产能力还不高,检索类报刊编制的水准还有待提高,还没有形成具有中国特色的科学体系,开发利用报刊文献缺少现代化手段,对世界各国报刊情报的吸收能力甚至还赶不上一些发展中国家。这些,有待于我们的努力。

9.1.2 报刊利用规律

报刊利用是否有规律? 什么是报刊利用的规律? 这是一个值得探讨的课题。

报刊利用的规律是客观存在的。报刊利用工作实践与其它任何实践一样,都是一种客观事物的运动过程,这一过程,决不是一种随意的、杂乱无章的过程,而是为实现某一目标的实践,必然要反映报刊利用工作实践过程中各个环节之间的本质联系。报刊利用要达到预期的效果,取得最佳效益,就不能脱离其运动的客观规律。报刊利用规律是认识报刊利用工作实践的产物。从实践中总结报刊利用工作的经验,使之上升为理论,再经过反复实践不断总结,逐步取得接近规律性的认识,用以指导报刊利用工作,不断提高报刊利用工作的水准。

报刊利用工作要素包括三部分:一是报刊文献资源,这是报刊利用的条件和物质基础。二是管理人员,他是报刊文献资源的组织、管理和积极开发者,是报刊文献与读者联系的中间环节、"红娘"、中介人。其本身并不能改变报刊文献资源的情报成分、性质和含量,只能影响这个运动过程的完成程度、速度和效益的大小等。三是读者,是报刊利用的主体。他们既是报刊利用效率的直接体现者,也是报刊文献资源生产的主体。这三者相互联系,相互制约,构成了统一的报刊利用整体。

　　报刊利用的主体是人,即报刊文献资源的读者。不管读者是个体的社会成员,还是社会集团,他们吸收报刊情报知识,或进行科研,或进行生产,或进行文化教育等,总是处于不同的社会条件下,工作在不同的岗位上,承担着不同的具体任务,以此与社会有着紧密的联系。读者的需求是受社会需求制约的,是社会需求的客观反映。报刊文献资源的多寡与满足读者需求程度有着十分密切的关系。读者的需求是以报刊文献资源为前提条件的,没有基本的物质基础,没有丰富的报刊文献资源为保证,就谈不上报刊利用,更谈不上满足读者的需求。报刊工作者是报刊利用的积极因素,他们总是为报刊文献资源与读者之间"牵线搭桥"而积极、主动地工作,在某种意义上起着决定作用。报刊利用工作主要有两部分,一是报刊文献的收集整理、组织管理和开发利用;二是读者服务工作,包括研究读者、教育读者和服务读者。这些工作,都是为解决报刊文献资源和读者的矛盾,达到充分有效地满足读者需求的目的,为提高报刊文献利用效益服务的。当然,读者也可能并存在着直接利用报刊文献的行为,但那是个别的、分散的、不系统的,产生的效益是有限的。

　　要认识报刊利用规律,必须把握报刊利用工作的运动过程中起主导作用的本质运动和发展趋势。通过对报刊利用工作内容和运动过程的分析研究,可以认识到,报刊利用的主要矛盾是报刊文

献资源与读者的矛盾,报刊工作者是解决这对矛盾的主要方面。因此,目前我们将报刊利用规律表述为:

科学地组织管理和积极开发利用报刊文献资源,有效地满足读者需求,充分发挥报刊文献资源效益。

这一规律,还可以用图9.1表示。

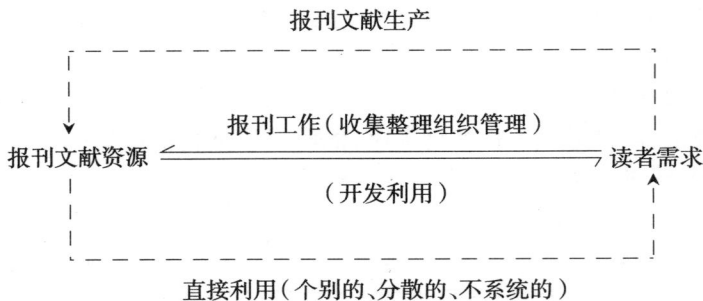

图 9.1　报刊利用规律图示

我们认为,在目前的认识条件下,这一规律的内容集中反映了报刊利用工作的特性,体现了报刊利用的方向和要求,也包含了报刊文献规律的内容。这样,运用报刊利用规律,就可以更好地满足读者需求,让报刊文献产生更大效益。效益,是报刊利用的重要指标。没有效益,也就谈不上报刊工作品质,就失去了报刊利用的意义。这是我们研究报刊利用规律时不可忽视的重要内容。报刊利用效益包括两个方面,即社会效益和经济效益。具体来说,就是要提高馆藏报刊质量和报刊文献的利用率,提高报刊的加工整理效率,加速报刊文献的传递速度,提高服务水准,进一步强化报刊管理和利用工作的教育职能和情报职能。

320

9.1.3　报刊利用的基本原则

　　研究报刊利用规律,确定其指导方针和基本原则,是报刊利用工作理论建设的重要内容。

　　报刊利用工作的指导方针,是对长期报刊利用工作实践的经验总结和高度概括,反映了报刊利用工作的客观规律,具有普遍指导意义。本世纪初,列宁曾有著述说,图书馆要"方便读者","吸引读者","满足读者对图书的一切要求","帮助人民利用我们现有的每一本书"。美国图书馆学家杜威在1876年提出图书馆要"在适当的时间,给适当的读者,提供适当的图书"的准则。在本世纪30年代,印度图书馆学家阮冈纳赞提出图书馆学五原则,即:第一,"书是为了利用的";第二,"书是为一切人而存在的";第三,"给读者所有的书";第四,"节省读者的时间";第五,"图书馆是不断生长着的有机体"。本世纪50年代,我国图书馆界明确提出"一切为了读者","千方百计为读者服务",以及"为人找书,为书找人"的为读者服务宗旨。美、英等图书馆界更明确地提出"读者第一"、"服务至上"的口号。"读者第一"、"读者至上"、"一切为了读者",这些用语,能够产生轰动效应,也反映了报刊工作的本质,高度概括地表述了报刊工作的战略思想和指导方针。

　　在"读者第一"、"读者至上"、"一切为了读者"的方针指导下,根据国内报刊工作的实践经验及理论研究成果,结合中华民族的传统习惯的特点,将报刊利用的原则归纳为以下几个方面:

9.1.3.1　为读者服务的原则

　　为读者服务的原则,是我们报刊工作最基本的原则和最主要的指导思想。它集中体现了为人民大众服务的出发点和指导思想,也集中反映了"读者第一"、"读者至上"、"一切为了读者"的指导方针。具体来说,在服务方向上,要重视报刊文献资源的利用,要尽可能地吸引读者,方便读者,迅速满足读者对报刊文献的一切合理要求;在服务范围上,要积极创造条件,各类报刊部门都要向社会开放,为一切能够利用报刊的读者服务,促进科研、教育、生产等的发展;在服务方式上,要采取多层次、多级别和各种方式方法为读者服务,方便读者利用报刊;在开放时间上,要尽可能多给读者一些时间;在执行制度上,要从读者需要和报刊利用效果出发,有利于读者利用报刊,提高馆藏报刊利用率;在工作方法上,要广泛地宣传报刊,走群众路线,争取广大读者支持,采取多种形式,吸收读者参与管理,依靠各种力量做好报刊工作。

9.1.3.2　充分服务的原则

所谓充分服务,就是要充分开发和利用馆藏报刊资源,最大限度地满足读者对报刊的一切合理要求。这反映了报刊工作与国家的整个国民经济和科学、教育、文化事业相互依存、同步发展的趋势。报刊利用工作要挖掘一切潜力,调动一切积极因素,强化情报职能和教育职能,在利用中求活力,在服务中求发展。充分服务的原则,应该把它当作是报刊工作的出发点和归宿,必须贯彻于报刊利用的全过程。要贯彻充分服务的原则,报刊工作者必须具有高尚的职业道德、广博的知识和高超的技能。其要求:一是必须树立全心全意为人民大众服务的精神;二是要热爱报刊服务工作,具有强烈的事业心和高度责任感,具有献身报刊工作的精神;三是要掌握广博的科学文化知识和报刊工作专业技能,具有扎实的基本功和解决实际问题的能力。这些基本要求是实现充分服务的基本条件。没有这些条件,充分服务就是一句空话。

9.1.3.3　区别服务的原则

区别服务,就是有针对性地满足各种读者的不同需求。实行区别服务,首先是由多级别、多层次的藏刊结构和用户结构决定的;其次,是由报刊服务机构和服务方式的多种功能决定的;三是由报刊工作的多项职能决定的,等等。因此,报刊利用必须开展多种层次、多种级别、多种形式的服务,才能满足不同职业、不同年龄、不同文化程度、不同兴趣爱好和不同使用要求的读者的各种不同的需要。有区别,才有政策,才有发展。只有贯彻区别服务的原则,才能提高报刊利用率,也才能真正满足用户的需求。

9.1.3.4　科学服务的原则

科学服务的原则,就是要遵循报刊工作的客观规律,按照科学的思想、科学的态度、科学的方法和科学的管理措施等,组织报刊利用的服务活动。科学的思想,就是要有整体的、全局的观念,善于运用全面的、联系的、发展的观点认识问题,较好地解决报刊利用中的各种矛盾。科学的态度,就是要有实事求是、一切从实际出发、讲求实效、不搞形式、不图虚名的态度。科学的方法,就是在报刊利用工作和研究中形成的一整套实践和理论的方法,这些方法必须是先进的、实用的和有效的,对提高报刊利用工作效率和服务水准,能够起到事半功倍的作用。科学的管理措施,包括报刊利用工作的规章制度、先进的技术设备和服务手段等。

9.1.3.5　效益性原则

效益性原则,是指报刊利用的效果。它包括社会效益和经济效益。效益性原则,是衡量报刊利用工作品质的指标。效益性原则,过去在报刊工作中不被重视,也未将其作为一个原则来贯彻,没有把它当成是衡量报刊利用工作品质的指标。现在我们讲贯彻效益性原则,主要从两个方面进行:一方面是报刊利用工作本身,应该提高工作品质,以较少的人力、物力和财力的支出,最大限度地满足读者的需求;另一方面是读者本身,即读者通过利用报刊而收到较大的社会效益和经济效益。

为读者服务,充分服务,区别服务,科学服务,效益性,这五个原则,相互联系,相互渗透,相互补充,互为条件,不可偏废。它们形成了报刊利用工作的一个完整的原则体系,必须全面地贯彻在整个报刊利用工作的始终,才能取得较为理想的报刊利用效益。

9.2 报刊读者的特征

9.2.1 报刊读者的心理特征

报刊读者的心理,是指读者在利用报刊文献过程中所表现出来的心理现象及其规律。报刊读者心理与报刊利用工作之间是互相联系、互相影响、互相作用的,关系极为密切。只有掌握报刊读者的心理特征,适应读者的心理需求,才能使报刊利用工作做到有针对性,提高有效性。否则,就可能出现盲目性,难以收到应有的效果。同时,报刊利用工作本身对读者心理发展能产生积极影响。因此,报刊读者的心理研究,也是报刊利用工作的一个有意义的研究课题。其目的就是区别读者的心理现象中什么是合理的,什么是不合理的,什么是正确的,什么是有害的,什么是真、善、美,什么是假、恶、丑,以便注意控制与引导,区别对待。报刊利用绝不能不加分析地迎合某些读者的不健康、不合理的心理需求,以免产生不良的影响和后果。报刊利用工作必须在正确思想指导下,帮助读者选择报刊,推荐好报刊,指导阅读,解答咨询,准确地提供报刊文献。

读者利用报刊文献,就其目的、水准和方式,可以分为两大类型,即阅读型和检索型。阅读型读者,以绝大部分青少年和其他普通读者为主体,则表现为学习心理,包括欣赏心理、娱乐心理。检索型读者,主要表现为研究心理,以科研读者为主体,包括科技读者、大学教师、大学高年级本科学生和研究生等。

读者通过阅读报刊,获取知识信息,提高认识世界和改造世界的能力,以达到利用报刊的目的。阅读报刊,是利用报刊的基本手段。阅读行为,是读者在阅读中生理和心理的表现形式,其实现过程,是人对报刊文献信息符号的感知过程。从心理学的角度来看,阅读动机、阅读兴趣、阅读目的、阅读能力等是作为读者个人阅读心理特征的范畴,其运动结果,不断满足需求,推动和影响其社会实践的发展。

阅读动机,是反映阅读需要、引起阅读行为、满足阅读愿望的内部动力,即反映读者为什么要阅读报刊,以及阅读什么报刊,如何阅读报刊的主观原因。通常情况下,读者阅读报刊的动机不是单纯的,往往是多种动机的作用,不过其中有一种动机起主导和支配作用。报刊工作者研究读者阅读需求的表现,目的是为了做好利用报刊文献工作和在某种程度上实现对读者阅读报刊行为的控制。一般情况下,读者在阅读报刊选择中的阅读动机主要有三种类型:一是学习,二是释疑,三是娱乐。学习动机是指读者出于学习文化知识,提高文化水准和业务能力而阅读报刊文献。这种阅读报刊的动机明确、具体,具有阶段性等特征。这种动机,应受到报刊工作者的爱护、尊重和支持,尽力给予帮助。释疑动机是指读者在科研、生产、学习、工作、生活等社会实践中,遇到的各种困难和问题,需要查阅报刊文献,获取具体知识情报,以解决实际问题。这类动机专指性强,时间紧,要求高,难度大,报刊工作者要给予积极配合,主动提供有效报刊文献,最大限度地满足其需要,以达到预期的效果。娱乐动机,内容广泛,形式多样,生动活泼,丰富多彩。对于正当的娱乐要求,如群众性的阅读报刊,文艺、体育、社交、旅游等活动,工作之余阅读些知识性、趣味性报刊,可以扩大眼界,增长见闻,陶冶性情,寓教于娱乐之中,获得美的享受,应给予大力协助,积极满足其要求。对于不正当的要求,如某些读者怀有不健康的动机,为寻求感官的刺激,填补精神上的空虚,选择色情、凶杀、恐怖等内容的报刊阅读,或猎奇报刊文献中批判暴露的阴暗描写,吸取假、丑、恶的精神鸦片,以致中毒受害,造成不良后果等,应给予帮助和指导,开展报刊宣传,进行导读,开展各种报刊评论活动,控制提供和选择报刊内容等,帮助他们逐步实现阅读动机转移,使之向健康的方向发展。

阅读兴趣有两层含义,广义的阅读兴趣是指读者对整个阅读的喜爱程度;狭义的阅读兴趣是指读者对某些学科报刊,或某些体裁作品内容的选择倾向。阅读兴趣是阅读动机的重要表现。浓厚的阅读兴趣,能推动阅读报刊活动处于最佳状态,收到最佳的阅读效果。读者阅读报刊兴趣强弱的变化发展,呈现出上升、下降和转移三种趋势。这些变化与读者本身的阅读习惯、工作状况、家庭负担、环境机遇和年龄变化,以及报刊工作的服务质量等都有联系。阅读报刊兴趣可以按照阅读报刊的内容、目的、范围和时间等进行分类。按阅读报刊内容,可以分为职业兴趣、业余兴趣和文学兴趣等。职业兴趣反映了读者专门业务需要;业余兴趣比较广泛,表现了读者千变万化的业余爱好;文学兴趣,主要是各类型读者共同爱好,反映文学作品对广大读者的强大的吸引力。按照读者阅读报刊的目的,可以分为直接兴趣和间接兴趣。直接兴趣是由生动有意义的报刊引起读者情绪共鸣而产生的阅读欲望,带有一定的随机性和自发性;间接兴趣是读者按照一定的目的和本职工作的需要从事阅读报刊,在阅读中逐步培养起来的兴趣,带有自我强制性和自觉性特点。按照阅读报刊的范围可以分为广泛兴趣和专门兴趣。广泛兴趣,读者将兴趣分散在众多学科的报刊文献上,具有广泛性的特点;专门兴趣,读者将兴趣集中在单一学科或某些专题报刊文献上,具有专深的特点。按阅读报刊文献的时间,可以分为稳定兴趣和短暂兴趣。稳定兴趣,显示了读者的基本要求,成为个性心理特征的固定阅读内容;短暂阅读兴趣,显示读者在阅读过程中的阶段性,表现出分散性和多变性特征。报刊工作者要深入调查研究读者阅读兴趣的各种心理状态,帮助读者建立良好的健康的阅读报刊兴趣,克服那些不良的阅读倾向,根据读者阅读兴趣变化发展规律,做好报刊利用工作。

阅读目的,是指实现阅读愿望,完成阅读行为,达到阅读效益的要求。动机和目的有时会达到一致的状态,但在复杂的阅读报刊过程中,在许多情况下又存在差别,在一定条件下还会互相转化。阅读报刊目的除了受动机内因作用,还受兴趣、情绪、意志、能力和外部环境条件等诸因素的影响和制约。阅读报刊的目的是多种多样的,其分类主要是按照对效果的实际要求,可以分为学习、研究、应用和享受等四种类型。学习型阅读报刊目的,即读者阅读报刊文献是为了获取系统的知识,或者是为了解决学习过程中遇到的问题和参考资料,包括在校的学生、自学的读者、提高文化水准的更新知识的读者,要求阅读报刊文献有计划、有系统、有层次地进行。研究型阅读报刊的目的,是为了探索未知,创造新成果,开拓新领域,普遍查阅某一课题的有关报刊文献。这是一种高水准、高层次的阅读目的。应用型阅读报刊目的,是为了解决工作或生产中的具体问题,有针对性地检阅有关报刊文献,其阅读过程就是带着问题检索报刊文献和解决问题的过程,也是报刊工作者解答咨询的过程。享受型阅读报刊文献的目的,是为了获得美的享受和艺术熏陶,丰富文化业余生活,这种类型读者阅读报刊文献,内容广泛,无系统性,针对性不强,以阅读普及性、可读性报刊为主。这几种阅读目的,并不是互相排斥的,而是互相联系的,各种阅读报刊文献目的的交叉、更替,或互相结合,会产生较好的激励机制,收到良好的阅读效果。

阅读能力,是指在阅读报刊文献活动中驾驭文献的能力,包括选择、阅读方法、理解、消化与运用知识和掌握语言的能力等。

选择报刊文献的能力,包括了解文献的整体与组成,所需文献的范围与重点,掌握报刊文献检索的途径和方法,学会鉴别报刊文献内容的质量,筛选适合自己所需的全部报刊文献。阅读报刊文献方法的能力,是指掌握各种阅读的方法,善于运用各种阅读技能,以取得较高的阅读效果,其指标有两个,即阅读报刊的速度和效果。理解报刊文献内容的能力,就是要懂得报刊文献,理解其主要内容和领会其精神实质。消化和运用知识的能力,就是要求读者不但能读懂报刊文献的内容,还要将吸收的报刊文献知识信息能够纳入自己的知识体系中,并成为有机的组成部分,在需要时能加以灵活运用。这四种阅读报刊文献的能力构成了读者阅读修养的层次系统,既相互区别又相互联系,统一在阅读报刊文献活动的全过程中。驾驭报刊文献的基本条件,一是语言水准,二是知识储备。语言水准包括本民族通用语言和世界上通用的主要语种。知识储备包括知识面和专业知识水准。提高阅读报刊的能力,一靠读者自己,二靠报刊工作者发挥开发利用报刊文献资源及其辅导阅读的作用。

9.2.2　报刊读者的需求特征

　　读者阅读活动,是通过需求和满足需求,将读者和报刊文献联系起来,从而推动自身的充实和知识的增长。阅读报刊文献的实质,是从报刊文献中吸取知识。阅读报刊文献,是读者有意识的精神活动,其本身就反映了一种需求。正确的、合理的、符合实际的阅读报刊文献的需求,应当得到满足。满足读者阅读报刊文献需求的途径。一是靠读者自身的努力,二是靠外界的力量,报刊提供服务即是其"外界"主要力量之一。

　　读者对报刊文献的阅读需求,是整个阅读需求的主要组成部分。它是人类精神需求的一部分,既是一种社会需求,也是一种心理需求。这是为社会和经济的进步,也是为了发展自身和完善自我。这种需求,将随着年龄、知识和能力的增长,不断地得到发展和提高。读者阅读需求有一个发展过程,即从具体需求开始,经过确定报刊文献的范围,了解报刊文献的线索,选择具体报刊文献,最后获取报刊文献。这一过程,也是报刊工作者提供报刊文献,满足读者需要的过程,属于报刊文献利用问题的两个方面。

读者对报刊文献的阅读需求,反映其不同的社会实践内容,表现了读者自身发展的不同特征。不同类型的阅读需求,具有各自主要需求特征。按照需求的来源,将读者的阅读需求分为社会型、专业型、研究型、业余型等4种类型。

9.2.2.1　社会的型报刊阅读需求

报刊文献的社会型阅读需求,是指在各个历史时期出现的许多读者群所具有的共同性阅读报刊文献的社会倾向。它具有明显的时代特征,受社会思潮影响比较突出。在一定的时期,许许多多不同职业、不同文化程度、不同兴趣爱好的读者,受经济、政治、科学文化和社会生活发展形势的影响,比较集中地阅读某些报刊或某些方面的报刊文献,使某些报刊成为热门报刊。其特点是需求量大,利用报刊文献时间集中,阶段性强,供不应求。随着社会的发展,这种需求有的向纵深发展,形成比较持久的阅读报刊倾向;有的横向转移,改变为另一种阅读报刊倾向。对这种阅读需求,报刊工作者要关心国内外的社会形势,掌握读者阅读报刊文献的脉搏,预测未来的需求,做好报刊文献的提供工作。

9.2.2.2　专业型的阅读需求

报刊文献专业型的阅读需求,是指各工种、专业读者的职业需求。这种需求,与读者所从事的专门业务工作,学习和研究实践紧密相联系,具有明显的职业特征。从事各种行业、职业、工种的读者,根据自身的业务范围和专业领域的需求阅读相关的报刊文献。但是,由于年龄、专业水准和研究侧重点不同,即使是同专业的报刊读者,其需求具体报刊文献的深度、广度和重点也有所差异,报刊工作者要重视研究专业读者对报刊文献需求的共性与差异,既做好专业对口服务工作,又要做好区别服务工作。

9.2.2.3　研究型的阅读要求

报刊文献研究型阅读需求,系指读者承担具体科研任务的阅读需求。这种阅读需求,对报刊文献具有特指性和任务规定性特征。有关读者承担科研任务,都是具体的,有专指性、时间性和阶段性。对报刊文献的需求,都有一定的范围和要求,科研的各个不同阶段,利用报刊文献的方式方法也有所不同。在选择和确定选题阶段,需要进行情报调研,进行普查和检索有关报刊文献;在研究阶段,需要深入具体地查阅有关报刊文献,吸收有效部分;在成果评审阶段,需要进一步查阅原征引和新出现的报刊文献,鉴定和审查其学术水准,分析和对比其成熟程度和实用价值。报刊工作者要摸清情况,分清轻重缓急,采用多种方式方法,广、快、精、准地搜集、整理和提供有关报刊文献,进行有效的报刊流通和咨询服务。

9.2.2.4 业余型的阅读需求

报刊文献业余型阅读需求,是指读者在学习、工作等之外的个人兴趣爱好的需求。这种需求,与个人的兴趣爱好关系密切,具有突出的兴趣的特征。稳定的业余兴趣,是个人智力发展的重要组成部分。报刊工作者要根据不同的兴趣爱好情况,注意引导,努力发挥报刊工作的教育作用。

各类图书馆情报所的报刊工作部门,都有各自的读者群体,也表现出各自不同的需求特点。这些特点,也是报刊利用工作的主要依据之一。公共图书馆报刊读者具有广泛的社会性和群众性特点,大致可分为大众读者和科技读者两大类型。大众读者中,绝大多数是各行各业的青年读者,利用报刊的时间往往在业余时间和工休假日,利用报刊的内容主要是文学、社会科学和一般的自然科学,其中文学报刊占有很高的比例。科技读者人数少于"大众读者",但文化程度较高,文献需求专深。与高校和科研单位相比,成员复杂,职业广泛,专业多样,分布较广。他们利用报刊时间较多,连续性较强;利用报刊文献的方式多以查阅为主,许多报刊文献均需在馆内阅览或复制。要开展多种多样的方式方法服务,尽可能满足科技读者的各种需求。

科技图书馆的报刊读者,主要是本单位、本系统的科研人员,成分单一,文化水准整齐,专业水准和外语阅读能力较高,利用报刊的目的明确,专业性、时间性和针对性很强,利用报刊文献水准和方法的层次性表现突出,报刊利用具有突出的情报性特征。这就要求报刊工作者要围绕科研课题,及时准确地收集有关报刊,高速有效地提供各种情报服务。

高等学校图书馆的报刊读者主要是教师和学生,他们对报刊文献的需求分别遵循各种固有规律运行。高校教师肩负着教学和科研双重任务,从教学和科研两个方面,或在其结合中,定期查阅和参考有关报刊文献,要求所查阅的报刊文献全面系统、内容既广泛又专深。高校教师因年龄、职称等不同,反映在利用报刊文献上也有差别,老年教师表现出研究型、创造型的特点;中年教师表现出以研究为主的研究型、应用型和创造型三方面的特点;青年教师表现出以学习型为主的学习型、研究型和应用型特点。大学生(包括研究生)是高校图书馆人数最多、思想最为活跃的报刊读者,他们利用报刊具有稳定性、集中性和阶段性特点。稳定性是指与课程设置相关的报刊,相关专业的大学生阅读利用比较稳定。集中性,是指与教学计划、教学大纲和教学进度相关的报刊,大学生对其需求高度集中。阶段性,是指大学生学习全过程的周期循环往复的变化,呈现出规律性特征。另外,还应该注意到,现代教育改革,以及社会思潮等,对大学生阅读报刊影响很大。有人做过调查,在大学生的阅读活动中,阅读报刊的时间和人数最多,在内容上求"新",范围上求"广",对其思想影响也颇深。因此,根据大学生利用报刊的特点,做好大学生利用报刊文献的服务工作具有重要意义。

9.2.3 报刊宣传辅导

报刊的宣传,目的是揭示报刊的形式和内容,宣传先进的思想,推荐新理论、新成果,传递新的报刊信息,吸引读者利用报刊。报刊的阅读辅导,是根据读者对报刊文献的需求状况,采取有效措施与方法,积极影响读者选择报刊文献内容和范围,引导他们正确领会报刊内容,帮助他们学会利用报刊文献,以达到控制读者利用报刊文献内容和阅读指向的目的。

宣传报刊的方式,一般有以下几种:

1)直观方式 就是将报刊陈列展览和开架阅览等,直接同读者见面,进行报刊实物宣传,让读者直接鉴别选择。

2)报刊目录报道方式 就是通过报刊目录、索引、文摘、题录等二次文献,宣传和揭示报刊文献的形式与内容特征,使读者能尽快掌握检索技能,提高利用报刊效率。

3)集中报道方式 就是利用和组织读者集体活动,介绍、推荐或评介有关报刊文献的形式和内容,影响读者利用报刊,有较大的阅读辅导作用。

4)新闻报道方式 就是通过报刊、广播、电视、黑板报等宣传手段,宣传、评价报刊及报刊文献的内容,以扩大影响,吸引读者,争取社会各方面对利用报刊文献的活动的支持和帮助。

宣传报刊的方法也可以分为四种:

1)新刊陈列与报道 新刊陈列,包括新刊陈列展览和开架阅览。新刊陈列展览,可以利用专门报刊架柜或橱窗等陈列展览,直接与读者见面,以便读者选择利用。新刊开架阅览,可以专门设立新刊开架阅览处。这样,不仅可以使读者直接见到新的报刊,而且可以了解它的内容和特征,更有利于利用。新刊报道,主要是指新刊通报,可以专门编制新刊目录,供读者检索,或直接分发给有关读者和单位。也可以运用编制报刊预订目录形式,在目录中用符号予以标明,便于识别和选择利用。对报刊内容报道,可以采用情报报道和传递的方法,如编制新刊目次、索引、文摘、快报、动态等,进行专题或专刊报道等。这些报道方法,容易被读者所接受。

2）进行专题或专业报刊展览　这种方法，是根据政治、经济和科学技术发展形势，选择一定的专题或专业报刊进行展览，介绍该专题或专业的发展水准、动态和趋势，评介有关报刊在其发展中的作用、特色、重大成果首次报道率和刊载率等。要重视对有关专业核心报刊的宣传推荐工作，并可以随机征求读者的意见，作为收集报刊时参考。

3）组织和开展有关学术活动　举办有关报刊文献的学术报告会、专题讲座，有关报刊的研究报告、作品研究报告等。这样既进行了学术交流，又有效地开展报刊宣传和指导报刊阅读活动。

4）开展报刊评介活动　这种活动可以采用三种方法：其一是组织有关专家、读者对有关报刊或报刊文献进行评论或介绍；其二是剪辑有关报刊上刊载的报刊评介、作品研究和争鸣、报刊上报道的新成果介绍、报刊史研究等，进行张贴或采用其他形式向读者介绍；其三是组织部分读者针对有关报刊的有重大影响或有争议的问题、作品等进行座谈讨论，以达到了解阅读需求，提高认识和宣传报刊的效果。

报刊的阅读辅导内容，包括以下几个方面：

1）辅导读者利用报刊　主要是向读者介绍本馆报刊文献资源的范围、重点、结构、布局及使用方法；介绍报刊服务机构设置、职能、服务手段、有关规则等，介绍方法多种多样，如参观、印发介绍资料、播放声像资料等。

2）辅导读者利用报刊的检索工具　报刊检索工具，通常有报刊目录、索引、文摘、快报、动态等。主要工具书刊，特别是揭示馆藏的工具书刊（包括其它载体形态），要介绍其作用、编辑体例、组织体系和使用方法等，使读者能尽快掌握检索技能，提高利用报刊效率。

3）辅导读者阅读报刊　这里包含两层意思，一层是对阅读报刊内容的辅导，另一层是对阅读报刊的方法辅导。阅读报刊内容的辅导,主要是帮助读者形成阅读报刊范围,阅读报刊的选择,正确理解、评价和鉴别报刊内容。阅读报刊方法的辅导,主要表现在帮助读者制订阅读计划,有计划、有目的、有重点地阅读核心报刊、重要报刊,克服阅读报刊中的盲目现象和不良倾向。具体做法,可以组织有关读者座谈交流、专题讲座、专题报告,还可以创办"读者园地"、"读者之友"和"读者与报刊"等之类的小报、墙报、黑板报等,作为相互交流的园地。

9.3 报刊读者服务的方法体系

9.3.1 报刊读者服务方法体系的含义

报刊读者服务方法,是指报刊工作部门根据读者的需求状况,直接为满足读者需求所从事的各项服务活动而采用的各种方式和措施。

报刊读者服务方法体系,是指由各种服务方法所构成的具有多层次多功能的有机整体。各种服务方法既是独立的,有其自己的功能、适用范围、产生和发展的历史条件与背景,又是作为整体方法体系的有机组成部分。各种方法之间,相互联系,互为补充,形成具有一定层次的结构系统,发挥其整体功能。

9.3.2 报刊读者服务方法体系的结构

报刊读者服务方法是一个系统。任何一个报刊服务部门都不可能完全满足任何一个读者或整个社会的所有需要,而是通过社会报刊读者服务系统和报刊文献资源集合来满足的。各报刊服务机构总是同时作为服务系统的子系统,它们相互依赖,相互补充,在不同层次上发生联系,使报刊读者服务多途径、网络化。报刊读者的一定情报文献信息需求,总是通过若干不同的报刊服务部门和服务手段得到满足的。

报刊读者服务方法体系,既是图书馆和情报所读者服务系统的一个子系统,又是一个相对独立的完整系统。这里,我们是把报刊读者服务方法体系作为一个独立的系统来研究。

一个系统是由若干个子系统构成,每个子系统都是整个系统的有机组成部分。它们互相联系,互相依赖,为达到一个共同目标而共同发挥作用。

报刊读者服务方法体系的主要构成如图9.2所示。

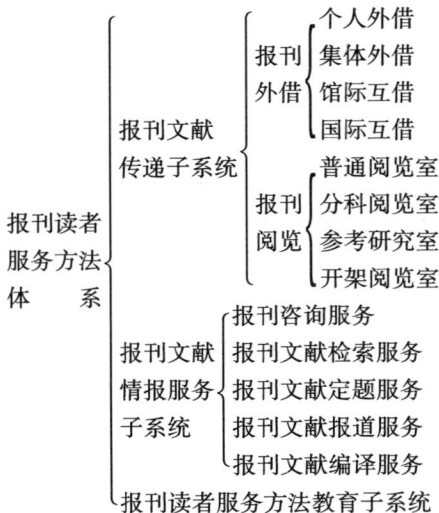

报刊读者服务方法体系
├─ 报刊文献传递子系统
│   ├─ 报刊外借
│   │   ├─ 个人外借
│   │   ├─ 集体外借
│   │   ├─ 馆际互借
│   │   └─ 国际互借
│   └─ 报刊阅览
│   ├─ 普通阅览室
│   ├─ 分科阅览室
│   ├─ 参考研究室
│   └─ 开架阅览室
├─ 报刊文献情报服务子系统
│   ├─ 报刊咨询服务
│   ├─ 报刊文献检索服务
│   ├─ 报刊文献定题服务
│   ├─ 报刊文献报道服务
│   └─ 报刊文献编译服务
└─ 报刊读者服务方法教育子系统

图9.2 报刊读者服务方法体系

报刊读者服务方法系统和教育子系统的一些服务方法,在9.2.3中讲过,这里就不再赘述了。

9.3.3 报刊文献传递子系统

报刊文献传递,是知识信息交流的主要形式之一。报刊文献

335

传递有两种类型：一是自然传递，即不通过文献中心（图书馆、情报部门、数据中心、翻译中心等）作为中间控制的传递，如通过出版发行途径和新闻广播途径等，直接传递给读者；二是有序传递，即通过文献中心，经过加工处理，使之成为有序的文献流，传递给读者。这里主要研究第二种有序传递形式。

报刊文献有序传递的主要方法是报刊文献的外借和阅览。

9.3.3.1　外借服务

报刊外借，是指为了满足读者需要，将部分报刊允许读者借出馆外阅读的报刊服务形式。读者根据自己的需要，借出自由挑选的报刊，在规定的时限内，享有使用权，承担保存所借出报刊的义务，自己安排阅读时间，不受馆内时间和空间的限制，在馆外利用所借的报刊文献。

报刊是否外借，在图书馆学界还存在着较大分歧。归纳起来，主要有三种观点，一是主张报刊实行外借。持这种主张的人认为，首先，报刊与图书一样，是知识的载体，具有内阅和外借的两种功能，报刊外借势在必行；其次，报刊外借，读者不受图书馆阅览时间和空间的限制，可以提高读者利用报刊的效率；再次，报刊外借，方便读者，深受读者的欢迎，等等。但是，由于馆藏报刊复本较少，读者实际阅读报刊所需时间并不太多，有的读者借阅报刊不能按时归还，在一定程度上会影响其他读者利用报刊。如果能加强管理，建立必要的规章制度，报刊外借利大于弊。二是主张报刊只供阅览，不外借，持这种观点的人认为，报刊复本较少，如果外借，势必限制更多读者的阅读，而且阅读所需报刊文献一般不需花多长时间。因此报刊外借没有必要。三是主张以内阅为主，内阅与外借相结合。持这种主张的人认为，报刊绝对不外借是不可能的，但是报刊与图书有很大区别，必须实行适合报刊实际情况的不同于图书的阅览与借阅办法。其主要区别：第一，限制外借对象和范围。如可实行对口外借，生产、科研和教学等急需的报刊可以适量外借;与之关系不大甚至很小的,一般不外借;没有复本的报刊一般不外借;高等学校图书馆对教师实行有限制外借,对学生一般不外借,等等。第二,限制外借数量。报刊的时间性很强,外借数量不宜太多,特别是过期报刊合订本。第三,限制外借时间。如果借期过长,必然影响其他读者。而且,读者一般只是对其中的一部分或某一篇、某一观点感兴趣,阅读不需很长时间。一次借阅时间太长,整个报刊利用率就会降低。因此,报刊借阅时间,现刊不宜超过三天,过刊合订本不宜超过一个星期。我们认为,第三种办法比较切合实际,既可以较好地满足读者需求,提高报刊的利用率,发挥报刊的使用效益,也能够在一定的时间内让更多的读者使用报刊资料。

1)外借的形式 报刊外借,以读者组织形式和需求程度,大体可以分为个人外借、集体外借、馆际互借、国际互借等方式。

个人外借:这是图书馆报刊主要的一种外借形式。这种方式,方便读者,深受读者欢迎。要做好这项工作,首先要做好发展读者和发证工作。这要根据馆藏报刊和读者需求的实际情况,正确确定发证条件和范围,切忌滥发。

集体外借:大型图书馆和情报所,特别是高校图书馆和专业图书馆,采用这种借阅方式较多。这种借阅,通常由专人负责,代表小组、团体、班级、单位(或部门)借阅报刊。这种借阅方式,既可以节省时间,又可增加借阅品种。

馆际互借:这是互通有无,报刊文献资源共享的一种很好的协作形式。这种形式,不受地域限制,只要建立馆际互借关系,本地或外地都可以通过这种形式借阅报刊。

国际互借:这是一种国际范围的馆际互借。主要是指国内无收藏的急需报刊,一时又难以引用,委托有国际互借关系的图书馆代为办理。

2)报刊外借的体制 可以分为开架借阅、半开架借阅和闭架借阅,与图书外借基本相同。

3）报刊外借记录　各馆记录方法很不统一。有的是中、外文报刊,或现刊、过刊分开分别记录,或将二者合一;有的对本单位读者只进行简单的外借登记,有的外借记录比较正规。比较正规的外借记录,可以分为单轨制、双轨制和多轨制,除了记录格式与图书不同外,其它与图书基本相同。

9.3.3.2　阅览服务

阅览服务,是指读者不能将报刊借出馆外,只能在图书馆给定的空间设施内,开展利用报刊文献的活动。这是报刊部门为读者服务的主要形式之一。这里的空间设施,包括橱窗、阅览室、参考室、报刊库等。例如:利用橱窗、报架、挂报等,布置成阅报栏,按时换上新报纸,供读者阅览,这就是最早的报刊阅览形式。

1）报刊阅览室的种类和作用　不同的报刊阅览室有不同的功能,不同的报刊文献又需要不同的阅览室。按照不同的标准,可以将阅览室区分为各种不同的种类。如:以语言文字为标准,可以分为中文报刊阅览室、外文报刊阅读室,甚至可以划分到某个语种报刊阅览室;以报刊出版时间为标准,可以分为现期报刊阅览室、过期报刊阅览室;以读者对象为标准,可以分为教师报刊阅览室、学生报刊阅览室、工人报刊阅览室、专家报刊阅览室等;以开放程度为标准,可以分为开架报刊阅览室、半开架报刊阅览室、闭架报刊阅览室等;以用途为标准,可以划分为普通报刊阅览室、分科报刊阅览室、报刊参考研究室等。报刊阅览室的划分,要从实际出发,以实用为原则,才能收到较好的效果。下面重点介绍普通报刊阅览室、分科报刊阅览室、报刊参考研究室和开架报刊阅览室。

（1）普通报刊阅览室

普通报刊阅览室为一般读者阅读报刊的场所。室内配备综合性、常用性、普及性、教育性和文艺性报刊等,适合于初、中、高各种文化程度的读者阅读。一般规模较大,座位较多,读者集中,报刊

338

利用率较高,开放时间较长,手续简便,限制条件最少,对所有公众开放,自由出入。其使用方式有三种:

第一,单独配备辅助报刊库的普通报刊阅览室。报刊库与阅览室相连,读者在室内查阅报刊目录办理借阅手续,在室内阅览,当班归还。

第二,室内既陈列报刊,又配备辅助报刊库的普通报刊阅览室。室内陈列部分报刊,同时配备一部分有关报刊供读者借阅。陈列报刊,读者阅后自动归还原架;借阅报刊,需办理借阅手续,室内阅览,当班归还。

第三,室内陈列报刊的普通阅览室。馆藏报刊与阅览室融合在一起,读者在室内可以自由索取报刊,室内阅览,阅后自己归还原处,不须办理任何借阅手续。

报刊普通阅览室主要是提供读者查阅报刊,一般不作自修阅览室。所以,通常情况下不允许读者自带书包进室,但可以携带必备的文具、笔记、纸张、记录卡等,便于读者记录。

(2)分科报刊阅览室

分科报刊阅览室,又称为专科报刊阅览室,它是为特定读者的不同层次需求而设立的。这种报刊阅览室,可以按知识分类、读者类型等分别设立,同一报刊部门,也可以根据实际需要,既按知识分类,又按读者类型分别设立。

第一,按知识分类设立专门阅览室。这要以本馆的性质、任务、读者实际需要和实际空间条件为依据。如综合性图书馆报刊部门,可设立社会科学、文学艺术、历史科学、数理科学、科学技术、应用科学等专门报刊阅览室;医学图书馆报刊部门可分西医、中医等专门报刊阅览室,还可以在中、西医下设理论医学、临床医学、护理、药学等专门报刊阅览室等等。这样,可以分别集中某学科范围的报刊,既便于有关学科或专门的读者按专业或课题查找报刊文献,也便于报刊工作人员熟悉、研究有关专业或学科的报刊文献。

第三,按读者类型设立专门报刊阅览室。这要以本馆读者对象中主要读者群体状况和实际需要为依据。如设立科研读者、少年儿童、教师、学生等报刊阅览室。这样,可以从读者群体的职业、年龄、文化程度与特殊需要出发,有针对性、有区别地为不同的读者群众开展报刊阅览服务,便于报刊工作者熟悉和研究特定读者群体,掌握他们阅读报刊的心理、需求和特点等。

专门报刊阅览室的划分与设立还必须注意两点:其一是专门报刊阅览室的划分,还可以以语言文字作为辅助标准,这有利于将有关语种的报刊集中到一起,便于查阅。但是,这也不是绝对的,有些研究型报刊阅览室,如科研读者报刊阅览室、高校教师报刊阅览室,还可以将同一类各语种报刊集中在一起。这些读者具有较高的外语阅读能力,有利于他们利用各语种的有关报刊。其二是专门报刊阅览室内,除了配备有关报刊以外,还应该配备有关的图书,如有关的检索工具书等。这也是为了更也地利用报刊文献。

(3)报刊参考研究室

这是为有关专家学者读者进行科学研究而设立的专门报刊阅览室,是一种特殊型的阅览室。研究室规模小,人数少,专室专用。每个或每几个有关读者来阅览时,根据其需要,临时调配报刊,用完或完成研究课题以后,将报刊文献入库,然后再接待新的读者。

(4)开架报刊阅览室

开架报刊阅览室,是以馆藏报刊开放陈列而划分出来的一种报刊阅览室,是提高报刊利用率的好形式,它代表了报刊阅览体制的发展方向。上面所述的报刊阅览室,现在基本上都实行开架阅览。但是,毕竟不是所有的报刊阅览室都是开架阅览,或因某种原因还不能开架阅览,这里单独列出来讨论,也算作是一种促进。

报刊开架阅览,其优点:一是报刊文献直接与读者接触,是向读者揭示报刊、宣传报刊、推荐报刊的好形式,减少中间环节,读者可以自由地任意选择报刊文献。二是可以节约读者时间,开阔读者视野。三是可以提高报刊的利用率和利用深度,充分发挥报刊文献的利用价值和使用效益。四是可以节省报刊管理工作的人力,有利地加强报刊工作管理。

报刊开架阅览,其主要问题;一是容易乱架、错架;二是容易丢失、被撕毁。克服这些缺点,第一必须加强报刊阅览室管理,如加强巡视,勤整架,设置标识,合理划分阅览区域,或由报刊工作人员统一归架等;第二是更新设备,使用现代化的监测系统;第三是加强宣传教育;第四是完善奖惩制度。

报刊开架阅览,在世界上许多国家较为普遍实行,我国也逐渐增加。虽然它还存在一定的不足,但比较起来,优点远远地大于缺点,对报刊利用是极其有利的。报刊实行开架以后,还应当注意:报刊目录必须完善,人员力量不能削弱,室内应配备一定数量的有关工具书以便读者查阅。

2)报刊阅览室内报刊文献资源的合理布局　阅览室内报刊文献资源布局,是指在阅览室范围内的报刊文献资源的分布和配置,即微观的空间组合。实现阅览室内报刊文献的合理布局,即达到合理的分布和配置,达到最优的结合,可以提高报刊文献的阅读效果,提高报刊文献的利用率。

阅览室报刊文献资源的合理布局,包括两层意思:一是提供阅览的报刊内容、品种、数量、年限等要科学,与阅览室的性质、任务和读者需求相符合,并根据实际需要,配备必要的工具书和其它设备;二是将所提供的报刊、工具书和设备,进行最优的组合,使之形成科学的、优化的报刊文献子系统。这是获得最佳阅读效益的基本条件之一。

阅览室内报刊文献资源配置的基本原则是:

(1)配置的报刊内容、品种,必须与该阅览室的性质、任务和读者需求相一致,特别注意有关学科或专业的核心报刊的配置;

(2)应根据经费和空间条件,配置能适合读者需求的恰当数量的报刊；

（3）配置有关报刊的年限，应以有关学科或专业报刊文献的半衰期为依据；

（4）要配备利用有关报刊文献相关的必要工具书，但品种不宜太多，以保持报刊阅览的特色；

（5）有条件的图书馆和情报所，报刊阅览室内应配备一定的现代化设备。

阅览室内报刊文献资源组合的基本原则是：

（1）报刊文献组合必须符合科学性、系统性和规律性，形成一个整体；

（2）必须符合读者利用报刊文献的规律，报刊文献的标识须鲜明突出、易识，方便读者，提高读者对报刊文献的易得性；

（3）必须方便管理，报刊文献的分布尽可能做到在有关管理人员的视线以内；

（4）要便于报刊利用统计；

（5）要便于采光。

3）提高报刊阅览室的服务水准　阅览服务，是报刊读者服务的主要方式之一。在通常情况下，报刊与图书不同，复本少，内容新，周转快，外借受到一定限制。因而，有些图书馆就明确规定报刊一般不外借。同时，报刊的其它读者服务工作，如咨询服务、情报服务，也多是通过阅览服务才能达到利用报刊文献目的。这样，报刊的阅览就显得比图书阅览更为重要，在报刊利用中占有显著地位。因此，提高报刊阅览服务水准，就成为提高报刊利用效益的关键。

提高报刊阅览服务水准，主要要做好两方面的工作：一是改革和完善报刊阅览服务体系，采用科学的服务方法和手段。这就要求图书馆主管人员和报刊工作者转变思想认识，改变重书轻刊的观念，重视和加强报刊工作，不断改革报刊阅览服务体制，积极采用先进的服务的方式和手段。二是要加强报刊阅览工作队伍的建设,这是提高报刊阅览服务水准的关键。

加强报刊阅览工作队伍建设,就是要重视对报刊阅览工作人员的培养,不断提高他们的思想素质和业务素质,才能适应新形势下的报刊阅览工作。这样,便对他们提出了基本要求,其主要内容包括:

(1)要热爱报刊阅览工作,热心为读者服务;

(2)要有丰富的图书馆学和情报学知识,具有较高的报刊工作水准和技能;

(3)知识面较宽,特别是承担专门阅览室工作的人员,要掌握有关学科或专业的基本知识;

(4)要具有一定的组织和研究能力,能积极组织读者阅读报刊的活动,经常开展有关业务研究工作。

9.3.4　报刊文献情报服务子系统

9.3.4.1　报刊咨询服务

报刊咨询服务,主要是针对读者的需求和提出的问题,利用各种检索工具,向他们提供查找报刊文献的方法和途径,以个别解答的方式为读者服务。

报刊咨询服务,内容广泛,类型多样。其主要内容是在生产、科研和教学等工作中遇到的疑难问题和查证课题的有关情报信息,需要查阅有关报刊文献。报刊咨询服务的类型,如果以咨询的课题内容性质为标准,可以分为两大类,即事实性咨询和专题性咨询。报刊事实性咨询主要是某个最新人物、事件、统计资料、科学数据等,而这些资料都难以从现有的有关工具书中查到。专题性的情报咨询,主要是围绕某一特定课题,查阅有关报刊文献和报刊文献线索,了解有关的新问题、新理论、新成果及其评价、有关课题的研究和发展动态等。

报刊咨询服务,是一个接受课题,分析问题,查找报刊文献,解决问题的连续过程。因此,必须借助和经常利用有关工具书刊,尤其是那些国内外著名的报刊检索工具书,才能够提高服务水准,满足读者的多种需求。

9.3.4.2 报刊文献检索服务

报刊文献检索服务,就是针对读者研究课题的实际需要,从大量报刊的目录、索引、文摘、动态等二次文献中,查找出与课题有关或有用的报刊文献的服务活动。它包括两方面内容:

1)报刊文献检索工具书刊的收集、组织、积累和编制等 实际上,这里也包括两方面内容,就是现有报刊文献工具书刊的收集利用和自编报刊文献检索工具及其提供。后一内容,本书在6.3和6.4中作了较详细的阐述,这里就不再涉及。前一个内容,在本书8.1和8.2、8.3中作了介绍,也是报刊收集的重要内容。有些图书馆把报刊文献检索工具书与报刊工作分开,专门设置科技情报部门的工具书室或文献检索室,这种做法亦有独到之处,但报刊部门应同科技情报部门密切合作才有益于报刊文献的检索与利用。书刊的划分,只是为了明确书和刊的界义,以有利于书刊文献的各自的收集、整理上的方便,并不是要人为地切断其工作上的必然联系。报刊部门应重视收集和编制报刊文献的目录、索引、文摘、题录、动态等工具书刊,提供给查找报刊文献的读者利用。

2)为读者查找报刊文献 这是报刊文献检索中具体而直接的读者服务工作,其工作质量直接影响报刊的利用率和利用效益。具体内容本书在第8章中已详细阐述。

9.3.4.3 报刊文献定题服务

报刊文献定题服务,是根据用户的实际需求,选择有关重点研究课题和亟待解决的关键问题为作业对象,经常提供对口性报刊文献信息,直到课题完成或关键问题解决。这种服务,通常要在一定时间内向用户提供大量的报刊情报信息,包括专题报刊文献题录、索引、文摘乃至专题文献评述等。这种服务，由于其目的明确，针对性强，密切结合实际，所以其效果显著，深受用户欢迎。

9.3.4.4 报刊文献报道服务

报刊文献报道服务，就是利用二次文献和部分三次文献，向读者揭示、通报报刊文献信息的服务，包括报刊目录、题录、索引、简介、文摘、动态以及新刊目次报道等。这种报道服务，要根据自己的实际能力和可能，注意针对重要课题和亟待解决的问题进行报道，便于他们迅速了解本专业、本行业的最新报刊文献信息。这对于提高报刊文献的情报价值，促进情报传递，加速情报交流，具有积极作用。

9.3.4.5 报刊文献编译服务

报刊文献编译服务，是指刊部门针对读者需要，组织专门人力，替代读者翻译和编译外文报刊资料，以帮助读者克服语言障碍，节省读者时间，提高外文报刊文献的利用率和利用效益的服务方式。

编译外文报刊资料形式有二种，即翻译和编译。报刊文献编译服务有两种情况，一种是接受读者的委托，按其具体要求，按期保质保量地提供给读者使用，称为委托代译服务。另一种是报刊管理部门选择部分报刊文献进行翻译或编译，将其编译成果公之于世，发表或交流，为更多的读者利用，称为交流性编译服务。编译服务难度大，要求严，质量高，速度快。目前许多图书馆和情报所的报刊部门开展这一服务项目水准高低不一，大多由科技情报部门承担。

9.3.5 报刊读者服务的馆际协作

随着政治、经济和科学文化事业的发展，报刊文献大量涌现，任何一个图书馆和情报所的报刊部门都不可能也没有必要将与本馆性质、任务相关的报刊文献收集齐全，任何一个报刊部门不可能也没有必要完全满足读者对报刊文献的需求。也就是说,读者的需求,不一定在一个报刊部门得到满足,往往在几个或多个报刊部门得到帮助。这样,只有图书馆和情报部门之间进行协作,才能更好地为读者服务,真正最大限度地满足读者需求。

报刊读者服务馆际协作的内容和方法,主要包括:

(1)联合揭示和报道馆藏报刊文献,便于读者了解和利用各馆馆藏。如交流馆藏报刊目录,联合编制馆藏报刊联合目录、预订报刊联合目录、新刊通报等。

(2)实行报刊文献馆际互借。

(3)联合编制检索工具,提供给读者使用。交流各自编制的检索工具,选择适当的课题,联合编制检索工具等。

(4)有条件的图书馆、科技情报部门之间,实行报刊文献联机检索,或已实行报刊文献机检的图书馆和情报部门,给予有关的兄弟单位以一定的帮助,提供报刊资源共享和检索的方便等。

(5)联合举办报刊读者服务方面的业务培训和进行用户教育等。

主要参考文献

1 沈继武.藏书建设与读者工作.武昌:武汉大学出版社,1987

2 江乃武.连续出版物利用关键探讨.图书情报工作,1992(2)

3 卢子博,倪波主编;陈锦修执笔.报刊资料基础知识问答.北京:书目文献出版社,1986

4 陈焰.提高期刊利用率的方法与途径.高校图书馆工作,1992(2)

5 陈喜言.期刊与读者心理.重庆师院学报(哲社版),1987(2)

6 董建成.期刊开架借阅效益调查134例统计分析.图书与情报工作,1986(3)

7 张展舒.试论期刊外借.图书情报工作,1983(增刊)

8 陈复明.期刊阅览室参考咨询工作探讨.高校图书馆工作,1987,6(1)

9　及林贵等.应当编制报刊专题索引.图书馆杂志,1987,6(1)

10　倪波,黄俊贵.连续出版物工作.北京:书目文献出版社,1991

11　孙光成.世界图书馆与情报服务百科全书.成都:四川民族出版社,1991

12　倪晓建.书目工作概论.北京:北京师范大学出版社,1991

13　(美)G.杰霍达等著;童菊明译.咨询馆员与咨询问题——一种系统方法.北京:书目文献出版社,1991

14　张厚生.论江苏地区文献资源的开发与利用.江苏图书馆学报,1991(3)

15　北京图书馆工具书室.台港工具书指南.北京:书目文献出版社,1991

16　孟庆湖.灰色聚类分析在期刊开发利用评价方面的应用.情报理论与实践,1992(1)

17　郁世杰.试析期刊外借服务的可行性.图书馆论坛,1992(2)

18　汪晓明.高校馆期刊优质服务新议,图书馆杂志,1992(2)

19　李宁.期刊资源开发利用的调查与思索.图书馆论坛,1992(3)

20　田文清.没有课题就没有服务——寻求期刊工作与情报工作的契合点.情报资料工作,1992(3)

10 报刊工作统计

10.1 报刊工作统计的意义和作用

10.1.1 报刊工作统计的意义

报刊工作统计,是一种调查、计算和分析报刊工作各种现象的总体数量方面的活动和过程。它是从数量上认识报刊业务的发生、发展情况的工作,是各项具体报刊业务的一个重要的信息反馈系统。它的任务就是要求真实地、正确地提供可靠的报刊工作统计资料,以量来反映报刊作业的实际情况,为报刊工作实行计量化管理(或叫数据管理)提供条件和依据。因此,报刊工作统计,是报刊管理工作的重要制度和方法之一。

统计的语言是数字,统计是通过数量来认识社会。报刊工作是一种社会现象,它的发生、发展,是一个从量变到质变的渐进过程。这些量,是用报刊工作中各种事态的统计数据来体现的。这些数据,对于报刊工作的了解和在进行决策时提供了可靠的事实材料。报刊工作部门根据大量的统计数据,帮助判断、确定报刊工作的具体方针和发展方向。如果这些统计资料是真实的、准确的,那么它就能够反映报刊工作的规律。因此,报刊工作统计,对实行报刊工作科学管理具有重要意义。

10.1.2 报刊工作统计的作用

统计是"社会认识的有力武器之一",是"正确地进行工作所必须的主要条件"。这对报刊工作统计也是完全适用的。报刊工作统计的作用,可以归纳为以下几个主要方面:

1)为报刊工作决策提供可靠的依据 报刊工作统计的任务,就是要真实地、准确地提供可靠的报刊工作数据资料。这些数据资料,为制定报刊工作方针、政策,制定、检查和监督执行报刊工作计划,防止失误,保持相对平衡发展,合理地使用人力、物力、财力,使其发挥较为理想的效益,提供了可靠的事实基础。

2)为探讨报刊工作规律创造了有利条件 报刊工作的运动规律,是从量变到质变的过程。当量变达到一定的限度,就产生质的飞跃。这一过程是一个有规律的渐进过程。报刊工作的运动规律,总是首先在量的方面表现出来,由量的变化最后引起质的变化。报刊工作统计,就是其量变的客观反映。这样,就可通过报刊工作统计,探索报刊工作规律,指导报刊工作实践。

3)有助于了解读者,掌握报刊利用情况,分析研究报刊阅读倾向 阅读倾向,是指较大一部分读者在一段时间内,比较集中地阅读某一类、某种或某几种报刊的阅读现象。阅读倾向有一个发展形成过程。通过阅读统计,可以分析研究读者阅读报刊的阅读倾向,及时进行阅读指导,给予正确的阅读导向。

4)对于报刊工作进行科学管理和预测,发挥报刊工作的教育职能和情报职能,更好地为经济建设服务 报刊工作的发展势态,只能通过具体全面的分析才能从理论上加以说明。报刊工作统计就是进行这种分析的重要环节之一。这对确定报刊工作发展方向,进行科学管理,促进报刊工作健康发展,具有重要作用。

5)为报刊工作进行计量管理,优化组合,完善报刊管理系统,提供了可靠的参考数据 计算报刊工作的基本数据,确定相关数值之间的比例,以及计算有关量的平均数等,都是报刊工作统计的重要内容。没有报刊工作统计,就难以实行计量管理。报刊工作统计是报刊工作计量管理的基础和重要环节。今天,许多报刊部门正在进行管理改革,实行岗位责任制。报刊工作统计,为报刊工作定岗、定编提供了可靠数据。

6)是报刊工作研究的基础　统计的方法,本身就是一种常用的科研方法,有些报刊文献的重要规律,如布拉德福定律、普赖斯曲线(指数增长规律)等,都是直接应用统计方法研究报刊文献规律而取得的成果。在开展对报刊工作的一般科学研究中,也离不开报刊工作统计。在报刊工作研究中,总是要对报刊工作一般状况进行分析研究,报刊工作统计资料就是进行计量分析的基础。

不过,报刊工作统计尽管作用很大,但其本身不是目的,而是一种方法和手段,是对报刊工作进行科学管理的重要环节。在进行实际统计时,应根据实际需要,依据有关的统计制度和统计方法,认真做好各项统计,及时进行分析研究,用以为报刊工作实践提供参考。

10.1.3　报刊工作统计的要求

报刊工作统计是一项认真严肃的科学工作,对其要求是极其严格的。报刊工作统计的要求有:

(1)真实准确,核对无误;

(2)按时统计,及时上报;

(3)齐全有序,便于检索;

(4)认真负责,科学系统;

(5)全面不漏,坚持不懈。

10.2 报刊工作统计的内容、种类、方法和步骤

10.2.1 报刊工作统计的内容

报刊工作统计的内容,概括地说,是统计发生在报刊工作领域内的事物现象和作业过程中所表现出来的数量,也就是表现馆藏报刊与读者之间数量联系。具体地说,报刊工作统计包括:经费统计、馆藏报刊统计、读者统计、借阅统计、工作人员统计和辅助统计(如收集统计、分类编目统计、报刊库管理统计、报刊文献使用寿命统计、拒借率统计、咨询统计等)等。馆藏报刊统计、读者统计和借阅统计是最主要的报刊工作统计项目。

10.2.2 报刊工作统计的种类

报刊工作统计的种类,主要有综合统计、分类统计和动态统计。

10.2.2.1 综合统计

报刊工作的综合统计,是指报刊工作的总量统计。这是从多个方面来反映报刊工作状况,以此作为一个综合指标,全面衡量、评估报刊工作的整体质量。

10.2.2.2 分类统计

报刊工作的分类统计,是指根据一定的标准,将报刊工作划分成若干个类别,然后分别进行统计,分别按类反映报刊工作状况。分类统计是反映局部报刊工作状况的数据资料,是分析研究局部报刊工作的基础。

10.2.2.3 动态统计

报刊工作的动态统计,是指报刊工作现象在时间上的变化发

展状况。根据报刊工作的历史资料,研究报刊工作这一社会现象在数量方面的变化发展过程,来认识报刊工作的性质及其规律,预测其发展趋势,为报刊工作制定计划、进行决策提供依据。

这三种报刊工作统计既各自独立,互有区别,又是互相联系,相互依赖。分类统计、动态统计是综合统计的基础,综合统计是分类统计、动态统计的结果。

10.2.3 报刊工作统计的方法

报刊工作在图书馆工作中,是与图书工作相平行的子系统,其统计工作量较大。由于报刊具有连续性、系统性,变化较多,报刊工作统计的难度也较大。因此,要做好报刊统计工作必须统一要求,制定和完善报刊工作统计制度,配备必要的人力,为报刊工作统计实现规格化、标准化创造条件。具体方法是:

10.2.3.1 制定统一的报刊统计图表

制定统一的报刊统计图表,是报刊工作标准化的重要内容之一。现在,我国报刊工作统计图表还没有统一,各图书馆和科技情报所、资料室设计的统计图表差别较大,虽有统一的要求和趋势,但仍然很不规范,很不完善,还有大量工作要做。这样,各图书馆和情报机构在考虑到通用的前提下,可以根据自己的实际情况和实际需要设计各种比较实用的统计图表。将来,即使实现报刊工作统计标准化,有全国统一的统计图表,也只能是在基本的、主要的方面实行统一,各馆还是会有一部分自行设计符合自己实际工作情况的统计图表。设计报刊工作统计图表的要求是:

(1)要求明确,项目准确;

(2)保证重要项目、基本项目不缺、不漏;

(3)简便通用,清晰明了,容易理解;

(4)统计单位统一。

各种报刊工作统计图表,具体中反映统计对象,总体中反映统计全貌。

报刊工作统计图表,是报刊工作统计表和统计图的简称,它们都是报刊统计资料的表现形式。

报刊工作统计表,是指通过统计汇总获得的许多数字资料,把这些数字资料按照一定的项目顺序在表格上表现出来。特点是简明扼要,便于比较和分析研究。这是统计设计中的主要内容,统计调查中收集和登记统计资料的重要工具。这不仅是汇总和积累资料的较好方式,也是对统计资料进行分析和应用的必要手段。报刊工作统计表由表题、横行标目(主词)、纵行标目(宾词)和数字资料等要素组成。按不同的标准,可以将其分为不同的种类,如按统计表的主词是否分组和分组程度,分为简单表、分组表、复合表等;按报表时间可以分为日报表、月报表、季报表、年报表等。

报刊工作统计图,是指利用几何图形和具体形象图案来显示统计资料,表明报刊工作数量现象的关系。这种方法,称为统计图示法。优点是鲜明醒目,生动活泼,具体形象,通俗易懂,一目了然,印象深刻。报刊工作统计图,按其形式可以分为几何图(包括条形图、平面图、体积图和线形图等)、象形图和统计地图等;按图示资料的性质和作用可以分为比较图、结构图、动态图、计划执行情况图等。

报刊工作统计,究竟选择哪一种图表,要根据实际需要和表现效果来决定。如:用于宣传的,选用统计图为好;用于分析研究的,选用统计表为好,等等。

10.2.3.2　收集和积累原始资料

原始资料,是指在报刊工作中的那些原始记录。报刊工作统计要根据统计图表的要求,确定收集数据资料的范围。收集资料要靠长期积累,全面系统地进行,把反映真实情况的原始资料完整地收集起来。否则,统计分析就不准确,科学价值就不大。

10.2.3.3 填写和绘制统计图表

将收集和积累的报刊工作原始数据资料,按图表中项目的具体要求和表现效果,认真填写和绘制统计图表。填写和绘制统计图表的过程,就是对原始资料进行整理、加工的过程。在汇总的时候,对原始资料要认真进行复查、核实,并进行必要的计算,确保其真实、准确、可靠。否则,万一出现差错,就失去了报刊工作统计的意义。

10.2.3.4 确定统计单位

统计是计量的一种。计量,就得确定计量单位;没有计量单位,便无法进行统计。在填写和绘制统计图表时,必须要确定统计单位,并在较长时间内保持不变。确定统计单位是标准化工作的内容之一,一定要按照国家有关规定进行。

报刊工作统计,有条件的图书馆和情报所可以采用电子计算机和其它现代化设备(如自动计数仪器等),提高统计质量和效率。

10.2.4 报刊工作统计的步骤

报刊工作统计的步骤,一般分为四步:第一步是统计设计。对报刊工作统计进行决策,确定任务,提出要求。第二步是统计调查。就是广泛地、全面地收集原始资料。第三步是统计整理。对原始资料进行分组整理,汇总、综合出各种总量指标,再进行计算,填写和绘制图表。第四步是进行对比、分析研究,找出规律。第一步属于决策阶段;第二步是感性认识阶段;第三步是从感性认识向理性认识过渡的阶段;第四步是理性认识阶段。这四个步骤,既承前继后,相互联系,又各自独立,各有不同的工作内容,运用不同的统计方法。

10.3 统计分析与几种比率的计算

10.3.1 报刊工作统计分析

10.3.1.1 报刊工作统计分析的意义

报刊工作统计分析,就是根据统计研究的目的,运用有关的统计方法和指标,将数字资料与具体情况结合起来,由此及彼、由表及里地进行分析、概括,揭示报刊工作的内在联系和发展规律。这是从感性认识上升到理性认识阶段,可以充分发挥统计的认识作用和检查、监督作用。这也是完成统计研究的任务,提供成果的阶段,可以发现问题,反映实质,揭示规律。

10.3.1.2 报刊工作统计分析的原则

科学地进行报刊工作统计分析,必须遵循以下几个原则:

(1)按照历史唯物主义的科学原理来观察问题,分析问题;

(2)必须细致深入,认真调查研究;

(3)必须掌握和运用全部统计资料,全面地进行分析研究;

(4)抓住主要矛盾,揭示事物的本质,做出客观的评价。

10.3.1.3 报刊统计分析的方法

报刊工作统计分析,要将丰富的感性材料去粗取精、去伪存真、由此及彼、由表及里的改造制作。具体方法很多,如分组法、综合指标法、动态分析法、指数法、相关法、平衡法等。它们虽各有特点,各有用处,但都是通过比较对照的方法来分析问题和说明问题的。所以,比较对照的方法是重要的方法,也是基本的方法。

10.3.1.4 报刊统计分析的一般步骤和过程

报刊统计分析的一般步骤是:

(1)确定目的要求;

（2）进行评价并作必要的分组整理；

（3）运用各种分析的方法和指标进行系统的分析研究；

（4）得出结论，提出报告和建议。

报刊工作统计分析的一般过程是：

在掌握大量数据资料的基础上，根据分析的目的和要求，对所研究的对象进行解剖；然后，综合运用各种统计分析方法，在数字和情况的结合中，对解剖出来的各个方面分头进行深入的分析研究；最后，将各方面的分析结果综合起来，结合科学的预测，从中作出结论，提出建议。

10.3.2 几种比率的计算

10.3.2.1 馆藏报刊利用率

馆藏报刊利用率，是指馆藏报刊中被读者借阅利用的数量占全部馆藏报刊总数的百分比。

计算方法是：在一定时间内，读者借阅总数除以馆藏报刊的总数。其公式是：

$$馆藏报刊利用率 = \frac{读者借阅报刊的总册（种）数}{馆藏报刊的总册（种）数} \times 100\%$$

10.3.2.2 报刊读者到馆率

报刊读者到馆率，是指全年平均每个读者到馆的次数。

计算方法是：全年读者到馆利用报刊的人次除以实际读者人数。其公式是：

$$报刊读者到馆率 = \frac{全年读者到馆利用报刊人次}{实际读者人数} \times 100\%$$

10.3.2.3 读者成分比例

读者成分比例，是指某类报刊读者占全部报刊读者总数的百分比。

计算方法是：某类报刊读者人数除以全部报刊读者总数。其

356

公式是:

$$读者成分比例 = \frac{某类报刊读者人数}{全部报刊读者总人数} \times 100\%$$

10.3.2.4 报刊流通率

报刊流通率,是指馆藏报刊全年借出总册次占全部馆藏报刊总册数百分比。

计算方法是:馆藏报刊全年借出总册次除以全部馆藏报刊总册数。其公式是:

$$报刊流通率 = \frac{馆藏报刊全年借出总册次}{全部馆藏报刊总册数} \times 100\%$$

10.3.2.5 报刊拒借率

报刊拒借率,是指读者未借到报刊的总数占读者所要求借阅报刊总数的百分比。

计算方法是:在一定时间内,读者未借到报刊的总数除以读者所要求借阅报刊总数。其公式是:

$$报刊拒借率 = \frac{读者未借到报刊总数}{读者所要求借阅报刊总数} \times 100\%$$

10.3.2.6 读者阅读率

读者阅读率,是指平均每个读者借到报刊的数量。

计算方法是:读者全年借阅报刊总册次除以实际借阅报刊的读者人数。其公式是:

$$读者阅读率 = \frac{读者全年借阅报刊总册次}{实际借阅报刊的读者人数} \times 100\%$$

10.3.2.7 报刊复份率

报刊复份率,是指馆藏报刊的总份数与馆藏报刊种数之比。

报刊复份率的计算方法,通常是以馆藏报刊的总份数除以馆藏报刊的种数。其公式是:

$$报刊复份率 = \frac{馆藏报刊的总份数}{馆藏报刊的总种数} \times 100\%$$

报刊复份率主要适用于统计现刊。过刊已装订成合订本,由于受到多种因素的影响,每种报刊每年所保留的份数并不一致,甚至有较多的变化。所以计算过刊复份率困难较大,通常不作统计。

在报刊工作的各种比率中,对报刊工作起着重要作用的是报刊流通率及其相反的比率——拒借率。因此,我们要通过统计调查,认真地进行分析研究,找出规律,千方百计地提高报刊流通率,降低拒借率,让馆藏报刊充分发挥作用。

主要参考文献

1 上海财经大学统计学系. 社会经济统计学原理. 上海:知识出版社, 1986

2 于鸣镝,朱育培. 期刊管理. 沈阳:辽宁人民出版社,1986

3 沙震白. 统计分析在期刊管理中应用. 江苏图书馆工作,1983(3)

4 严怡民等. 情报学基础. 武昌:武汉大学出版社,1987

5 杨长青. 从 RASD 参考服务指南看八十年代美国参考服务特色. (台湾)教育资料与图书馆学,1986,23(4)

6 丁道谦:图书馆统计学的理论与实践. 成都:四川省中心图书馆委员会,1981

7 (英)I. S. 辛普森著;崔巍等译. 图书馆统计学基础. 北京:书目文献出版社,1987

8 霍叔牛等. 应用情报统计引论. 北京:科学技术文献出版社,1988

9 黄宗忠. 图书馆学导论. 武昌:武汉大学出版社,1987

10 周彬. 我国科技情报指标体系研究与应用进展. 情报学报,1991,10(6)

11 马秀华. 期刊管理中读者工作的统计描述和评估. 四川图书馆学报,1991(6)

12 罗健雄. 核心期刊及其确定方法阐要. 图书馆论坛,1992(3)

13 Inter Librtry loan data as an indicator of mutilation/parisottoL. //Journal of Interlibrary Loan and Information Supply. —1990,1(1)

14 The analysis of interlibrary loan systems:a trxonomy of variables/Lor P.

J. // Journal of Interlibrary Loan and Information Supply. —1990, (el)

11 报刊工作现代化

11.1 报刊工作现代化的意义和内容

11.1.1 报刊工作现代化的含义和内容

报刊工作现代化,是现代化的报刊工作内容和本质的高度概括和总结。了解和分析国内外具有"现代化水准"的图书馆和情报所的报刊工作,概括和总结报刊工作现代化的理论与实践。

11.1.1.1 报刊收集工作现代化

现代化的报刊收集工作,主要体现在:

(1)报刊收集实行馆际协调,资源共享,使报刊文献资源布局合理化、网络化;

(2)报刊选择实行专家和专业人员相结合,使馆藏报刊文献的质量保持在较高档次上;

(3)采用电子计算机进行查重、验收、查询及报刊收集的其它一些辅助工作。

11.1.1.2 报刊编目工作现代化

现代化的报刊编目工作,主要体现在:

(1)实行统一编目,使报刊编目工作标准化、规格化;

(2)实行计算机编目、联机编目;

(3)实行多途径检索报刊文献和联机检索,不断开辟新的检

索途径,有效发挥报刊工作的情报职能;

(4)目录体系完整、配套,手检目录和机读目录等多种目录混合使用。

11.1.1.3 报刊典藏工作现代化

现代化的报刊典藏工作,主要体现在:

(1)实行有利于报刊文献开发利用的典藏制度,扩大开架范围;

(2)采用现代缩微技术,延长重要报刊文献内容的保存时间和减少报刊文献占用的空间;

(3)采用现代化报刊文献的传送技术;

(4)采用现代化报刊文献保护措施,以延长重要报刊文献自身的寿命。

11.1.1.4 报刊借阅工作现代化

现代化的报刊借阅工作,主要体现在;

(1)采用电子计算机系统进行借阅工作和有关的辅助工作;

(2)采用现代化的报刊文献复制技术,及时地向用户提供所需的报刊文献复制件;

(3)扩大报刊文献馆际互借范围,积极开展国际互借业务。

11.1.1.5 报刊文献情报服务工作现代化

现代化的报刊文献情报服务工作,主要体现在:

(1)采用现代化的技术、手段和方法,开展有效的报刊情报咨询服务;

(2)采用计算机编制二次文献,建立报刊文献数据库,不断提高报刊文献检索和其二次文献出版质量及速度;

(3)实行联机检索,实现报刊文献利用网络化;

(4)采用最先进的检索方法。

我们从报刊工作现代化的具体工作内容中,可以比较清楚地看出报刊工作现代化有四个要素:

（1）现代的科学技术；

（2）先进的科学方法；

（3）一流水准的管理；

（4）高效率地满足读者对报刊文献的情报需求。

现代的科学技术是报刊工作现代化的手段和物质基础；先进的科学方法是报刊工作现代化的条件；高水准的管理是报刊工作现代化的保证；高效率地满足读者对报刊文献的情报需求是报刊工作现代化的目的。这四个要素是互相联系、互相补充、互为因果、缺一不可的。

这样，我们就可以归纳、概括报刊工作现代化的含义：报刊工作现代化，就是应用现代科学技术，特别是以电子计算机为核心的技术手段，采用科学的报刊工作方法，实现现代化的科学管理，高效率地满足用户对报刊文献的需求。

11.1.2　报刊工作现代化的标志

社会在不断进步，科学技术不断发展，报刊工作现代化标志也不可能一成不变，必须随着社会和科学技术不断前进，在不同时期有着不同要求。从国内外报刊工作发展情况来看，现阶段报刊工作现代化的主要标志，大体包括以下几个方面：

11.1.2.1　电脑在报刊工作中得到广泛应用

应用电子计算机是报刊工作现代化的核心课题和主要标志。它在报刊工作中应用范围很广，报刊工作部门的大部分工作都可以使用计算机。这样，就使得报刊工作在一定程度上实现了自动化，读者获得完整、系统、全面、新颖的报刊文献资料的可能性增加了，获得报刊文献的范围扩大了，速度迅速提高，使报刊文献的利用向社会化方向发展。

11.1.2.2　缩微、复印、声像等现代技术在报刊工作中广泛应用

缩微复制技术在报刊工作中的应用，产生了报刊文献缩微化

的趋势,缩微复制服务和缩微复制品在报刊馆藏中都占有重要地位。静电复印技术运用于报刊工作,由于复制品与原件大体相同,速度快,阅读方便,深受用户欢迎。声像技术主要是指录音、录像、电视、电影、传真等技术。这些技术的应用,产生了电子报刊、电视报刊、传真报刊、声像报刊等,还出现了报刊的缩微版、唱片版、录音版、录像带版等,在报刊工作中起着独特的作用。

11.1.2.3 报刊文献资源布局和利用的网络化

以电子计算机为主体,与现代通讯技术相结合,产生计算机网络技术,为报刊工作网络化提供了技术装备和物质基础。现在,许多国家根据本国的情况,采取统一规划,将报刊文献资源进行合理布局,组建各种协作网络,形成大规模报刊文献情报检索网络,这标志着报刊工作发展到了一个新的阶段。

11.1.2.4 报刊工作标准化

标准化是实现报刊工作现代化的重要前提。报刊工作现代化,首先要求报刊著录、标引、二次文献编制、报刊文献各种载体和记录格式等的标准化。这就使报刊工作不仅在一国之内能有统一标准,而且最终能在世界范围内能有一个统一标准,以便于转换互通。没有标准化,也就谈不上报刊工作的现代化。

11.1.2.5 报刊工作过程的机械化、自动化

报刊工作现代化除了广泛应用电子计算机和现代通讯技术以外,还应包括报刊工作过程的机械化、自动化,如报刊工作的传输、通讯联络、报刊文献加工和保护的机械化与自动化等。

11.1.2.6 报刊工作管理科学化

报刊工作科学管理,是报刊工作现代化的组织基础,是保证报刊工作正常运转的措施。在报刊工作现代化各个系统建设中,要切实可行,进行合理分析、设计、建设及运行,确保其各个环节的质量,这就必须有一套严格的、完善的组织指挥系统、规章制度、岗位职责等,才能保障报刊工作现代化系统正常运行和报刊资源的合

理利用,也才能充分发挥其有效的功能,更好地为读者服务。

11.1.2.7　报刊工作人员专业化

报刊工作人员专业化,是报刊工作现代化的具有保障作用的决定因素。报刊工作现代化,是通过符合报刊工作需要、具有报刊工作现代化专业知识的人来规划、建设和使用的。这样,就对报刊工作队伍建设提出了更高的要求,无论是业务知识、科学技术方面,还是在管理和操作技能方面都必须具有与之相适应的人才。否则,报刊工作现代化就是一句空话。

11.1.3　报刊工作现代化的意义

报刊工作现代化,是随着社会的进步、现代管理科学和科学技术的发展,特别是随着计算机技术的发展而建立起来的。实现报刊工作现代化的目的,是为了加快处理日益增长的报刊文献,提高报刊工作效率,迅速、准确,有效地为科研、生产等精神文明和物质文明建设服务。因此,报刊工作现代化的意义是:

(1)能及时、高速地处理迅速增长的报刊文献;

(2)提高工作效率,减轻报刊工作人员的劳动强度;

(3)报刊文献资源布局和利用形成网络,能较大限度地发挥报刊文献资源系统的整体功能;

(4)能较大限度地提高报刊文献馆藏效益,扩大资源共享的范围;

(5)能强化报刊工作部门之间的联系和协作;

(6)方便读者,能节约读者时间;

(7)能比较迅速、准确、有效地为科研和生产服务,促进社会和经济生产的不断发展。

报刊工作现代化,并不全部等于计算机化,它的内容是多方面的。关于报刊工作现代化的科学方法、科学管理和高效率地满足读者需求等方面,在前面有关章节都作了比较详细具体的阐述。

所以,此处主要讨论报刊工作应用现代技术的问题。

11.2 报刊工作过程的机械化

11.2.1 报刊工作过程机械化的研究

报刊工作过程机械化是报刊工作现代化的重要内容,它的研究是和图书工作过程机械化相联系,同步平行进行的。除报刊中心、报刊图书馆以外,报刊工作是情报所和图书馆工作的主要组成部分之一。报刊工作与图书工作虽有较大区别,具有自己的特点,但它的基本内容、方法和手段,与图书工作的联系非常密切,在研究图书工作过程机械化的过程中,一般都包括报刊工作过程机械化的研究。报刊工作的传统方式完全是手工劳动,有时劳动强度还比较大,速度慢,远远不能适应报刊文献大量涌现的形势,难以迅速有效地满足读者需求。这样,报刊工作机械化的研究就被提到议事日程上来。

我国报刊工作机械化的研究与国外发达国家相比,起步较晚,主要研究工作是在 1949 年以后进行的。1958 年的"大跃进年代"达到了一个高潮,并取得了某些成果,如研究试制成功利用传送带传送报刊系统等。但这一阶段的机械化研制工作,一哄而起,基础很不扎实,还没有研制成功真正适用的机械化系统。1959—1966年,报刊工作机械化研究又进一步受到重视,走上了健康的发展道路。在"文革"十年里,这一研究被迫停止。1979 年后,报刊工作过程机械化的研究又有了新的进展。1988 年初,北京航空航天大学采用全部国产元器件研制成功的大型书刊及索书单自动传送系统,在中国科技情报中心建成运行,将报刊业务工作过程机械化推向新的发展里程。

11.2.2 报刊工作过程机械化的现状

我国图书馆和科技情报研究所的报刊工作,原来完全是繁重的手工劳动。首先被用到报刊工作中去的是打字机、手推车等一般机械。为了提高报刊工作效率,减轻繁重的体力劳动,报刊工作者和有关专家、学者曾设想将报刊工作过程各个环节全部机械化,也曾设计各种机械,并在报刊工作实践中试用。如我国 1958 年以后,曾设计试制报刊书标印刷机、卡片目录印刷机和书刊传送机等,但都很不成熟,真正适用者不多。近十多年来,报刊工作过程机械化有了较大发展,大量地采用了电动密集报刊架、缩微复印机械、卡片目录复印机械、阅读机械、传真系统、高级多种文字打印机等。报刊阅览室监测仪器和大型书刊传送系统也投入使用等,使报刊工作过程机械化程度大为提高。特别是大型书刊传送系统的启动运行,使报刊工作人员劳动强度大为减轻。我国研制的大型书刊传送系统已全部国产化,这是我国报刊工作过程机械化发展的重要里程碑。

上面提到的,北京航空航天大学采用全部国产元器件研制的大型书刊及索书单自动传送系统,1988 年初建成后,经过 9 个多月的运行,于 1988 年底通过航空航天部鉴定,称其为"书库虽大索书快,出借只需三分半"。这是我国目前自行研制的规模较大、自动化程度较高的一条书刊传送装置。中国科技情报中心地下文献库为平铺式大面积书库,总面积为 1.6 万平方米,是目前国内最大的文献库之一。这条自动传送系统通过 16 条水平传送线、8 条垂直传送线和 22 个交接站,将科技情报中心大楼一至四层的 8 个出纳台和整个地下文献库有机地联系起来,从出纳口将索书单自动传送到出纳台,只需 3 分钟;一次最大运输量可达 40 公斤。该系统设计构思巧妙,水平垂挂式运输,水平与垂直运输自动交接,以及索书单自动传送等方面,均有独创。它大大地减轻了书刊工作人员的体力劳动,缩短了读者借阅书刊的等候时间。整个设备运

366

行平稳,无噪音,使用简便,便于维修,造价便宜,仅索书单传送系统一项,若从国外进口就需 30 万美元。

报刊工作过程机械化的发展很不平衡,这股春风还没有吹到大多数图书馆,特别是基层的中小型图书馆的报刊工作部门。这些图书馆报刊工作过程实现机械化,还需要花很大气力。我们相信,随着科学技术的不断进步,报刊工作过程机械化程度将有更大提高,报刊工作人员的劳动强度将会进一步减轻,手工劳动即使不能完全被机械化代替,也能减小到较低限度。

11.3 缩微、复印、视听技术在报刊工作中的应用

11.3.1 缩微技术的应用

缩微技术,又称缩微复制技术或缩微摄影、缩影技术,它是利用凸透镜成像的原理,采用照相的方法,把报刊文献缩小记录在具有光化作用的感光胶卷(片)上的一种方法。拍摄在缩微胶卷(片)上的报刊文献影像,必须通过阅读器材才能阅读。

11.3.1.1 缩微技术设备

缩微技术设备较多,其中主要的是缩微拍摄机和感光材料的冲洗设备。缩微拍摄机包括专用拍摄机(目前使用较多的是平台式、轮转式和计算机输出[COM]缩微拍摄机等类型)和缩微用普通照相机等。缩微技术感光材料的冲洗设备有手工操作冲洗设备和自动冲洗设备等。

11.3.1.2 缩微技术用的感光材料

感光材料,是照相胶卷(片)与照相纸的总称。由于它们都具有感光性能,所以叫感光材料。感光材料分为黑白和彩色两大类。黑白感光材料只能以黑、白、灰色调反映被摄报刊文献表面的亮度

等级,不能表现出报刊文献表面的色泽。

11.3.1.3 缩微技术工艺流程

缩微技术工艺流程主要包括拍摄和负片冲洗两步。

11.3.1.4 报刊文献缩微品

用缩微技术获得的报刊文献复制品,叫做报刊文献缩微品。在报刊文献中,它是一种特殊形式的文献资料,所以又叫"缩微报刊"。它的品种较多,目前常见的有透明的和不透明的两大类。透明的报刊文献缩微品,如缩微胶卷、缩微平片、缩微插套、窗孔卡片等,是用透明的感光胶片制成的,可以用透射式阅读器进行阅读,也可以作为母片进行复制。不透明的报刊文献缩微品是用不透明的感光纸印制而成的,阅读时要用反射式阅读器。

报刊文献缩微品的保管应注意室内温度不能太高(保持在20℃左右),注意防潮、防尘、防有害气体和液体侵蚀,防止强烈紫外线照射等。

11.3.1.5 我国报刊文献缩微技术应用取得的成就

世界上比较发达国家,如美国、英国、加拿大、法国、德国、俄罗斯、日本等许多国家,在报刊工作中都普遍地采用了缩微技术,将大宗的报刊进行缩微收藏。我国在报刊工作中应用缩微技术较晚,开始于 70 年代,发展于 80 年代。上海图书馆于 80 年代初期,对收藏的 1949 年以前的报纸进行缩微复制工作。先后于 1985年、1987 年完成二批共计 170 余种报纸缩微拍摄任务,其中包括《汇报》、《益报》、《沪报》、《新报》、《中外日报》等国内藏量很少的报纸。北京图书馆、南京图书馆、扬子石化公司、广东中山图书馆等也进行一些报刊缩微复制工作,部分图书馆还进行了协作。这对更好地抢救、保存和利用这些珍贵的报刊文献创造了有利条件。

11.3.2 复印技术的应用

报刊文献的复印方法较多,目前应用较普遍的是静电复印方法。

静电复印法,又称静电复制法,也称静电摄影技术,是指利用某些光敏半导体材料(硒、氧化锌、硫化镉以及有机光导体等)的静电特性和光敏特性,采用类似照相和印刷的方法,将报刊文献的文字和图像记录在纸上。

11.3.2.1 静电复印机的结构和类型

静电复印机的型号不同,其结构也各不相同。但是,它们都包括以下几个主要部分:光敏半导体(鼓和版纸)、电晕电极、光学系统、显影系统、定影系统、输纸系统、转印系统、吸尘清扫系统、冷却系统、传动系统、电控系统、原稿台和操纵机构等。其中,光敏半导体鼓和版纸是静电复印机的关键部件,是其心脏。

静电复印机的类型可以分为:大型转鼓式、小型转鼓式、平板式、氧化锌纸直接式、制版机和阅读复印机等。我国目前在报刊工作中使用较多较普遍的是小型转鼓型硒静电复印机。

11.3.2.2 使用静电复印机的要求

(1)通风、干燥、无尘;

(2)对复印机要控制温度;

(3)防止复印用的消耗材料(纸、墨粉和载体)受潮;

(4)复印用纸要与原件相符;

(5)按规定程序操作,及时排除故障;

(6)要及时补充墨粉,工作人员离开应切断电源,等。

11.3.2.3 静电复印机的维护

工作人员要爱护静电复印机,平时应注意维护,以提高复印质量,延长复印机的使用寿命。维护静电复印机的主要内容包括:

(1)每连续工作 4 小时要清扫一次,经常擦拭原稿盖板和玻璃;

(2)保持光学系统(镜头、镜面和光源)、充电电极、输纸系统的清洁;

（3）每隔半年给传动机械上油一次；

（4）每复印1000张，吸尘袋要清扫一次；每印3000张，吸尘袋要冲洗一次；

（5）千万不能划伤和磨擦光导体，清洁时可用软毛刷轻轻掸扫或用脱脂棉沾乙醇单方向反复擦拭；

（6）补充墨粉时要注意调节；

（7）作好复印机维护记录。

报刊文献缩微技术和复印技术，都属于报刊文献复制技术。将报刊文献的文字和图像，照原样（包括原样、放大和缩小）制作出来，叫做报刊文献复制技术。用复制的方法制作出来的报刊文献，叫做复制品。报刊文献的复制方法很多，包括缩微复制法、照相复制法、银盐扩散转印法、重氧复印法、热敏复印法、蓝图法、电子扫描复印法和静电复印法等，如表11.1所示。

表11.1　报刊文献复制技术分类表

报刊文献复制方法类别	报刊文献复制方法		
光化学感应复制法	照相复制法	一般照相复制法（包括负片—印相和放大法）	
		缩微复制法	
		直接照相复制法	
		迅速安定法	
		自动正相法	
	反射转印法（接触式）	银盐扩散转印法	
		凝胶转印法（鞣化转印法）	
		重氧反射转印法	
	直接透射复制法（接触式）	重氧复印法	湿式重氧复印法
			干式重氧复印法
			热式重氧复印法
	铁盐复印法（蓝印法）		

报刊文献复制方法类别	报刊文献复制方法		
热辐射感应复制法	热敏复印法（接触式）		
光电感应复制法	静电复印法	直接静电法　　湿式 （氮化锌纸法）　干式	
		转印静电法（鼓版法）	
	电解显相法		
	烟雾显相法		
	电子扫描法（电刻法）		
磁感应复制法	磁版复印法 磁带录像法		
压力感应复制法或机械复制法	液体印刷法—酒精复印法（溶版法） 胶版印刷法（轻印刷、胶印机）		

这些复制方法中，缩微复制法和静电复制法，目前是我国最通用的两种报刊文献复制方法。选择报刊文献复制方法，应将质量、效率、成本、消耗材料、机器零件更换以及与其它复制方法相结合的可能性等，全面对比衡量，选择比较适合的复制方法。

11.3.3　视听技术的应用

报刊文献按其记录形式，可以分为文字记录和声像记录两大类。文字记录，包括手书、印刷和缩微三种。声像记录，有声音记录、图像记录和声像记录三种，如唱片、光碟、录音带、幻灯片、影片、录像带、录像片等。这种记录着声音和图像信号的资料称为视听资料。视听资料的录制和再现的技术称为视听技术。视听技术在报刊工作中应用越来越广，并推出了电视报纸、电子报纸、传真报刊、会说话的期刊等，有些报刊还随刊配发唱片、录音带和录像带等。

11.3.3.1 视听报刊资料的特点

报刊视听资料不仅能将声音和图像信号如实地记录下来，加以存贮，超越时间和空间的限制反复播放，而且能利用摄影和编辑的特技处理，使信息的形象在动与静、大和小、快与慢等方面按人们的需要而变化，使视觉和听觉不断深化。其主要特点是：化虚为实，化快为慢，再现历史，存贮密度高，读者面广等。

11.3.3.2 视听报刊资料的作用

报刊视听资料也是人们交流信息的一种媒介，而信息最初来源于自然界形形色色的客体，它的基本因素就是声音和图像。人们是依靠感觉来获取信息的，其中视觉和听觉占主导地位。

视听技术是报刊工作现代化的一个组成部分。视听报刊资料声图并茂，深受读者欢迎。现代先进的报刊文献检索方法是计算机技术、现代通讯技术和视听技术的结合，最终在荧光屏上显示出需要查找的报刊资料，缩短了查找时间，提高了报刊文献利用率。读者利用视听报刊资料，可以宣传报刊，辅导阅读，可以快速、准确地传递使用报刊文献情报，为科研提供第一手资料，为发展生产服务。

11.3.3.3 视听报刊资料的类型

视听报刊资料，按其记录信号的不同，可以分为三类：

1) 录音报刊资料 这是指记录了语言、音乐、器具以及自然界声音信号的报刊资料，在需要时通过相应的设备使之再现。录音的方法有机械录音（唱片）、光学录音（如多数的有声影片）、磁性录音（如录音磁带）。

2）录像报刊资料　这是指记录了自然的或人工绘制的人、物、景象或文字的报刊资料,在需要时通过一定的设备使之再现。录像的方法有光学录像(如幻灯片、影片等)、磁性录像(如录像磁带)二种。

3）声像报刊资料　这是指综合采用了录音和录像技术编制的报刊资料,声图并茂,是读者大众喜闻乐见的一种文献类型。

11.3.3.4　视听报刊资料的保存

唱片　使用专用柜架,每 10 张一格,竖立包装存放。防止唱针划伤和强光照射,经常使用专用工具除尘,室温保持在 20℃左右,相对湿度 50% 为宜。

磁带　竖立包装存放,注意防磁、防压、防热、防潮、防尘,室温保持在 12—24℃,相对湿度 40% 左右。

胶片　要有包装存放,注意防潮、防干燥、防晒、防尘,室温保持在 15—20℃,相对湿度 60%—70%。

11.4　电子计算机和现代通讯技术在报刊工作中的应用

11.4.1　应用范围

报刊工作自动化,是以计算机为主体,与现代通讯技术相结合,对报刊工作各环节实行自动控制的过程。电子计算机是报刊工作现代化、自动化的核心部分,它是一个数据处理系统。现代通讯技术是个辅助系统,起传输作用。计算机与现代通讯技术相结合,为报刊工作网络化创造了有利条件。

大多数的报刊业务工作,计算机都可能承担。但是,在进行报刊工作现代化设计的时候,应该明确哪些工作由计算机完成,哪些工作必须由手工来完成;先实行哪些部分,后实现哪些部分。完全依赖计算机或者对计算机本身无法达到的目标一味地要去实现"自动化",都是不现实的,也会导致报刊工作自动化的失败。

报刊文献与图书文献有一定的区别,有自己的特殊性。报刊工作在图书馆自动化系统中须建立独立的报刊文献自动化子系统。这个系统应具有以下基本功能:

(1)订购(包括报刊选择、查重、订阅、打印订单、财务结算等);

(2)验收和催询;

(3)编目和目录检索;

(4)流通借阅服务;

(5)报刊文献情报检索服务;

(6)装订登记;

(7)财产管理等。

以上七种功能,以(3)、(5)即编目与目录检索、报刊文献情报检索功能为主。一是报刊文献整序和数据库的建立,其它功能都是以此为基础的;另一个是报刊文献的开发和利用,是馆藏报刊文献效益的具体体现。

报刊工作计算机处理范围,一般应有下列数据:

订购数据　包括订购数量、日期、编辑出版者及地址、代码、价格(付款情况及方式)等。

验收数据　包括刊期、卷期和不规则卷期号(如缺期、补编、增刊等)、检验号和催询分析数据等。用这些数据来控制验收业务工作及打印催询通知单等。

编目数据　包括标准编目数据,如刊名(全名、缩写名、刊名代码)、刊名分析款目、责任者、年卷期索取号、分类号、主题标目、ISSN、CN 或 CODEN 代码。

装订数据　包括装订形式、颜色、合订期数、装订复份、装订日期等。

馆藏数据　包括馆藏地址、缺期、丢失、损坏等情况。如有可能,还应包括馆藏报刊文献数据。

流通数据　各种报刊各卷期的借阅数据、SDI 目录,包括个人、团体读者名称、地址、借阅期限及日期等。

报刊工作计算机系统设计的输出产品主要有报刊预订目录、验收统计、财务统计、装订目录、联合目录、催询通知单、主题目录、报刊文献索引等。

11.4.2　国内外报刊工作电子计算机系统状况

1946 年,世界上第一台计算机 ENIAC 问世。1959 年,美国海军兵器试验站(U. S. Naval Ordnance Text Station)首先将计算机用于图书情报工作,该站的图书馆使用 IBM—701 型计算机,实现了单元词组配检索,检索的结果也只是文献号码。1958 年,经过改造的 NOTS 系统,利用 IBM—704 型计算机,能够检索题录、文摘、作者等。1962 年,美国加利福尼亚大学图书馆建成期刊管理系统,能够输出全部馆藏目录、新刊目录和预订目录等。日本科学技术情报中心(JICST)于 1967 年开始利用大型通用计算机编制检索期刊《科学技术文献速报》。1968 年,法国肿瘤学情报中心建立一个肿瘤学题录情报和研究系统,除检索外,还可以编辑出版情报期刊、词表管理和文献翻译,也能够承担书刊资料的日常管理工作(如订购报刊、借阅登记等)。1975 年,美国 OCLC 期刊管理子系统建成并投入运行。它是美国几个大型计算机联机书目数据库网络之一,其中包括连续出版物的编目记录。其期刊子系统主要用于记录图书馆(成员馆有 4900 多个,另外还有美国国会图书馆、国家医学院图书馆、联邦政府印刷局)的期刊馆藏,现刊划到、催缺和编制期刊联合目录。它的核心是"本馆期刊数据记录"(Local Data Record,简称 LDR)。在 LDR 的基础上又产生了另外三部分:

登记划到部分、催缺部分以及期刊联合目录部分。70年代以来，计算机在报刊工作中的应用受到普遍重视，主要用于报刊的收集、整理、检索等。随着计算机数据传输网络的建立，实现了国际联机检索报刊情报文献。目前，欧美等国家已初步建成以通讯卫星为联接的计算机报刊情报文献检索网络。著名的国际联机系统，如本书第8章第3节说到的：前不久被Knight-Ridder公司兼并的原Icdkhee的DIALOG系统，建于1963年至1969年间，是世界上最大的联机检索系统。该系统拥有70多个国家和地区的200多城市的2万多个终端。收录的文献类型包括图书、报刊、学位论文、会议录、科研报告、政府报告、专利文献等。欧洲空间情报中心（EST—IRS）的ESA—QUEST系统，于1966年建立，是欧洲最大的情报检索系统，为欧洲空间成员国所广泛使用。到1983年9月止，已拥有53个数据库，贮存3000多万篇书刊文献，可以开始多种检索服务。英、法、德、俄、日等国的联机检索发展很快，报刊文献情报检索服务已达到了先进的水准。

随着国民经济和科学技术的发展，我国计算机技术在报刊工作中的应用也在逐步普及。报刊工作应用计算机技术的研究和实践，开始于70年代，现已取得较大进展。1983年，贵州大学图书馆试用TRS—80微机预订1402种报刊，与人工预订相比较，取得了满意的效果。1987年初，山东大学图书馆在LC8021微机上使用CDAE—Ⅱ编制了一个应用汉字信息处理技术的报刊订购管理系统。西北大学、无锡轻工学院、南京图书馆、福建医学院图书馆、东南大学、宜兴市图书馆等，也先后建立了中文报刊订购、管理系统和专题数据库。我国目前尚无联机检索网络系统。我国联机检索报刊文献是从设置国际联机终端开始的，可以分为国际联机终端和国内联机终端。1980年，以中国建筑技术发展中心科技情报所为首，在香港大东银行租用一台300波特的数据终端，与DIA-LOG和ORBIT系统联接，开展国际联机SDI服务。1981年12月，兵器工业部情报所与 DIALOG 联机,在北京建成国内第一个用户电报终端;1983 年又与欧洲的 EST—IRS、美国的 ORBIT 和 DMS、英国的 INFORLINE 系统联接,开展联机检索服务。1982 年和 1983 年,中国科技情报所先后在北京电报大楼和该所建立国际联机终端,可与 ESA—IRS, EURONET、DLALOG、ORBIT 等联接,开展联机检索服务。1983 年 9 月,北京文献服务处建立我国第一个面向终端的集中式联机检索系统,对美国政府研究报告 GRA 库(98 万篇)和世界专利文献 WPI 库(181 万篇)进行联机检索服务。1984 年 7 月开始回溯检索服务。此外,还提供 INSPEC 期刊库等联机检索服务。现在,国际联机终端已较普遍,一些省、市科技情报研究所和上海交大、华东师大、中山大学、重庆大学、兰州大学、东南大学、华东工学院、清华大学等许多高校图书馆都已建立国际联机终端,开展联机检索服务。除此之外,国内还有许多单位开展了计算机脱机检索和 SDI 服务。

最后,值得一提的是,在报刊工作现代化过程中,报刊文献保护技术也在逐步实现现代化。如报刊文献防潮使用除湿机;防虫、防霉、消毒使用新的药剂和技术;防高温使用空调设备,防火使用自动灭火设备;除尘使用吸尘设备等,现代化程度均大有提高。

主要参考文献

1　刘荣等. 图书馆现代技术. 武昌:武汉大学出版社,1986

2　许婉玉. 国外的报刊缩摄工作. 北图通讯,1989(1)

3　闵迪华.①上海图书馆第一批缩摄的报纸. 图书馆杂志,1985(1)
　　　　②上海图书馆第二批缩摄的报纸. 图书馆杂志,1987(6)

4　孙传民,周柏林. 微机在中文期刊预订中的应用. 贵图学刊,1984(1)

5　王敬福. 计算机在报刊订购中应用尝试——介绍我国图书馆计算机报刊订购管理系统. 山东图书馆季刊,1987(1)

6　袁国竟. OCLC 期刊管理子系统简介. 图书馆杂志,1987(3)

7　石佩玲,张应祥. 微机订购中文报刊的应用及体会. 山东图书馆季刊,

1988(1)

8　张厚生.计算机在期刊管理中的应用.见:江苏高等学校图书馆年鉴.
南京:南京大学出版社,1990

9　中南工业大学图书馆等.西文文献检索及西文期刊联合编目系统.
见:中国图书馆事业十年.长沙:湖南大学出版社,1989

10　粟慧.中美"期刊研究"比较.见:图书情报工作增刊(十四).北京:
中国科学院文献情报中心,1991

11　(美)J.E.拉什普;李宁译.连续出版物自动化系统的硬件考虑.国
外图书情报工作,1991(4)

12　王卫国等.新颖的联机杂志.世界图书,1992(5)

13　深圳图书馆.图书馆自动化集成系统的设计.现代图书情报技术,
1992(2)

14　潘伯明.新的书刊监窃方法与相应的检测方案.中国图书馆学报,
1992(3)

15　刘芸等.计算机期刊管理系统的机内格式研究.现代图书情报技术,
1992(1)

16　张厚生.信息时代的图书馆.见:理论图书馆学教程.天津:南开大学
出版社,1986

17　Optical discs in Libraries:A survey of some recent prducts//Libr.
Rev. —1990,39(3)

18　A phblisher's perspective/Hunter Karen//Libr. Acquis. : Praet. and
Theory. —1990,14